# 地域発展の固有論理

原　洋之介　編

本書は、日本学術振興会より平成一一年度科学研究費補助金「研究成果公開費」の交付をうけて刊行された。

# はじめに——本書の問題関心

原 洋之介

「地域発展の固有論理」とは、いかなる意味を持つのか。経済発展の領域においては、グローバル資本主義しか有効なシステムは存在しえないとする時代認識が支配的となっているなかで、「発展の地域性」を論じることは何を意味するのか。グローバリズムしかありえないとする普遍論者は、「地域発展の固有性」を論じることは時代錯誤もはなはだしいという。しかし、「時代が錯誤している」（岩井 1993）ことだって充分にありうるであろう。本書を編集するに至った問題関心を紹介することを通して、我々に課せられた課題が何であったかを明らかにしておこう。

＊

二〇世紀とは、いかなる時代であったか。我々人類は、資本主義という枠組みを乗りこえることが出来ない。つまり、資本主義以外に有効な経済システムが存在しない。対立する資本主義対社会主義という二元論を前提としていた、両者を超える第三の道といった構想も殆ど幻想でしかない。以上の事実が、大きな犠牲をともなって明らかになった。これが、二〇世紀の歴史の最大の教訓である。

資本主義の勝利とは、古典的な意味での自由主義以外に世界を律する有効なシステムは存在しえないことを含意している。「資本制生産様式が支配的である社会の富は、巨大なる商品集積としてあらわれる」。しかし、「商品は、自分自身で市場に行くことができず、また自分自身で交換されることもない」。そこで、「商品の番人」商人が担い手となる商業が、「そのもとで資本が成立する歴史的前提をなす」。そして商業世界は、「自由、平等、財産そしてベンサムが支配する」「天賦人権の真の花園」となる。

全ての人は、私有財産が与えられれば自律した個人として自由を持つ。所有と自由とが、人間存在の本質である。そういう個人の自由をいかに制度的に保障をするか、それが現代世界の直面している最大の問題である。そして、政治、経済、社会面での行為や表現の自由を保証する制度の基盤とは、匿名制である。匿名制こそが、個人を自由にする。政治面であれ経済面であれ、真理とは、多数者の匿名制下での競争にもとづいて達成される均衡として予定調和的に示されうる。以上が自由主義者が何んの懐疑もなく信じている命題である。

この自由主義の命題とは、いうまでもなく、古典派経済学の見えざる手の命題の現代版である。「人間生活の諸形態にかんする思索、したがってまたその科学的分析は一般に現実の発展とは対立した途を進む。このような思索は、後から始まり、したがって発展過程の完成した成果とともに始まる」。一九世紀ビクトリア王朝にはっきりとその姿をあらわした自由主義及びそれと不可分の啓蒙主義とは、全てを終りからつまり目的からみる近代進歩史観そのものである。

＊＊

商人とは、流通の場で利潤を作り出していく存在である。「商品交換は、共同体の終るところ、すなわち共同体が他の共同体と接触する点に始まる」。まさに、商人とは、複数の閉ざされた社会空間の間の差異を巧みに利用・搾取して利潤を作りあげていく存在である。資本主義とは基本的に、商人によって組織化され創造されていくマーカンタイル（商人主導の）エコノミーである。

商人は、ノアの洪水以前から存在した。つまり、世界史のなかで資本主義は通時的に存在しつづけてきている。そして、資本主義とは常に成長しつづけることでしか存在しえないものでもある。二〇世紀もまたこの世界史の通則を乗りこえることは出来なかった訳だ。資本主義とは、分散した個人が社会・経済関係を作るためには交換しコミュニケーションせざるをえないという必然性に根ざすかぎり、歴史のどの時代にもまたどの地域にも存在しつづけている現実そのものである。

広域にわたる交換は、貨幣という媒体を通してしか実現されえない。そういう意味で、資本主義とは貨幣経済なのである。交換には、商品という相対的価値形態と貨幣という等価形態との間の非対称的関係が本来的に付随しており、それは常に交換の困難を発生させる。「あらゆる売りが買いであり、またその逆であるから、商品流通は、売りと買いとの必然的な均衡を含んでいるというドグマほど、とんまな考えはあるまい」。貨幣経済では、売りと買いとは分離しており、貨幣という買う立場が強い能動性を持つ。「商品は貨幣を恋しているが、まことの恋路はままならぬものである」。そのため、売れ残りが大量に発生する恐慌の可能性が存在しつづけている。

また、交換には人と人との間の信用が大きな役割を果たす。しかし、これもまた非常に不安定なものである。貨幣というモノが他人によっても受け入れられる価値あるものだという信念が社会内で共有されていれば、それによって交換は媒介されすすむ。これに対して、信用は、人と人との間の信頼、つまり取引相手に対する共感や同情、さらには間主観的な公正観といったものに支えられてくる。貨幣という媒体は、若し社会の人々が価値あるものと認めなくなると、交換を媒介しえなくなる。それ以上に、人間的主観を前提としている信用は、崩壊しやすい。つまり、必然的に貨幣経済でしかありえない資本主義は、歴史を通して不安定性をかかえつづけている。このことを忘れてはならない。古典派経済学の見えざる手の原理は、交換が貨幣という媒体ならびに信用という媒介を通さざるをえないという事態を無視したイデオロギーに過ぎないのだ。貨幣経済として資本主義が純化すればするほど、システムとしては不安定化する。

自由市場が必然的に内包しているこの欠陥に全く無頓着な経済学者は、自らの理論に確固たる自信を持っているため、推論で未来を論じることに全く抵抗を感じていないようである。新古典派エコノミストの経済分析は、適当な理由がひとつあればそれで充分に説明がつくという想定を何んの疑いもなく当然の前提としている。「たしかに経済学者は、偶然や不合理の可能性を認めている。だが、長期的に見れば、そうした偶然や不合理は、理論上の必然を先延ばしにしているに過ぎない。理論は勝つ。なぜなら、理論は利益につながるからだ。利益は多ければ多いほどよい。そして、物質的な成功を目標に選ぶことは、もっとも理にかなっている」(ランデス)からだと。彼等は、経済と非経済的要因との相互関連といった複雑なつながりを一切否定してしまうことで、資本主義が本来的にかかえざるをえないパラドックスをその議論の出発点で排除しているのだ。

＊＊＊

資本主義とは、世界史を通じて存在しつづけている普遍的な経済システムである。つまり、「終りなき世界」である。このことは、間違いない事実である。しかし、商業つまり商品交換は、共同体と共同体との間に始まるが、「物はひとたび商品となると、ただちに、また反作用を及ぼして、共同体の内部生活においても商品となる」。商業がこのように、暗黙の内にも人々の行動を律している閉ざされた空間秩序のなかに浸透し始めるとき、そこに、無視しがたい地域性が存在することになる。このことも、資本主義の歴史が語ってくれているもうひとつの現実である。

交換の前提である、人と人とのコミュニケーションは、何らかの意味作用を持つ人工的記号の生産と流通とを通して実現されていく。この人工的記号とは、言葉に代表されるように、ユニバーサルなものにはなりえない。そうである以上、記号の生産・流通そしてその解釈には、地域性がつきまとうことにならざるをえない。コミュニケーションとは、常に「ローカル・ナレッジ」（ギアツ 1983）の交換なのである。そうである以上、交換・コミュニケーションの展開に地域性が見られることを否定することは許されない。

資本主義システムの部分である産業資本主義は、国民国家と不可分に結び付いている。ここに、その本性上グローバルなものである資本主義にとっての大きなパラドックスが存在している。産業資本主義の核たる工場生産の場においては、従業員全体が共通の言語でコミュニケーションし、営利組織へのコミットメントを共有することが必要となる。同一の言語、共通の生活スタイル、相似た価値観といったものを人々に植えつけるのに、国民国家の画一的な教育が必須となってくる。つまり、限定された範域内に均質な言語・文化を普及させて人々を同質化させる国民国家の存在が、産業資本主義には不可欠となってくる訳だ。まさに、流通・商業は社会的ないし間共同体的であるのに対して、生産は共同体内的なものなのである。さらにいえば、生産とは、人と土地との結び付きの一形式である。自然・生態を利用する農林水産業とはまさにこの典型である。生産とは、その地域の生態にまで埋めこまれた共同体の内側に属するものである。

この生産と流通・商業とは、相互に影響しあう関係におかれる。そして、社会的な力と共同体的なものとの相互作用は、常に緊張をはらんだものとならざるをえない。最近の東アジアの経済危機のなかで、社会的流通の極限にまで達した金融のバブル化が、長い時間が必要となる製造現場での生産性向上に悪い影響を及ぼしていることが明らかになった。これはまさに、社会的力と共同体との相互作用の典型的事例である。そこに、生産と交通とをある程度隔離する装置を設計することが、必要不可欠となってくる。

＊＊＊＊

グローバリズムを懐疑しえない普遍論者は、近代資本主義社会の動きを示す曲線の最先端で接線をひき、その延長線上に、予定調和的なグローバル経済をみすえている。しかし、彼等が接線をひくときに当然の前提としている経済理論が、予定調和的古典学派自由主義であるかぎり、その予想は常に裏切られつづける運命にある。多様な地域の歴史をふりかえると、各地域の近代化はまっすぐの直線上をすすんできた訳ではないことが明らかになる。社会の近代化という動きの上にひいた接線の上を直線的にすすむのではなく、社会変動は湾曲したり反転したりする。この循環しながらの前進においては、その地域の深層に生きる社会的個性が表面に浮上したり、また新たな形で創造されたりする。歴史過程の持つこういう循環性を無視することは出来ないはずである。

次の世紀を前にしてアジア諸国が直面している問題は、西欧文明対アジア文明との対立ではない。一切の倫理的価値を相対化させ放棄させながら激しい速度で拡大しつづけるグローバル資本主義と、各地域の文化の保持との対立という、それこそ世界規模での対立が問題なのである。

西欧文明の普遍性対アジア文明の特殊性ないし個性の対立。こういう二項対立が現代世界の問題であるのではない。民主主義と人権観念だけではなく、市場経済という越境しやすい近代文明の要素と、それを日々の生活の現場で運営していく人々の保持する文化というものが本当に分離可能であるのか。この一点こそが、現代我々が問うべき最重要の知的課題なのだ。

本書におさめられた各論考は、文部省科学研究費補助金重点領域研究「総合的地域研究の手法確立」（一九九三―九六年）の下に組織された「地域発展の固有論理」班での研究成果にもとづいている。全て濃淡はあれ、近代文明と地域固有の文化との関連を問うたものとなっている。尚、本書にとり入れたパスク、ベーカー共著論文は、Pasuk Phongpaichit, Chris Baker, "City and Village in Thailand: new complexities and new controversies"（財団法人地球産業文化研究所『東南アジアにおける国内政治経済体制の比較研究に関する報告書』一九九九年六月）を日本語訳したものである。本書の問題意識と重さなりあう論考であったので、こういう形で本書にとり入れた訳である。

参照文献

本文中出所を記していないカッコでくくった部分は、全てカール・マルクス『資本論』第1巻からの引用である。

岩井克人（1993）『貨幣論』筑摩書房。
Geertz, Clifford (1983) *Local Knowledge: Further Essays in Interpretive Anthropology*, Basic Books, 1983.（梶原他訳『ローカル・ノレッジ：解釈人類学論集』岩波書店）。
Landes, Pavid S.（1998）*The Wealth and Poverty of Nations*, W. W. Norron & Company, 1998.（竹中平蔵訳『強国論』三笠書房）。

# 目次

# 第Ⅰ部　普遍主義を超えて

## ――発展を捉える新しいパラダイム

第1章

# 経済システム進化の多様性

## ――「自由主義プロジェクト」の運命

原　洋之介

# 序　二一世紀にむけてのアジア経済研究の課題

## 1　経済危機とオリエンタリズムの復活

過去二〇年の間に、東アジア経済は奇跡から危機へと大きく揺れた。危機のなかで次の世紀をむかえようとしている現在、アジア経済研究にとって一体何が問題なのか。我々は今、何を問題とすべきなのか。

東アジアの経済危機――以下本稿では、東南アジア地域も含めた意味で東アジアという――は、それまで高度成長を実現させてきた独特の開発主義的政治経済システムが、歴史上かつてないほどのスピードとスケールで拡大するグローバル資本主義にまきこまれるなかで発生し深化した。未だ我々の眼前では、経済のグローバリゼーションのなかでそれになじまない経済制度・システムが淘汰されていくドラマが展開している。

東アジア諸国が経済成長のターンパイクを走っていた時、政府とビジネス界との深い関係は、経済の奇跡を生んだ要因として肯定的に評価されていた。グローバル・マーケットは、経済の奇跡を生んだとして、東アジアの経済システムを高く称賛していた。しかし、危機の発生のなかで、一転してそういう政府・ビジネス関係は、透明性に欠けるクローニー関係でしかなかったと見なされはじめた。グローバル・マーケットの声は、独裁政権のもとでのクローニー資本主義であったが故に、東アジアは経済危機にとらわれたと主張しはじめた。間違いなく、「専制と停滞のアジア」という近代西欧が作りあげたオリエンタリズム的思考が復活してきている。

情報技術革新に支えられて噂だけを頼りとする投資家が群れているグローバル資本市場の移り気が経済危機をひきおこした。東アジア諸国の国内金融市場が不透明なクローニー型であったために不良債権が累積したのではない。資本取引の余りにもはやい国際的自由化が、東アジア諸国の銀行の不良貸し出しを誘発し、国内金融システムを脆弱化させてしまったのだ。

ところで、大層皮肉なことに、オリエンタリズム的思考にたってはじめて、経済危機以前の高度成長が奇跡であったということになる。専制政治体制下で民間経済活動つまり市場の自由が制限されているときには経済成長がおこらない。こういう西欧の歴史で経験されてきた一般法則が適用できないという意味で、東アジアの高度経済成長は、文字どおり奇跡とよばざるをえない出来事であったことになる。

よく考えてみると、このような奇跡が存在したという事実は、政府の産業政策的介入を頭から認めようとしない新古典派経済理論では、東アジアの高度経済成長が説明できないことを含意しているはずである。どうしたわけか、新古典派エコノミストは、この重大な事態に全く言及しようとはしない。新古典派のエコノミストのなかには、高度成長を示した一九八〇年代に比べて一九九〇年代に入ってクローニー的歪みがより強化されたといった言明を行うものまでいる。貿易・資本の国際的自由化という新古典派流の政策論の視点からすれば一九八〇年代に対比して「より正しい政策」がとられていたなかで、危機が発生した。これが本当の事態である。また、政権担当者の縁故・身内とは、民間経済主体の一部の限られた部分でしかないはずである。従って、東アジア諸国の経済がシステムとしてのクローニー型であったとする観察は、そもそも意味をもたないのだ (Jomo 1999)。奇跡のアジアも危機のアジアも、全く同じアジアである。このことを見落としてはならない。

こうみてくると、一体何が問題なのかはもはや明らかであろう。端的にいって、それは、新古典派正統派が当然の前提としている市場経済論そのものを見直すことである。東アジア危機の後、短い期間にこの地域をこえて、数多くの諸国が経済危機に直面した。この点で一九三〇年代に大層類似している現代において、自由市場のマントラをとなえるだけでは、新しい国際経済のルールを構想することなどできない。この認識こそ、アジア経済研究の基盤におかれるべきである。

## 2　経済発展の地域性

東アジア経済は、二〇世紀最後の二〇年間に奇跡から危機へと局面が大きく揺れた。この現代史の出来事は、東アジア地域におそくとも中世以来存在し続けた活発な商業資本主義と、西欧で生まれアメリカでその極端にまで発展したグローバル金融資本主義とが共鳴して発生した出来事であった。

アメリカという特殊な歴史・社会文脈との整合性をたかめる方向で形式理論的に極限までつきつめられた新古典派経済学。それだけを学んだエコノミストは、一人当り国民所得という統計数字だけをみて東アジアをおくれた発展途上国だと決めつけていた。歴史など経済学の学習にとって時間の浪費にすぎないとする彼らは、東アジア地域に歴史を通して活発な商業資本主義が存在していたことを知らなかったようだ。貿易や資本移動への規制・管理を徐々に解消してグローバル資本主義の浸透が加速化していくなかで、東アジア地域は、高度経済成長をみせはじめた。そのとき彼らは、なんの疑いもはさまずに、それを「市場の普遍的威力」の成果だと受けとってしまった。この時期、開発経済学における「新古典派の勝利」が声高にさけばれた。

東アジア地域の活気ある経済パフォーマンスは、この地域に伝統的な商業資本主義のエネルギーが復活した結果であった。その経済活動の仕組みないしシステムは、決して、新古典派のテキストブックに書かれているような完全競争型のものではなかった。西欧・アメリカの基準からすれば、身内だけを特別扱いするインサイダー型経済取引というグローバル・スタンダードからはずれたものであった。そういう仕組みでも、奇跡とも表現されうる高度成長を実現させたのである。

アジア商業資本主義とグローバル金融資本主義の共鳴、これは大層問題の多いものであった。グローバル・マーケットは、「自由市場の普遍的威力」という命題を信じ、エマージング・マーケットと命名された東アジア地域に過大な期待をふくらませ、ろくにその使われ方も調査せずに多量の資金を投入した。その結果が、経常・貿易収支の悪化と経済のバブル化であった。これらの徴候がグローバル・マーケットの噂となるや、一挙に資金を引あげようとしたために、東アジアは危機に陥った。新古典派の普遍志向の市場経済論にとらわれている限り、グローバル・マーケットは東アジアに対して過剰な期待と過剰な失望とを繰り返すことになる。奇跡から危機へという東アジア経済の経験から、この重大な事実を的確に読みとっておくべきだ。

ところで、本書がその研究成果の一部となっている文部省重点領域研究『総合的地域研究の手法確立——世界と地域の共存のパラダイムを求めて』(一九九三年~一九九六年)は、「世界資本主義というシステムの洗礼を一度受けた後に今一度、個別の社会の復活とそれらの共存の仕方を模索する」(高谷 1994)ことを重要な任務としていた。この共通目的を前提として、筆者は経済発展論の視点から、生活世界の組織原理といった地域の固有性が、世界資本主義との接触に対して、どのように適応したかという意味での地域性を明らかにする作業を進めてきた。つまり、「経済発展の地域性」の解明を試みたわけである(原 1999d)。

東アジアでの経済危機の発生によって、あらためて筆者は自らの試みを深化させる必要を痛感した。グローバル資本主義のもつ荒々しさの洗礼をもろに受けて、東アジアは危機に陥った。危機のなかで、二一世紀をむかえざるをえない現在、グローバル資本主義の荒々しさを飼いならす国際経済システムの構築を急ぐ必要がある。しかしそれ以上に、アジア経済を読みとる我々の視座を作りかえることの方がより重要である。新古典派の普遍性志向の形式的市場経済論が、東アジアに対する過剰な期待と過剰な失望という不安定な揺れを生み出した。そしてこのような東アジア経済に対するパーセプションの動揺は、グローバル・マーケットのアジアへの期待を動揺させ、東アジア諸国に必要以上に大きい悪影響を及ぼしてしまった。危機のなかにいる現在、今一度個性的な経済社会の回復とそれらの共存が可能となる国際経済のあり様を模索するしかない。普遍原理に固執する新古典派正統派に対抗するためには、経済システムの個性をとり出す地域研究をより本格化させる以外に方法がないはずである。

## 一　経済危機と新古典派経済学(1)

### 1　グローバル・マーケットとナショナリズム

東アジア諸国が金融取引の国際的自由化を進めた一九八〇年代には、「経済の自由化さえ行えばどこでも経済成長が実現する」という単純明解な政策論が、ＩＭＦ等国際機関、各国の政策担当者、そして民間の資本家の間で共有されはじめていた。このいわゆるワシントン・コンセンサスを受け入れて、東アジア諸国は金融取引まで含めて大幅な経済自由化を実施した。そのため、民間の投資家がこれら諸国に資金を投入しはじめ、経済ブームがおこり、それが更に資金流入をよぶことになった。東アジア諸国の政策担当者は、長期的傾向として円高ドル安が続くと読んでおり、そこでドルに自国通貨をペッグしておけば、自国製品の国際競争力がつくというしたたかな計算のもとに、ドル・ペッグの為替レート政策を採用した。

エマージング・マーケットという景気のよい物語りが流布し、かつ各国のドル・ペッグの為替政策故に為替リスクもほとんど意識されなかった。そのためであろう、世界中の投資家は、資金の使われ方をろくに調べもせずにこの地域に資本をつぎこんだ。しかし、そこには、経常収支赤字が拡大し続けるというマクロ経済面での現実や経済の過熱したブームとバブル化といった現実につきあたって、「インフレ化された期待」が突如はじけてしまう運命がまっていた。これが、一九九七年後半期の通貨・金融危機であった。

資本移動の自由化が、経済効率の向上をもたらすという命題は、はっきりと否定された。この命題は「リスクが存在しないという架空の世界の物語り」にすぎず、資本移動には常に「パニックと執着」がつきもので、いったん危機に陥ると大きな後遺症にみまわれることは明らかだ。資本移動自由化論者は、まさに自由貿易の理念にタダ乗りしていただけだったというべきであろう（Bhagwati 1998）。

グローバル・マーケットは、自らが理解しえない経済ナショナリズムを「売りとばす」。自らが勝手に作りあげていたエマージング・マーケットという期待が裏切られたと感じると、突然アジア諸国の経済運営は透明性を欠くクローニー資本主義にすぎないと批判して、それら諸国の通貨を売りとばした。その劇的な帰結が、インドネシアでのスハルト政権の崩壊であった。それは、まさに政権・体制そして国家までもが市場で売られて崩壊した出来事であった。

これからも、東アジア諸国はグローバル金融資本主義という大きな現実のなかでその経済運営をはかっていく以外に選択肢はない。そのためには、グローバル・マーケットが理解しうる形で「政府規制から自由になった」透明性の高い市場経済運営様式を作りあげていかねばならないであろう。しかし、例えばインドネシアで大統領のファミリー・ビジネス等が解体されるにしても、それがひとつの国民国家であろうとする限り、その歴史にも規定されたナショナリズムを完全に捨てさることはない。世界市場がナショナリズムを嫌いそれを「売り」続けようとするかぎり、東アジア諸国の経済再建は非常に困難であり続けるだろう。

## 2　問題の急所をはずしたＩＭＦの処方箋

東アジア諸国に通貨・金融危機が伝染するにつれてＩＭＦは次々と金融支援のコンディショナリティーとして、緊縮財政と金融引締め（金利の引上げと信用の圧縮）そして構造改革を押しつけた。こういう事態を前にするとき、我々はあらためて、経済政策を根拠づける経済理論そのものを見直しておかねばならない。いうまでもなく、政策とは、病んだ現実に働きかける行為である。その際、現実を診断する概念装置としての理論という知的武器が必要となる。何らかの理論なくして、現実を診断することなどできない。そして、もしその理論がバイアスをもったり間違ったものであれば、病人たる現実が死に至ることも充分にありえよう。

東アジアの経済危機は、一九八〇年代以来何度か繰り返されてきたラテン・アメリカ危機とはちがい、国家財政の赤字が主因となったものではなく、民間企業・銀行の対外債務の急増がひきおこした出来事であった。しかし、

ＩＭＦは、東アジア諸国に対しても、グローバル・マーケットの信認を回復させるという大義名分のもとに、「倹約と規律」原則による国内支出の急激な削減策を強要した。ＩＭＦの経済構想には、グローバル・マーケットの信認が頼りにならないものだといった懸念はひとかけらもない。さらにＩＭＦは、東アジア諸国に対して、ラテン・アメリカにマクロ経済安定化のため課したプログラムをこえて、ロシア等に強要した腐敗対策をも含む包括的構造改革の早期実施を金融支援の条件として押しつけたのである。

東アジア諸国の経済の実態は、債務超過による破綻ではなく、一時的な外貨準備不足という流動性の問題であった。それにもかかわらず、ＩＭＦが経済構造の改革を強く要求したことで、グローバル・マーケットは、構造改革が実現されない限りこれら諸国経済の回復はないと判断して、通貨を売り続けることになった。そのため、外貨流動性の危機にすぎなかった状況は、経済破綻へと深刻化してしまった。

東アジアの通貨・金融危機から経済危機への動きとは、国内金融市場が完全競争型市場にまで成熟していなかったにもかかわらず、金融取引の国際的自由化を性急に進めたために、経済全体の状況がより悪化してしまった一連の過程であった。これはまさに厚生経済学で確立されていたセカンド・ベスト命題が予想していた事態であった (Krugman 1998)。市場のリンクによって、グローバル資本市場の不完全性は国内金融市場の不完全性を増幅させる伝染効果をもつことになる。通貨・金融危機は、国内金融市場が先進国でも完全なものになりえない以上、国内経済システムのいわゆる構造問題とは直接的なかかわりがなかったというべきである (Krugman 1999)。

危機の直接的原因ではないにもかかわらず、何故グローバル・マーケットは構造改革を声高に要求するのであろうか。構造改革の要求とは、「経済の部分部分を効率化しさえすれば、あとは全て市場が調整してくれる」という供給側の思考である。この思考は、全ての供給はそれに見合った需要をつくりだすという「セイの法則」を当然の前提とし、市場経済に「利用可能な生産能力に見合うほどの充分な個人消費がなくなることがある」といった需要側の欠陥（Krugman 1999）が内在していることを認めようとはしない。供給側の思考は、市場経済システムがもつ複雑な問題に関する理論的知識などなくても、感覚的に受け入れられやすい。そのため、グローバル・マーケットでいとも簡単に受け入れられてしまう。経済危機からの回復策の決定においても、失業の増大に基づく社会不安の深化といった当然注意されるべき点が見過ごされ、過度に供給側に偏った決定がなされて、不況の深刻化を招くことになる（小野 1998）。

政策決定に関しては、教条主義的にならず、市場経済の現実を冷静にながめておくことが大前提となる。まず、金融資産の市場は、通貨まで含めた資産の価格水準ではなくその変化に関する期待によって、需要と供給が動く。そのため、売り手・買い手がそれなりに満足する均衡が存在するにしても、それは他の市場参加者がどういう期待をもっているかに関する各個人の思惑に大きく依存する。均衡はもし成立しても、非常に短い時間的単位で変動し、本当にあぶなっかしいものでしかありえない。金融市場には、市場自体が自生的に為替の変動を生み出し増幅させるメカニズムが内在している。

これに対して、労働市場では、基本的には、賃金水準そのものに依存してその需給が調整される。労働者がある雇用の場にとどまり続けるためには、賃金の安定性やその上昇への期待だけでなく、他の仲間との間での公平さが確保されているといった信頼が成立していなければならない。この意味で労働市場に成立する均衡は、非常に強く非市場的要因に影響されてくる。また、一度こういう均衡が成立すると、それは長期間にわたって維持されていく。そして、労働者の仕事での経験の蓄積を通してはじめて企業の経営効率は向上していく。この意味で労働市場の長期的安定性こそが、経済成長の主要因なのである。

市場経済システムとは、以上のようにその均衡化へのメカニズムもスピードも全く異質な部分系が、ゆるやかに結合して成り立つひとつの全体系である。たとえ各部分系での市場で、それぞれの時間リズムとメカニズムとで、均衡にむかって調整が行われても、そういう部分で構成される市場経済全体が、調和的な一義的均衡にむかって進むといったことなどありえないはずである。ＩＭＦの処方箋を理論的に支えている新古典派の経済学は、こういう部分市場間での差異といったものを全く無視して、全ての部分と変数が一挙に調整されて効率的な均衡が成立しうるとする虚構をくずそうとはしていない。新古典派のエコノミストは、教科書のなかにえがかれている市場模型に余りにも過度によりかかりすぎており、現実の市場経済の基本的性質について誤解しているといわざるをえない(Stiglitz 1999)のだ。

ＩＭＦは、多くの批判に対しても、非効率な部分を外科手術でとりのぞけば、あとは市場がうまく調整してくれるという立場をかえようとはしていない。特に新古典派エコノミストは、最も純粋に市場原理が作用している金融市場を、市場経済の理念型と考えているようである。予想収益率というひとつの数字だけを基準として、非常に短い時間単位で取引を変更し続ける、それが金融市場である。その時々の収益の最大化という資本「主義」だけが、金融市場を支配している。そして、労働市場も、こういう市場の理念にそって調整が可能なものに構造改革しろ、というのが新古典派の処方箋である。ＩＭＦの要求に過剰に反応して、例えば韓国では労使法を、見直してしまった。労働市場にまでこういう資本「主義」という拝金思想が浸透すると、労働市場は臨時化し、人々は技能形成の途を立たれ、低賃金・低生産性の環からぬけ出せず、安定した生活基盤を失なってしまおう。新古典派経済学が提出してくる処方箋が、問題を解決するより問題をより深刻化させてしまうことは、当然の帰結であった。

## 3　資本移動の管理

マレーシアのマハティール政権は九八年九月はじめに、海外との資本取引の規制強化とリンギットの対米ドル固定相場制への復帰を表明した。加えて、外国人による株式売買益の国外持ち出しを一年間禁止した。変動相場制のもとでは為替相場の安定のためには、国内金利水準の引き上げが必要だが、それは国内経済へデフレ圧力をかけることになる。その事態をさけたいというのが、その当面の目的であった。グローバル・マーケットのマハティール批判にもかかわらず、この規制政策の採用後マレーシアでは国内金利水準も低下し投資も活性化しており、資本移動への規制の目的は充分に達成されている[2]。

周辺のアセアン諸国が通貨危機後変動相場制を余儀なくされている状況では、マレーシア一カ国だけでの「世界的な通貨動乱からの一時的シェルター」である固定相場制の維持には多大の困難がつきまとう。しかし、IMFの緊急策がアジア再生に失敗しているなかでこの実験は注目に値するものである。マハティール政権のこういう政策決定は、「効率性追求だけのIMF型の経済システムは、マレー系と中国系との間にバランスをとらざるをえないマレーシアの現実にはあわない」とするナショナリズムに立脚していた。

IMFは今なお、経済構造の改革に加えて金融引締めによる国内金利の上昇しか、東アジア諸国の為替レートを安定させ、経済を再建させる方法はなかったと主張している。IMFは、グローバル・マーケットでの信認を回復させることだけを至上命令として、どんなコストがかかってでも為替レートの安定化をはかろうとしている。しかし、その処方箋は、為替レートの安定化が成功する、ないしは途上国の通貨が投機の対象とならないようにする方策を一切提供していない。グローバル・マーケットが、発展途上国の通貨の切り下げは経済全体の崩壊を意味すると考えているため、ほんのわずかの切り下げでもおこると、東アジア諸国は一気に通貨売りにみまわれることになる。市場がそう考えているから、現実もその方向に動いてしまう。グローバル・マーケットは、そこへの参加者の期待と行動が他の参加者に大きな影響を与えるという外部性故に、常に不安定化してしまう。グローバル・マーケットがこういう内在的欠陥をもつ以上、ＩＭＦの処方箋では為替レートの安定化が成功する保証はどこにもない(Krugman 1999)。マレーシアの今回の政策は、資本に対する一種の外出禁止令である通貨管理によって、金利と為替レートとの連関をたちきろうとするものであり、まさにＩＭＦの処方箋への挑戦であった。

ＩＭＦは、最近短期資金移動への規制の必要性はそれなりに認めはじめているが、相変わらずフロート神話を信奉している。ＩＭＦの指導により、早急に資本勘定の自由化を進めた東アジア諸国は、ことごとく短期資本の餌食となり、大混乱にみまわれた。にもかかわらず、資金力の面でＩＭＦは、この混乱を沈静化させる力をもっていない。その上、その経済思想も、経済混乱を加速化させるだけのものであった。ＩＭＦが主催して、「経済の自由化さえすれば繁栄がおとずれる」という物語りのもとにくりひろげられたどんちゃん騒ぎの宴は終わった。このことをはっきりと認識しておくべきだ。

## 二　反新古典派市場経済論

### 1　イデオロギーとしての新古典派経済学をこえて

国内経済構造という供給側の改革を強く主張している新古典派のエコノミストは、形式理論的に資源配分の効率性を実現させる力があると証明された完全競争型模型・モデルにあわせて、現実の経済システムを作りかえるべきであると言い切っている。少しでも新古典派のテキストブックを読めば、完全競争市場が成立する前提条件が非常に多くかつきびしいものであることは容易に理解されるはずである。イデオロギーとしての新古典派経済学は、きびしい条件下でしか成立しえないほぼ実現不可能な理想状態を、どこの国でも作り出すべきであると主張している。

どういうわけか、新古典派論者は、情報の不完全性とか規模の経済といった、市場を失敗させる事態をほとんど重要視していない。先進国においても、市場経済が完全競争型であるとはとてもいえないことは、誰の目にも明らかであろう。市場経済とは、私的欲望の追求という平凡な要素の上に作りあげられた、こわれやすい構造物にすぎない。金融市場に典型的にみられるように各個人は、他者の存在を前提とする戦略的意思決定に基づいて経済活動を展開せざるをえない。こういう状況下では、各個人が決定する変数相互間に非線型の関係が発生してしまい、市場経済のパフォーマンスは、複雑かつ不安定なふるまいを示す。市場経済とは、まさに複雑系でしかありえない。

新古典派経済論は、異なった地域の間に、民間経済主体間の相互作用としての市場取引に多様なシステムが存在しうるという多元性の考えを容認しない普遍性志向のイデオロギーとなっている。新古典派エコノミストは、「せり人」という仮設の媒介者とだけむきあって自己利益を合理的に追求する、他者の存在を必要としない「合理的な愚か者」(Sen 1977)を構成単位とする虚構の市場模型を絶対にくずそうとはしない。こういう仮設の世界では、「せり人」の発する価格情報だけが各構成単位の意志決定で意味をもつので、同じ財・サービスなら誰と取引してもその経済厚生上の結果は全く同じものとなる。匿名制のもとでの競争を原理とする取引は、パレートの意味での効率性を結果させる。そして、規制からの自由が実現して、各個人が自己利益のために自由に選択できる範囲がひろがればひろがるほど、より効率的な結果が得られるという命題が成立するわけである。

いうまでもなく、我々がそのなかで生活している現実の市場経済は、こういう仮設の人工世界とは全く異質である。全ての経済取引を中央集権的に管理してくれる私欲のない「せり人」はどこにも存在しない。市場取引を媒介するのは、私欲で動く商人でしかない。これが現実の市場経済である(原 1999d)。

現実の世界では、我々は、財・サービスの価格や質、あるいは取引相手の能力や勤勉さといったことに関して、決して充分な情報を収集することはできない。そして、こういう不完全情報下では、ある個人の行動は、その程度に濃淡はあれ、常に他者の意志決定に影響を与えることになる。この外部効果の存在こそが、諸個人間の相互作用のあり様を規定していくことになる。また、諸個人間の相互作用には、ある個人の今期の意志決定が、他者の次期の意志決定に影響を与えるといった時差が存在することも多い。

このような外部性が無視できない状態のなかで、人々は常に不確実な将来を読んで意思決定をせざるをえない。将来財まで含めた全ての財・サービスに市場を形成し価格を付けを行うことなど不可能である。新古典派経済論が理念型としてかかげている「完全情報型市場メカニズム」はとうてい、その存在が証明されうるようなものではない（Dasgupta 他 1979)。

## 2　市場取引と制度

不完全な情報がさけがたい現実世界では、多数の個人は自発的意思で経済取引を実現させていかざるをえない。こういう経済取引に不可避的にともなう不確実性を少しでも軽減させて取引を安定化させるには、各個人の意思決定や行動に何らかの制約が課せられている必要がある。ここで、こういう制約の束を制度と定義しておこう（青木 1996)。制度とは、生産・流通技術といった物理的条件が課す制約以外の「非技術的に決定される、各プレイヤーの行動選択に対する自己拘束的な制約の集合」（Greif 1997）であると定義できる。こういう制約としての制度は、それが有効であるためには、プレイヤーがそれを破るインセンティブを持たないという意味で、自己拘束的でなければならない。

各プレイヤーが他者の戦略決定を予想しながら行動するとき、非協力ゲームには各プレイヤーの期待が実現されるという意味でのナッシュ均衡が存在しうる。自他の意思決定が相互関連して作り出される経済・社会の動きに対する主観的モデルに基づいて、各プレイヤーは自らの戦略を決定する。そして、各プレイヤーの予想していた状態が実現すれば、各個人はその意思決定を変更するインセンティブを持たない。これが、全てのプレイヤーが他者の選択しうる戦略集合に対して最適戦略を採用しているナッシュ均衡である。ナッシュ均衡となっている相互作用の形態やプレイヤーの行動様式は、そこから逸脱するものが存在しないという意味で、自己拘束的になっている。自己拘束的なナッシュ均衡となっている制度は持続していくわけだ。

ところで、多数の主体の自発的行動が作り出す社会的帰結としてのナッシュ均衡には、社会的効率性の基準を満たすとは限らない多数の均衡が存在する。「囚人のジレンマ」ゲームがその典型であるが、各プレイヤーが自己利益だけを追求して他者への影響を配慮しない時には、ほぼ社会全体からみると非効率な均衡しか実現しえない。

非協力ゲームには、プレイヤー間の相互作用のあり様に対応して、複数の均衡が存在する。そして、プレイヤー間の相互作用に関する仮定を少し変更するだけで、導出される均衡解は大きく変化してしまう。つまり、非協力ゲーム理論は、仮定のおき方の少々の変更に対してもゆるぎない頑健性をもつ均衡解の導出に成功していないことになる。一義的な頑健な均衡解を追いもとめている新古典派正統派は、こういう多義的な解しか生み出さない非協力ゲーム論を、「経済学的に意味ある一般的洞察を与えていない」（松島 1999）として批判している。しかし、歴史を通して観察されてきた市場取引の地域的多様性を素直に事実として受け入れるとき、頑健性という条件を満たしてはいないが、多様性のある事態の出現を説明する力をもつ非協力ゲームの結論には、充分に積極的意味があるというべきであろう。つまり、「ゲームにはさまざまな効率的・非効率的な均衡がありうるので、制度の配置も多様である」（青木 1996）と考えうるわけだ。そして、具体的な歴史・社会のあり様という文脈をとり入れて、制度の進化やそれと関連した市場経済の進化を解明することが可能となってくる（Greif 1997）のである。

## 3　市場経済システム進化の多様性

ある形態の制度は、特定の人口規模や生産技術という環境条件が与えられたもとでの非協力ゲームの結果として形成されてくる。そして、人口規模・生産技術といった環境条件が変化すれば、新しい非協力ゲームが展開されることになる。ゲームの構造にとっては外生変数である環境要因の変化をともないながらも、非協力ゲームは時間的に連結してつながってくる。そして、各時期の非協力ゲームの解である制度のあり様を決める重要な要因は、各プレイヤーが主観的にもつ他者の行動に対する期待である。異時点連結ゲームにおいては、過去のゲームでの経験が、次のゲームでの人々の期待に大きく影響する。人々の期待とは、過去の経験に基づく帰納的推論（松島 1999）を通してしか具体的に形成されえない。これらある具体的形態をとった期待とは、各期の部分ゲームの構造に外側から与えられる与件的要因である。こういう期待が、ゲームの均衡解を具体化させるフォーカル・ポイントとなってくるわけだ。具体的な社会関係・過程が、そのなかで生活する各個人を導いて育成させていく行動様式や他者理解のあり様が、制度を形成していく。このように、市場取引を安定化させる制度は、時間を通して粘着性をもつものとなってくる。

将来ないし不確実な状況についての各主体の主観的判断である期待が決定的に重要になるとき、経済分析は「超経済学化」せざるをえない運命にある（村上 1985）。この事をはっきりと認識しておこう。

各個人の経済行動に外部効果が存在しその意志決定に相互依存関係が発生するときには、他者の行動に対して各主体が抱く期待のあり様が経済パフォーマンスに大きな影響を与える。そして、他者への期待が過去の経験からの帰納的推論に基づく以上、経済のふるまいは歴史にも強く規定されることになる。つまり、複数の均衡という束のなかから、どのような均衡が選ばれるかは、歴史の経過のなかで形成されたその社会の人々が共有している他者理解ないし他者への期待に規定される。

この他者期待とは、それが社会のなかで支配的になっている場合、文化信念とよびうるものである。家族・同族を重要視する文化信念が共有されている社会と、個人主義的文化信念が共有されている社会とでは、均衡として選ばれる経済取引組織化のやり方が全く異なったものとなってくる可能性は非常に大きい（Grief 1994a）。こう考えると、経済関係の仕組みを決める制度とは、非歴史的な新古典派論者が規定しているような功利主義的な選択肢ではないことになる。

家族・同族を重視する社会によって作り出されてくる経済組織化が、その内部では取引費用を削減し組織レントを共有しうる一方、その外部が提供してくれる未知の経済機会を効率的には利用しえないという意味で機会費用の大きいものになりがちなことは事実である。外部の人間・社会からみると、こういう経済取引組織はインサイダー型ないしクローニー・システムにしかみえないのであろう。しかし、そういう取引組織は、それが人々の文化信念に裏打ちされている以上、いわゆる市場競争圧力だけで、機会費用のより小さい匿名型の経済組織にスムーズに進化していくわけではない。経済的進化のプロセスは、新古典派パラダイムないしその延長線上にある社会的ダーウィニズムが想定している経路とは異なって、歴史経路依存型となり往々にして非効率な慣行や組織・制度に長期停滞してしまうこともありうる。

新古典派経済学は、そのイデオロギー的普遍性志向のため、歴史を解読するに意味のある市場経済論を与えてくれない。これに対して、非協力ゲーム論に基づく制度論は、市場経済が制度を通して社会に埋めこまれていることを、明示的に解き明かす方法を示唆してくれているわけだ。

どういう均衡が選ばれるにせよ、新古典派がイデオロギーの根拠としているような完全競争型市場が存在しえないことだけは確かである。どんな社会においても、人々は不完全市場のなかで経済生活を営むことになる。そして、不完全である理由や不完全性のあり様は、決してどこでも同じではなく、非常に個性的なものである。この事を明示的に理解しておくことが重要である。そのため、市場の不完全性に対処する方法も、どこでも一様というわけではなく、これまた多様なものとならざるをえない。政策論として、どのような市場経済にも普遍的に適用可能な政策介入といったものを想定することは、できない相談であろう。

## 4　ユートピア的社会工学

経済危機からの回復に際して、経済制度をグローバルな基準に見合うように改革していく必要はある。しかし、我々は経済を診断するとき、モラリストになってはいけない。クローニー資本主義だといって、東アジアの経済を批難してみても、その批判は、経済危機の主要因の解明に関して的をはずしている以上、自己満足しか生み出さない。どんな地域に対しても、「市場の法則」と称される普遍原理にあわせて、個体を効率的なものにとりかえろというイデオロギーを強制しても、効率的で永続しうるような市場経済システムが即座に形成されるわけではない。イデオロギーとしての新古典派経済学が流布させている市場主義とは、「世界に本来的に内在している調和が明白に現実化してくる」というユートピア・ヴィジョンでしかない。それは、「あるべき理想の秩序」という基準にあわせて、社会の現実を作り直し整序しようとする「間違った希望に基づくユートピア的社会工学」(Stiglitz 1999) でしかない。

こういったイデオロギーの強制からは、経済危機からの回復に関する知恵は生まれない。人々が自主的に作りあげる市場組織化のやり方が、文化信念にも依存している以上、地域にはそれに適した市場経済の型や進化の道筋があるのだということを認識しておく必要がある。法的な規制を整備し非効率な部分を外科手術で摘出すれば、どこでも経済効率が改善されるという神話から解放されて、市場経済にも地域的個性があることを相互に容認しあうことが急務であろう。そうしないと、次の世紀、東アジアの経済は常に不必要な不安定性にさいなまれ続けることになろう。

## 三　欧米と東アジア

### 1　ジェントルマン資本主義と自由主義プロジェクト

経済危機にみまわれた東アジア諸国は、経済制度・システムの構造改革を最大の課題として次の世紀をむかえようとしている。二〇世紀末の構造調整は、グローバル・マーケットが完全なものであるとして、その信認を回復させることを唯一の目的としている。そして、グローバル・マーケットからのこの圧力は、新古典派経済学イデオロギーそのものであるワシントン・コンセンサスによって正統化されている。ワシントン・コンセンサスとは、ヴィクトリア王朝時代の自由主義的経済思想への回帰以外の何物でもない。また、新古典派経済学は、ヴィクトリア王朝時代のスコットランドを中心に「発明」された「進歩」という歴史観のなかで、最も非歴史的であるが故に形式普遍化しえたベンサム流の功利主義を現代経済理論風に形式化させた経済思想である。

東アジアでは現在、「専制と停滞のアジア」というオリエンタリズム的思考の復活に押されて、政治経済システムのグローバル・スタンダードへのビッグバン的改造が進められている。しかしこれは何も、二〇世紀末の現代、歴史上はじめて試みられた出来事ではない。一九世紀はじめにアジア地域にウェスタン・インパクトが加えられたあと、何度も繰り返し再現されてきた出来事であった。

一九世紀はじめにイギリスは、自由貿易帝国主義体制のもとにアジアへ進出しはじめた。この体制は、単に貿易だけでなく、西欧企業が投資をも制限なく行える自由貿易・投資体制であった。そして、イギリスは、その出発点で既にアジアの伝統的政治経済秩序の改造という事業を開始していた（白石 1999）。イギリスは、アジア地域にその時代存在していた現実の政治経済秩序に対して、アダム・スミス以来の自由主義に体現された「あるべき秩序」を対置し、その理想モデルにあわせて、アジアの現実を作りかえ整序しようとしはじめた。それは、軍事力を背後にした「自由主義プロジェクト」である。このプロジェクトは、どんな人々の理性も教育等による啓発と教化によって普遍合理的なものになりうるという西欧近代の啓蒙思想（Gray 1998）に根拠づけられていた。

イギリスは、インドでは「公式の帝国」を、そして中国・日本では「非公式の帝国」を作りあげながら、経済進出を行い、自国の経済関心に基づいて自由主義プロジェクトを遂行していった。このウェスタン・インパクトによって、東アジア地域に存在していた朝貢貿易体制は崩壊した。朝貢システムにかわって、西欧の軍事力を背景とした自由貿易システムがアジア地域を支配しはじめた。しかし、アジア地域内の経済取引が全てイギリス・西欧の企業・商人の手でコントロールされるようになったわけではない。アジア商人が作りあげていたネットワーク型経済取引組織は、それまでの地域的制約から解放されて、新しく生じたビジネス・チャンスを利用してより発展していった。特に東アジア交易圏は、中華帝国の制約から解放されて、世界システムの一環となることで発展した（杉原 1996b）。

ここに、自由貿易システム体制という表層下で、ネットワーク間競争というアジア間交易を特徴づける持続的な個性が生み出された。ネットワーク間競争は、物産と貨幣とを直接交換するスポット取引をベースにしていたので、欧米商人との間でも取引は容易に行われ、世界市場とのリンクが実現した。しかし、ネットワーク内部での決済取引等は、信用・信頼がその前提となる継続型のものであり仲間意識といったアジアの慣習に支えられたものであった（杉原 1996b）。

欧米の商人と、中国商人やインド商人との間には、補完関係が成立していった。例えば、香港上海銀行やチャータード銀行などの西欧系銀行と、中国の金貸業者、インドのチェティアとの間に補完関係が形成されていった。その基本的理由は、中国人やインド人の金貸業者が、アジア各地域の社会に関する情報をより多量に収集し保有していたからである。アジア商人と西欧商社との間では、そこにアクセスしうる市場圏が異なっていたために、このような補完的結合が生まれたのである（ブラウン 1999）。

一九世紀はじめ以来、東アジア地域の経済秩序は、イギリスが先導して持ちこもうとした自由主義のモデルと、東アジアの歴史のなかで生み出されてきた歴史的秩序との緊張関係のもとに形成されてきた（白石 1999）。つまり、前世紀に東アジアで成立した自由貿易帝国には、表の原理と裏の原理という異質で対立する運転原理が作用していた。そして、この二つの原理の対立は、一九世紀から二〇世紀はじめに大きな問題として顕在化することになる。

マンチェスターの綿工業を中心とする製造業とロンドンのシティを中心とする金融・サービス業の圧力におされて、イギリスはアジア全域で自由貿易帝国主義政策を推進した。しかし、世紀転換期には、シティの影響力がより支配的になる。インドにおいては、本国費支払いを保証させるために、ルピーの通貨価値を高めに維持しうる金融・財政政策が採用された。また、中国においては、大規模な外債発行を契機に香港上海銀行に代表されるシティ金融資本の利害関心が貫徹されるようになった。まさに、ジェントルマン資本主義が、世紀転換期にいたってアジア全域に影響力を拡張させた(秋田 1998)わけである。

これら植民地に押しつけられた経済政策は、まさに現代、ＩＭＦが危機からの回復という名分のもとに東アジア諸国に押しつけている処方箋の原型である。そして、この時期になって、イギリスを先導として、アジアで「文明化の使命」をはたす「白人の責務」プロジェクトがはじめられた。イギリスが理念とする自由主義の原理からみるとき、東アジア地域に存続し続けていた華僑のネットワーク型経済組織化のやり方は、不透明な縁故関係でしかなかった。そのため、おくれたアジア人を文明化させるプロジェクトがはじめられたわけである。

## 2　現代の自由主義プロジェクト

一九三〇年代の世界恐慌期に、自由貿易・投資体制が終焉し、世界経済を律するヘゲモニー国家は存在しなくなった。この時期にアジアでは、植民地経済の建直しという目的で、植民地官僚による国内経済の管理という行政介入がはじめられた。二〇世紀後半の政治的独立によって形成された国民国家は、自由貿易・投資体制がまだ復活していない時代環境のなかで、経済面でも脱植民地化を試みることになった。西欧による公式の政治的支配の終焉にともない、経済面でもジェントルマン資本主義の利害を体現した植民地型の開放経済システムは廃止された。そして、この脱植民地化のなかで、宗主国西欧の文化的・知的影響力も抑制され、かわって二〇世紀後半の世界の大国による、競争的介入がはじまった。端的にいって、この時期、欧米からの自由主義プロジェクトの押しつけはおさえられていた。

こういう国際環境のもとで、東アジア諸国はそれぞれ独自のやり方で、国家建設と国民経済の形成にとりくんだ。これらの動きは公的ナショナリズムに根拠づけられていた。このナショナリズムは、その誕生からすでに、自らでは正当化しうるが、他者を納得させがたいという宿命をもっていた。

一九八〇年代に入り、経済ナショナリズムによる開発の失敗が明らかになり、東アジア諸国は規制緩和と経済自由化にとりくみはじめた。この動きが、元来ナショナリストによって促進された（Lal 1995）という事実を忘れてはならない。しかし同じ時期に、対外債務累積問題に直面し、東アジア諸国は、外の世界から構造調整という強い圧力を受けることになった。世界の経済思想がケインズ流の政府介入肯定論から新古典派の自由放任論へと大きく転回したこともあって、途上国の開発に関してもワシントン・コンセンサスがこの時期次第に固められていった。

そして、一九九〇年代に入り、社会主義の崩壊を経て、ワシントン・コンセンサスは、世界を席巻するイデオロギーとなった。東アジア諸国は、このコンセンサスを受けて貿易の自由化だけでなく資本取引の国際的自由化を進めた。そして、経済危機をむかえることになったわけである。現在、冷戦が終結し社会主義という対立陣営が消滅している。そのため、自由主義陣営内に対しての政治的配慮も失われてしまい、アメリカの圧力に後押しされてＩＭＦは、破綻した国に対していささか冷酷な処方箋を押しつけているといわざるをえない。

二〇世紀末の現在、アメリカのウォール・ストリートを核とした金融資本の利益追求に主導されるグローバル資本主義の拡大のなかで、前世紀末にくらべても大がかりな規模で自由主義プロジェクトが再開されている。アメリカに主導されＩＭＦが執行機関となって進められている二〇世紀末の自由主義プロジェクトのゆくえはどのようになるのだろうか。新古典派正統派に属するインド出身の経済学者ディーパック・ラルでさえはっきりと指摘しているとおり、「アメリカの理想とする価値を世界的に浸透させようという現代アメリカのプロジェクト」は、文明化のための白人の責務を大義名分としたイギリスによる植民地インドでの自由主義プロジェクトの現代版である（Lal 1998: chap10）のだ。歴史が何らかの形で繰り返すものである以上、我々は、今世紀末のプロジェクトのゆくえを見定めるためにも、歴史を再考しておかねばならない。

## 3　市場経済の西欧型進化経路[3]

自由主義プロジェクトがモデルとしている完全競争型市場は、西欧でどういう歴史的経過のもとに生成し発展してきたものであろうか。市場経済の形成・発達は、決して自明のプロセスではない。活発な市場取引を可能とさせるような自己拘束的制度の形成は、それ自体が分析の対象とされなければならないプロセスである（岡崎 1999）。そして、近代文明を誕生させた西欧においても、その市場経済の発達は決して普遍的なものではなかった。まずこのことをはっきりと認識しておく必要がある。

歴史のなかで観察されている、市場経済の形成をも含めた経済制度の変化に関して、前節で紹介した制度論の枠組みに基づいて、新しい解釈が試みられている（Greif, forthcoming）。この新しい理論仮説は、誰もがそのやり方をかえるインセンティブを持たない均衡として説明されうる制度と経済取引組織化の形態が、社会のもつ文化信念によって異なったものとなりうることを明らかにしてくれている。そこで、地中海世界の商業史の事例を通して、市場経済のあり様と文化信念との相互依存関係を具体的にみておこう。

一一世紀から一二世紀にかけて地中海世界で遠隔地交易が盛んになり、その北ではイタリアの商人がそして南ではマグリブの商人が長距離交易を組織化する主体となっていた。ところがこの両者の商人が遠くはなれた場所との交易を組織化した方法は、非常に異なったものであった（Greif 1994a）。

マグリブの商人はバグダッドから移住してきたユダヤ商人であった。彼らはイスラーム世界のなかで活動しており、遠隔地交易を直接に担う代理人として、同じ共同体に属することでその行動があらかじめ予想され信頼しうる仲間を選び、強い結束力をもつ結託を作りあげる傾向が強かった。自らがそこから出自してきた共同体の外部にいる人々との経済関係は疎となり、商人的経済組織は同じ社会慣習を共有しているか否かに基づいて分離されたものとなっていた。

一〇世紀頃まで、取引量は未だ少なく、信頼できる通信手段が少なかった。こういう状況下でマグリブ商人は、他の地域での商売に代理人を使うとすると、効率賃金モデルが示してくれているように、代理人に非常に高い賃金を支払う必要があった。賃金を低くすると、代理人は商人の利益をそこねるおそれが常にあったので、代理人まかせのビジネスは非常に危険であった。そのため、商人は通常商品を自分で運んでいたのである。ところが、一一世紀に入り、十字軍の動きにも影響されてイスラーム圏地中海地域に広範な情報ネットワークがはりめぐらされたことによって、商人達は互いに信用情報を照会しうるようになった。そこで、商人達は海外にいる仲間商人を代理人として委任するようになった。商人間にはりめぐらされた情報ネットワークを通して、背任行為があった代理人に関するニュースはまたたくまにひろまり、商人達はこういう背任行為のあった商人を仲間社会から追放するという集団制裁システムを作りあげた。集団制裁システムの核である多角的懲罰戦略が有効になるためには、ある代理人がどの商人に対して不正を働いたかという情報が、結託内にいる全ての商人に伝わるような情報流通チャンネルが存在していることが必要となる。そこでは、同じ社会集団に所属していることがこの情報流通の効率性を根拠づけていた。つまり、同じ価値観を共有しているという社会的アイデンティティと商人・代理人関係という経済的仕組みとが相互作用して、集団主義的制裁システムが維持されていたといってよい。はじめは、マグリブ商人が保持していた集団主義的価値という文化信念が、多角的懲罰戦略を核とする自己拘束的な経済制度を作りあげた。そしてこの経済制度が、商人仲間社会にとって利得をたかめてくれるものであったが故に、はじめにあった集団主義的価値という文化信念がさらに強化されていくことにもなった[4]。

商人は、その経済活動を拡大させていくに際して、自らの保有する財産を外部の暴力等から保護する必要があるし、また売買契約が合意どおりに実行されるような保証を必要とする。「商人的経済が隆盛に向うには、財産の保護と契約の保護がともに確立されなければならない。この二つは、商人自身によってある点までは十分に与えられる。かれらは、暴力から自分達の財産を守るために結束するであろうし、財産権の確認のためかれら自身の間で規則を確立していこう。そして正式の裁判官が必要なことを行わないとしても、商人は第三者の商人による仲裁条項を入れることで契約を守らせようようとする」(Hicks 1969: chap3)。商人は、このように自らの必要に応じて、仲間内で財産・契約の保護のための仕組みを作りあげていく。もちろん、こういったことは商人共同体が何らかの社会的結合を確立していない限り不可能である。「世界の歴史の早い時期においてさえ、このような結合が可能となった場合がある。特定の人種的・宗教的集団の構成員である商人が、おのずからかれら自身の指導者と仲裁者とをもつことは十分に考えられる。我々の念頭には、ユダヤ人やパルシー教徒のことが浮かぶが、実際外国で活躍している同様な由来をもつ商人集団については同じことがいえる」(Hicks 1969: chap3) のである。マグリブの商人は、まさにこの代表である。しかし、集団主義的文化信念を共有している諸個人間で作られる経済制度は、より広い範囲での交易機会が開かれた時に、そういう交易機会を最大限利用して経済活動を展開していくに際して、大きな制約となってしまった。つまり、条件変化のなかで、マグリブ商人の制度の機会費用は増大したわけだ。この歴史的事実にも注目しておく必要がある。

このマグリブ商人と対比してみて、ラテン世界に属するイタリアのジェノバ地方の商人は、キリスト教という宗教に影響されてか、より個人主義的な価値観をもっていた。そのため、遠隔地交易を担う代理人を選ぶに際しても、その出自集団といった基準に立脚するのではなくて、個人としての正直さや経済能力に重きをおいていた。そのため、多数の商人・代理人間の関係は公的な法律によって律せられる方向に変化していった。ジェノバ商人が中心となった経済活動においては、コミュニティの慣行という制約から相対的に自由な形で純粋に経済目的にそった大規模な経済組織が形成されていった。マグリブ商人に対比してみて、彼等は交易機会の拡大という条件変化のなかで、機会費用の増大という犠牲を払うことはなかったわけだ。

個人主義的価値観をもつ商人の間では、次第に直接見知らぬ相手との取引に関する、契約強制の仕組みが発達していった。近代の国民国家成立以前においても、こういう商人達は商人法といわれる私的な法システムを編み出し、紛争処理のために私設裁判官を雇用していた。私設裁判官による係争についての判決が公表されたために、紛争当事者である商人がどういう人間であるかに関して、第三者の商人も充分に情報を手中にしうるようになった。このシステムにより、誰が正直で正しかったかを決め、それを他の商人に伝達するという決定的な難題が、手際よく片づけられるようになったのである（Milgrom 他 1990）。この商人法といった制度の形成を通して、顔みしりではない商人の間でも、経済取引を行いうる効率的な組織が形成されてくることになった。そこでは後にふれる都市国家の形成を通して、権力の独占や濫用を制約する立憲的制度が形成されてきた。このタイプの制度発展は、その最も現代的な形態として、法律という公的合意、書面契約という私的合意に違反したものに、国家の権力機構が懲罰を加えるという成文法下での契約強制という形をとるようになっている。この仕組みのもとではじめて、全く見ず知らずの者の間での匿名性下の経済取引が可能になったわけである。これが、新古典派エコノミストがどの地域にも普遍化しうると考えている市場経済の制度である。しかし、こういう制度進化は、個人主義的価値観が共有されているという社会のもとではじめて可能であったわけである。我々は、この歴史を忘れてはならない。

さらに、公権力の監視・強制が核となるこの経済システムは、その運営費用は決して無視できるものではない。端的にいって政府は、常に利益中立的な公的ルールの強制者であり続けるわけではなく、それ自体も自らの利得獲得という戦略的行為をとることも多い。そのため、時として民間部門は、政府に対して支払をせざるをえないことも起こる。また、私的主体間の紛争解決のための裁判費用が大きいこともよく知られている。公的ルールとその強制とに支えられた匿名型経済システムも、このような大きな問題をかかえているのである。

## 四　東アジア型経済システム

### 1　アジア経済史への視角

一九八〇年代後半以降、東アジア地域は奇跡とも形容された非常に高い経済成長を実現させた。この事態が注目をあびるにつれて、この新しい現実を理解するためにも、アジア経済史を再検討する必要性がひろく認識されはじめた。そのひとつの論点は、開発における政府の役割であり、この現代開発論的課題の解明に際してあらためて、アジアにおける権力者と商人との相互関連の歴史に関心がむけられはじめた。もうひとつの論点は、商人が行う経済組織化のやり方である。特に、海域を舞台として商人達が作りあげた商業・交易ネットワークの実証的解明である（濱下 1999b）。

こういう問題関心を背景として、世界全体が同時に大きな歴史の転換をむかえたとされる一六世紀頃、地中海世界と同じく東シナ海からベンガル湾にかけての海域も、広域的交易のもとでの経済繁栄をむかえていた事実に注目があつまっている。そこでは、支払い・決済手段としては、中国王朝内で流通していた銀貨が使われていたし、また度量衡も中国のそれが使用されていた。為替・信用取引に関しては、インドのヒンドゥー商人が生み出したフンディとよばれる売買可能な信用状がひろく流通していた。さらに、財産権の保護や契約の保証というルールに関しては、イスラームの商法が適用され、商取引にかかわる紛争が処理されていた（Reid 1993）。ヒックスが「アジアの全地図をみて、海域のなかでおそらく最も希望のもてるのは東南アジアであろう。この地域ならば、地中海のそれと同じような交易体系が生れることも可能であった」（Hicks 1969: chap3）と見抜いていたとおり、この時代アジアは全体として地中海にも似た「商業の時代」をむかえていたのである。

しかし、同じ時期の地中海交易と対比してみるとき、商人達の財産や契約を政治権力者の恣意的掠奪から守るという、客観的な公式の法に基づく経済制度の整備の面で、アジア地域の交易システムは未成熟であった。そして、私的所有権の制度的確立が未成熟であったというこの事態と深く関連して、有限責任会社制度、金融証書取引所、専門化した銀行といった、同じ社会集団に属しているわけではない多数の商人間で資本を分けあいそれを守りうる合理的資本主義機構は、余り発達してこなかった。

一九九七年夏に突然東アジア地域をおそった通貨・金融危機のなかで、あらためて多数の経済主体を匿名で結び付ける効率的な経済取引システムを東アジア地域が形成していなかったことが問題にされつつある。既にふれたように通貨危機自体は、グローバルな資本市場のなかでの東アジア諸国通貨の売り投機として発生した。まさに歴史を通して国際収支は、「国家が統制している国内貨幣と国家が支配できない国際貨幣とが衝突する場所」(Hicks 1969: chap6)であり続けている。そして、通貨・金融危機のなかで、東アジア諸国での政府の経済介入は、社会全体にとっては不効率で不公平な縁故資本主義しか生まなかったと見なされている。また、銀行の融資活動も、同族を重視するというインサイダー取引でしかなかったと酷評されはじめている。経済危機が発生する以前には、こういう東アジア型経済システムは奇跡を生んだ効率的なシステムであったと見なされていたが、危機のなかで、世界の世論は、東アジアの経済システムに関する評価を一転させてしまったわけである。

ここで、ヒックスがヨーロッパとアジアの歴史との相違を解く鍵として、「ヨーロッパ文明が都市国家局面を通過した事実」(Hichs 1969: chap3)を強調していたことにあらためて注目しておこう。ヨーロッパにおいては、この都市国家局面を通過したことによって、公式の法に支えられた匿名性下での経済取引という経済システムが形成されてきたというのが、ヒックスの仮説である。

地中海の交易都市においては、既に一一世紀ごろに市民勢力が台頭し、政務を担当する自分達の代表としてコンスル(統領)を選出していた。皇帝も都市自治権を認めて市民の権利を保護した。さらに、都市内の有力家族がコンスルを独占する傾向が出てくると、その制度を廃止して、都市外のテクノクラートを任期つきで執政官とするポデスタ制を採用した。イタリアではこの時代、支配者間に競争があった。そのため、各支配者は、商人たちの私的財産権を保護することで、商人を自分の身方にしようとするインセンティブを持っていた（Greif 1994b）のだ。地中海世界では、こういう形で、商人・市民の経済的利害をなるべく公平に保証するような制度としての都市国家が発展していった。商人自体も政治的力をもち支配者を交代させる潜在力をもちえたので、権力者・支配者が商人たちの富を掠奪するプレダトリー戦略をとろうとするインセンティブを規制しうる公約ルールが発達した（Lal 1995）というわけである。

地中海世界に関するヒックスが示唆した仮説にてらしてみると、東アジアの経済システムの問題点は、都市国家という局面を経過しなかったことに起因していることになろう。中国・インドをふくめて、商人層はそれぞれの社会のなかで地位・身分は低く強い政治力を持ちえなかったので、権力者や国家機関のプレダトリーな行為を規制しうる政治経済システムは余り発達してこなかった（Lal 1995）。この比較史的仮説のもとに、東アジア経済の歴史を例えば一五〇〇～一八〇〇年の期間にわたって再検討してみることが必要であろう。この長い歴史のなかで形成されていった制度やネットワークが、一八〇〇年から現代まで西欧・アメリカの近現代文明が押しつけられてきたなかで、どのように受けつがれてきたのか。自由主義プロジェクトの運命を見定めるためにも、歴史の長期持続性という視角から、アジア経済史を見直してみることが緊急の課題となっている。

## 2　華人ネットワーク

東アジア・ダイナミズムの中核的担い手は、華人である。そこで、華人の経済組織のつくり方の特徴をみておこう。

華人の故郷中国においては、儒教が反商業的・農本主義的経済秩序観をもっていたことにも影響されてであろう、商人・商業に対する権力者の政策は、振興と搾取、放任と無視とが組み合わさった一貫性を欠いたものであった。「中国の国家は、資本主義の拡大に常に敵意を示し、資本主義が情勢に乗じて拡大傾向をみせるたびに、それはある種の全体主義国家によって最後には封じこまれてしまった」(Braudel 1976)のである。そのため、社会の側は家族といった結び付きを何よりも大切にする形での経済組織化をはかるしかなかった。それは、地中海世界でのマブリブ商人が作りあげていた多角的懲罰戦略を核とする商人の結託と同質のものであった。中国社会では、牙行とよばれる仲介・請負のネットワークは高度・複雑に発達していたが、家族をこえた公共的領域といったものはほとんど形成されなかった。そこでは、機能的な効率性を追求して新たな結合を作り、その枠組みのもとでともに仕事を一緒にしていこうといった自成的社会化能力は充分に育ちえなかった。ヨーロッパの中世・近世にくらべて、中国では「大市や取引所といったより形式的・透明な歯車・装置は欠けていた」(Braudel 1976)。一九世紀から二〇世紀初頭にかけても、中国人の商人はその商業活動において極めてアクティブであり、国家の統制からも全く自由であった。それにもかかわらず、中国の市場経済は不安定であり、マクロ面でみてその経済は停滞的であった。その最大の理由は、国家には、商人の経済活動の制度的枠組みをサポートしようという関心が全く欠如していたことであった。商人は、必要な経済秩序の維持を、家族・同族といった私人的保証に頼らざるをえなかった(村松 1949)。西欧の歴史と対比してみるとき、中国は都市国家という局面を経過していないことが大きな問題であるといえそうである。

ウェスタン・インパクトのもとで、特に一九世紀後半から二〇世紀初頭にかけて、アジアの各地域は、西欧に対する一次産品輸出の拡大に刺激されて、地域間交易を増加させ高い経済成長を実現させた(Laitham 1986, 杉原 1996a)。この交易機会の拡大のなかで、アジア商人のネットワーク型経済活動は活性化した。このダイナミズムのなかでも中国系商人の経済活動の組織化は、宗族・同族という社会関係を基盤とするものであった（霍 1999）。ウェスタン・インパクトのもとにビジネス・チャンスがグローバル化したなかで、かえって中国に伝統的な経済組織化のやり方が活性化されたとすらいえる。

華人は、股分の相互提供を契機としてネットワークを作りあげる。このネットワークは、アングロ・サクソン流の市場に対して、強い排他性や自己防衛的な面を見せる。つまり、ネットワークの利益を守るという目的で、利己的かつ閉鎖的となる。しかし他方、近代西欧が生み出した合理的組織と対比してみると、流動的・可変的な組織体となっている（濱下 1999a）。いずれにせよ、西欧近代が生み出した市場とも組織とも異質な社会結合体が、華人のネットワークである。

香港や東南アジア都市での華人経営をみていくと、その帳簿は、商品帳簿と取引先帳簿とからなる流水簿が今でも最も支配的となっている。西欧の商人・企業は、各時期での損益がすぐに対照できる複式帳簿を使っているのに対して、華僑・華人の帳簿は、損益をただちに表わすという形式をとっていない。そこでは、ヒトやモノのつながりないしネットワークをどのように作り、維持していくかに主たる関心がおかれていることがわかる。華人の経営とは、その時々の利益の創出を直接の目的とする西欧型近代合理主義的な経営ではなく、一族・同族の繁栄を維持するというより大きい目的のなかに組みこまれたものとなっている。つまり、経営とは常に家族経営という側面と重なりあっており、経営上の組織を、宗族上の組織から分離・分化させて作るといったことは、今でもほとんどみられていない（濱下 1997）のである。

一九八〇年頃からの東アジアの経済成長のなかで、華人は、その伝統・慣習に立脚して、経済活動を組織化していた。アメリカが主導してきた情報技術革新による経済機会の多様化・拡大と、東アジア地域の個性ある特徴をもつ商業資本主義とが共鳴して、奇跡ともよばれた一九八〇年代以降の高度経済成長が実現した。欧米近現代史がその技術革新を軸として作りあげた二〇世紀末のグローバル金融資本主義という時代リズムの浸透に刺激されて、東アジアの伝統が復活したともいえる。しかし同時に、東アジアでは、民の側の旺盛な自己利益追求型経済活動を秩序づける成文法の制定・強制はそれほど熱心に実施されなかった。権力の側の対応にも、歴史を通しての長期持続性がみられている。

西欧・アメリカで発達してきた経済取引ないし市場取引のやり方とは、不特定多数の取引相手と匿名で競争していくものである。この市場取引のやり方と対比してみると、華人の経済取引とは、相手の固有名にこだわって排他的・選択的に取引相手を維持していこうというネットワーク型のものである。西欧の基準からみると、これはまさにインサイダー取引であり縁故主義ということになる。

華人・中国人の家族・親族重視のネットワーク型経済活動は、確かに、公的ルールに支えられた市場経済が充分に発達していない状態への適応であったといえる。しかし、その根底にはやはり中国社会の文化といったものがからんでいたことは否定しえない。アングロサクソン社会と華人社会との表面上は同じものにみえる市場経済システムの間に、このような大きな差異が存在していることを軽視することはできない。そして、こういう差異は、ネットワーク型が前近代的で、匿名型が近代的であるといった歴史の単系的な発展段階の相違に解消されうるものではない。グローバル・マーケットは、この点を認識せずに、同族ネットワーク型をより透明性の高いものに改造することを、その金融支援の条件として設定している。この状態が続くと、外側の世界の期待がうらぎられることで、経済をめぐって「文明の衝突」が発生してしまうのではなかろうか。

# 結　経済システム進化の多様性

## 1　自由主義プロジェクトの運命

世界の歴史をひもとくと、商人が世界的規模で作りあげる資本主義がいつの時代にも存在し続けたことがわかる。資本主義とは、分散した個人が社会関係を作るためには、交換・取引しコミュニケーションをせざるをえないという必然性に根ざしているかぎり、歴史のどの時代でもまた世界のどの地域にも存在し続けている現実そのものである。但し、広域にわたる交換・取引・コミュニケーションが、貨幣という媒体とヒトビトの間での信用という仕組みを通さざるをえない以上、この資本主義というシステムは常に不安定性をかかえざるをえない。歴史上繰り返されてきた経済危機が、はっきりとこの事実を語ってくれている。

二〇世紀後半になってアジアでは、世界規模で展開する近代資本主義が特定の個性をもった共同体へと浸透していくことでひきおこされた混乱への反発として、国民国家が創出された。この国民国家とは、自らが支配する領土・領民をその外から区別して閉ざし、脱植民地化をめざそうとしたいささか人工的な政治体制である。資本主義という制度は、匿名性をその根底とするものであり、人々をこのように「わけられた」共同体の規制から自由にさせていこうとする普遍的威力をもつ。この市場の普遍的威力を信仰している新古典派経済学者は、「世界システムの周辺に位置している諸社会は、自由なる資本主義のなかでも、その地域社会の内在的な論理にそって変化・発展していける」という想定は夢物語でしかないと主張している。しかし、これは「開かれたシステムとシステムの欠如とを混同した」考えにすぎない。確かに、外に世界に開かれたシステムでない限り、経済の進化・発展はない。しかし、この進化・発展のプロセスを通して、その地域の個性ある社会システムが変容をとげながらも維持されていくことも間違いない。資本主義とは、人間の社会関係をひとつの完全な競争的機構にまで純化させるような威力をもったものでは決してない。市場経済システム進化の道筋は、歴史を通して変容を示しながらも、それぞれの地域でやはり個性的なものとなっている。個人主義的文化信念が共有されている地域では、経済交換に参加しようとする人々を匿名型取引というひとつの機能的仕組みのなかに結合させていく方向に、経済システムが進化してきた。これに対して、家族・出自集団を人間関係の核とする集団主義的文化信念が共有されている地域では、同じ社会集団内での密なる信頼に基づく取引と他集団との間での敵対的取引とから構成される分離型の経済システムが再生産され続けている。資本主義の発展の展開・歴史に、無視しがたい地域性がみられることもまた、決して否定できないもうひとつの現実なのである。

現在、情報通信技術の革新に支えられて、金融取引を核とする経済のグローバリゼーションが急速にすすんでいる。モノづくりよりは、短期の利得を追求する現代世界経済の動向は、まさに古典的な商業・金融資本主義の復活である。時代のこういう潮流を反映して、新古典派経済学に基づく単系的進歩史観がイデオロギーとして世界を席巻しているわけである。確かに、市場経済とは、社会内で発生する利害対立を調整する機構であり、その限りで普遍化しうる文明装置であるといえる。しかし、世界の多くの地域の歴史を冷静に観察してみると、こういう文明装置も、各地域で形成された習慣や文化と分離して機能しているわけではないことが理解されよう。この歴史が語りかけてくれている事実を無視している以上、イデオロギーとして押しつけられた自由主義プロジェクトは、決して完成しない運命にある。こう結論せざるをえない。

## 2　単系的進歩史観をこえて

グローバルな自由市場という普遍原則を押しつける二〇世紀末の構造調整とは、まさにユートピア的社会工学の試みである。ジョン・グレイが端的に言い切っている様に、自由主義プロジェクトは、それが間違った希望に基づくが故に、「その結果を前もって知ることが可能なユートピア的社会工学の実験」(Gray 1998) でしかない。西欧近代が生み出した啓蒙思想と自由市場神話とが、アメリカの国民的な信念である教条的なオプティミズムのなかで結合し、世紀末の自由主義プロジェクトを支えている。

「文化の多様性は、人々が生きていく上でいつまでも続くことはない。文化の多様性は、普遍的な文明にいたる前の非文明段階でみられるものにすぎない」。この文化発展段階論が、啓蒙思想の基本的アイデアである。個人の自由な経済活動は、人々が教化され合理化されればどの地域でも、文化・社会から分離されて理性的かつ自律的なものになる。啓蒙思想は、こう確信している。

いうまでもなく、この啓蒙思想は、ヴィクトリア王朝時代に隆盛をきわめた進歩主義史観の最も単純な形での表現型である。西欧の現代こそが人類社会の進歩の頂点にあり、西欧以外の地域の文明はおくれたものにすぎないという西欧中心主義が、この史観のエッセンスである。この史観のもとで、西欧型の自由を与えてみても進歩のプロセスに乗ってこない地域は、低開発という大雑把なラベルのもとに一括され、その歴史・文化はおくれた未開・野蛮で無価値なものでしかないとしてかたづけられた。

経済面に関しても、この進歩主義史観のもとで、「ヨーロッパとそれ以外の世界との差を、市場経済の合理化のみに帰そうとする、単純すぎる誤ち」（Brandel 1987）をおかした経済発展段階論が生み出された。この進歩主義的発展史観は、次の世紀をむかえようとしている現在もなお有力なイデオロギーとして健在である。二〇世紀後半になって、国連の活動を通して国民経済計算という会計学が導入・普及されたことで、世界中の諸国を一人当り国民所得といった単一の指標で比較する技法がひろまった。そして、「計量化とのいかがわしい同盟」（Gould 1987）を結ぶことで、進歩主義史観は一人当り国民所得の低い国である「低開発国」を発展させる政策体系を提案する開発経済学を誕生させた。

ところで、戦後日本の社会科学は、政治学経済学を含めて、各種の発展段階論として定型化された近代進歩史観（村上 1992）の枠内で研究されてきた。欧米の近代化論だけでなく、マルクス学派も、この単系的発展史観にとらわれていた。

この近代進歩主義ないし単系的発展史観は、数多くの批判が加えられ続けたにもかかわらず、現在もなお根強く生き続けている。その二〇世紀末における典型が、市場の普遍的威力を無邪気に信じている新古典派経済学である。勿論、新古典派経済学も、情報の不完全性や取引費用の存在といった事態をとり入れて、それなりの自己変革を示している。新古典派の経済学のなかでも、取引費用の存在を中核にすえたロナルド・コースの経済論（Coase 1988）に影響されて、数多くの制度変化に関する仮説が提唱されている。一見「非合理的」にみえる非市場的制度は、市場の未発達ないし不完全に対する「効率的な」社会の対応策として十分に説明できる。これがこれら諸仮説が提出している命題である。しかし、この命題が、非市場的制度とは市場の完全性と代替関係にある、つまり市場がより完全なものへと発展していけばその存在理由が失われていくと、見なしている事実を我々は見落としてはならない(Greif 1997)。新古典学派の制度変化論が、単系的発展史観の枠内にとどまり続けていることは確かである。

東アジア経済の歴史・現在を観察するとき、我々はこの単系的発展史観の枠外に出る必要がある。市場取引の組織化のやり方は、決してグローバルな規模で画一化していくものではない。市場経済活動は、その社会の文化と分離して普遍的なものになりうるものではない。我々は、東アジア経済の歴史的展開から、この事実を読みとらねばならない。

## 3　経済学と地域研究

現在経済学のなかで、市場経済論は以上の課題を解読しうる方向へと大きなパラダイム・シフトを示している。既にふれておいたように、この流れの最有力なアプローチは非協力ゲーム理論に基づく市場経済の解読である。新古典派正統派の市場経済論は、一義的な均衡解を追いもとめるという形式化と普遍性への志向に支えられて、経験が語りかける事実の多様性に対しては嫌悪感すら示している。これに対して、非協力ゲーム論は、プレイヤーの集合と彼等の採用する戦略との選定に対応して、効率的・非効率的双方を含めた複数の均衡が存在することを明らかにしてくれている。この点で、このアプローチは多様性に対して寛容である。

そして、このアプローチを採用した歴史制度分析と名づけられた経済史の研究成果は、多数の可能な均衡のなかからどの均衡が選ばれるかが、その社会がたどってきた歴史や人々の文化信念に大きく影響されることを示してくれている(Greif, forthcoming)。

西欧・アメリカの経済史を理念型として想定すると、公権力による財産権の保護や私的契約履行の法的強制機構が充分に整備されないと、効率的な市場経済取引システムは発達しえないことになる。しかし、東アジアの経済では、西欧起源のこの普遍志向の見通しに反して、公的ルールが完備されていない場合にも、社会のなかで経済取引が活性化しうる事実を教えてくれる。東アジアでは、ある商人が仲間商人集団の誰かに対して背任を行うと商人仲間集団から永久に追放されてしまうという集団制裁メカニズムに支えられたネットワークによって、活発な経済取引が支えられていた。そして、この集団制裁メカニズムは、商人仲間が同じ宗族に属するといった、狭い意味での経済取引の領域外にある要因によって支えられていた。新しい経済史のアプローチは、こういう東アジア型のネットワークに関してその生成・発展のプロセスを論理的に解明しうる方法を提供しはじめてくれている。

新古典派市場経済論は、多元性を容認しない普遍性志向に束縛されている。これに対して、新しいアプローチは、新古典派の形式論的普遍主義の限界をこえて、市場経済システムの進化には、その社会で共有されている文化信念といったものが無視できない影響力を発揮することを、理論的かつ実証的に明らかにしてくれている。市場経済システムの進化には、地域によって多様性が存在する。新古典派経済成長論の創設者ロバート・ソローは、多様な国の間での経済成長率の差を説明しようとするとき、多くの場合経済学者がアマチュア社会学者になってしまうと警告したという (Krugman 1999)。現在、アマチュア社会学的議論に陥ることなく、多様な地域間での経済システム進化や経済成長率の差異を論じることが可能になりつつある。まさに、多系的発展史観を構築しうる理論的基礎が、次第にかためられつつあるといってよい。

経済学、より広くは社会科学の理論研究においてこういう新しい流れが顕在化している現代こそ、社会科学と地域研究との意味ある接合が可能になりはじめているのではなかろうか。新しい経済史は、「経済制度とはその社会の歴史と文化信念を反映したものである以上、異なった歴史・文化信念をもつ他社会の経済制度を植えつけようとしても、失敗する」(Greif 1997) 可能性が大きいことを語ってくれている。間違いなく、自由主義プロジェクトは未完のアジェンダ (unfinished agenda) に終わろう。

新古典派の形式論的普遍志向に呪縛されている限り、我々はアジアに対して「過剰な期待、過剰な失望」というサイクルを繰りかえさざるをえない。そして、我々自身のこのようなパーセプションの動揺がグローバル・マーケットのアジアに対する期待をゆさぶり、アジア諸国の経済を奇跡から危機へと激動させてしまう。東アジア諸国の二〇世紀最後の一〇年間のこの経験をふまえるとき、経済発展の地域性を正当に評価しうる、反新古典派の市場経済論を確立し、それを普及させることが必須の課題となっていると結論せざるをえない。普遍原理への固執を反省しようとしない経済学の支配的正統派に対抗するためにも、我々は地域研究を更に深化させる必要がある。最後に再び、このことを強調しておきたい。

註

(1) 東アジア地域の経済危機の詳細な分析に関しては、原 (1998)、原 (1999a) を参照されたし。

(2) 資本移動の自由、為替相場の安定、国内金融政策の自律度、この三つの政策目標を同時に達成させることはできない。国際経済学でよく知られたこの命題にてらしてみると、ＩＭＦの処方箋は、前者二つの政策目標のために、第三番目の「国内金融政策の自律度」を放棄せよというポリシー・チョイスである。これに対して、マレーシアの政策決定は、最初の「資本移動の自由」を放棄して、後者二つの政策目標を達成しようとするポリシー・チョイスであった。マレーシアの政策決定には、充分に理にかなった根拠があったといえる。

(3) 市場経済システムの進化にみられる地域的多様性に関しては、原 (1999c) を参照されたし。

(4) 歴史制度分析の提唱者アブナー・グライフは、この集団制裁システムを支えるマグリブ商人の多角的懲罰戦略を、異時点連結型非協力ゲームの部分ゲーム完全均衡として導出している。この戦略は、結託内の他の商人に対する背任行為をとった代理人に対しても、非協調的対応をとるという特性をもったトリガー戦略となっている (Greif 1994a)。

ところで、この部分ゲーム完全均衡解がえられたのは、異時点連結型ゲームが各プレイヤーが他者の戦略集合を全て知っているという完全情報ゲームであるという前提があったからである。いうまでもなく、この完全情報ゲームというのは、非現実的な仮定である。それでは、このような非現実的な均衡解を鍵概念として経済史を解釈することは無意味だということになるのであろうか。

経済学的思考のなかでは、最も一般的と思われる状態を想定して、そういう条件のもとでは「何が最もおこりそうか what is likely to happen」を追求していくタイプの研究が支配的となっている。ワシントン・コンセンサスを根拠づけようとしている政策志向型新古典派経済論は、この悪しき代表である。しかし、「このタイプの思考が想定している状態は間違いなく一般的である」とは言い切れないことが多い。それであれば、いささか特殊であってもある限定された条件を想定し、そのもとでは「何がおこりうるか what can happen」を徹底的に追求してみる論理作業が必要になってくる。このタイプの経済学的思考は、前者の思考では「一般的ではない」という余り根拠のない判断のもとに、軽視されたり無視されていた問題に、新しい光をあてるという発見的機能を果たすことになる。完全情報非協力ゲームのナッシュ均衡解（部分ゲーム完全均衡はその一部）は、まさにこのタイプの経済学的思考の代表例である。ゲーム理論は、その解ではなく、解を導く推論自体が人々の相互作用の帰結に関して与えてくれる洞察の点で、重要である。まさにそれは、発見の理論的装置となっているわけだ。

マグリブ商人の多角的懲罰戦略は、ある代理人の行為に関するニュースが結託内商人全てに迅速に伝統される情報流通チャンネルによって有効なものとなりえていた。そういう情報流通チャンネルの存在を前提にしないと、この一種のトリガー戦略は部分ゲーム完全均衡としては導出されえないことになる。つまり、ゲームをモデル化するとき、各プレイヤーの情報保有の状態をどう特定化するかに従って、解の性質がかわってくる。そして、プレイヤーの情報保有の状態は、ゲームの構造（プレイヤーの数、戦略集合、利得行列で、定義される）の外側にある与件である。結局のところ複数均衡が存在するとき、どの均衡が選ばれるのかは、ゲーム理論自体の内部では決定しえない。そこに、歴史の要因などが作用してくることになるわけである。この点を明確化してくれている事態にこそ、ゲーム理論のもつ発見的役割が端的に示されているといえよう。

（5）地域研究と経済学との相関ないし接合の方法については、原（1999b）を参照されたし。


引用文献

青木昌彦（1996）「経済学は制度をどう見るか」大山・西村・吉川編『現代経済学の潮流一九九六』東洋経済新報社、
秋田茂（1998）「イギリス帝国とアジア」『岩波講座：世界歴史一八工業化と国民形成――一八世紀末―二〇世紀末』岩波書店。
小野善康（1998）『景気と経済政策』岩波書店。
岡崎哲二（1999）『江戸の市場経済――歴史制度分析からみた株仲間』講談社。

神取道宏（1994）「ゲーム理論による経済学の静かな革命」岩井・伊藤編『現代の経済理論』東京大学出版会。

霍啓昌（1999）「香港の商業ネットワーク――宗族結合とビジネス・パートナーシップ」杉山・グローブ編『近代アジアの流通ネットワーク』創文社。

白石隆（1999）「ラッフルズの夢」『中央公論』一九九九年、七月号
杉原薫（1996a）『アジア間貿易の形成と構造』ミネルヴァ書房。

――（1996b）「近代アジア経済史における連続と断絶」『社会経済学』一九九六年、八・九月。

高谷好一（1994）「人類の過去・現在・未来」矢野編『講座現代の地域研究四――地域研究と「発展」の論理』弘文堂。

原洋之介（1998）「タイにおける経済成長・所得分配・民主主義」南・中村・西沢編『デモクラシーの崩壊と再生――学際的接近』日本経済評論社。

――――（1999a）『グローバリズムの終宴――アジア危機と再生を読み解く三つの時間軸』、NTT出版。

――――（1999b）『エリア・エコノミクス――アジア経済のトポロジー』NTT出版
――――（1999c）「商人と国家の経済学――経済史の地域性」『岩波講座：世界歴史15商人と市場――ネットワークの中の国家』岩波書店。

――――（1999d）「経済発展の地域性の解明にむけて――タイ経済社会の強さと弱さの考察から」坪内編著『総合的地域研究を求めて――東南アジア像を手がかりに』京都大学学術出版会。

濱下武志（1997）『朝貢システムと近代アジア』岩波書店。

――――（1999a）「東南アジアをどう捉えるか　(1)　中国世界から」坪内良博編著『総合的地域研究を求めて』京都大学学術出版会。

――――（1999b）「アジアの近代」『岩波講座：世界の歴史二〇――アジアの近代一九世紀』岩波書店。

ブラウン、イアン（1999）「アジアとヨーロッパの商業ネットワーク――相互依存と競合」杉山・グローブ前掲書。

松島斉（1999）「情報処理ルールが切り開くニュー・パラダイム」中兼・三輪編著『市場の経済学』、有斐閣。

村松佑次（1949）『中国経済の社会態制』東洋経済新報社。

村上泰亮（1985）「期待の政治経済学への序説」福地・村上編『日本経済の展望と課題』日本経済新聞社。

――――（1992）『反古典の政治経済学　上――進歩史観の黄昏』中央公論社。

Bhagwati, Jagdish (1998) "The Capital Myth" *Foreign Affairs*, May / June.

Braudel, Fernand (1976) *La Dyanamique du Capitalisme*, Miss A. Noble.

―――― (1987) *Grammaire des Civilisations*, Les. Editions Arthand.

Coase, Ronald, H. (1988) *The Firm, the Market and the Law*, the University of Chicago Press.

Dasgupta, Partha and Heal, Geofley (1979) *Economic Theory and Exhaustible Resources*, Cambridge University Press.

Gould, Stephen, J. (1981) *The Mismeasure of Man*, W. W. Norton & Company.

Gray, John (1998) *False Dawn: The Delusion of Global Capitalism*, Granta Publishers.

Greif, Avner (1994a) "Cultural Beliefs and the Organization of Society: A Historical and Theoretical Reflection on Collectivist and Individualist Societies", *The Journal of Political Economy*, vol. 102, No. 5.

———— (1994b) "On the Political Foundations of the Late Medieval Commercial Revolution: Genoa during the Twelfth and Thirteen Centuries", *The Journal of Economic History*, vol. 54, No. 4.

———— (1997) "Microtheory and Recent Developments in the Study of Economic Institutions through Economic History", Kreps and Wallis eds, *Advances in Economics and Econometrics: Theory and Applications*, vol. II, Cambridge University Press.

———— (forthcoming) "Economic History and Game Theory: A Survey", Aumann and Hard eds, *Handbook of Game Theory*, vol. 3, Northholland.

Hicks, John R. (1969) *A Theory of Economic History*, Oxford University Press.

Jomo K. Sundaram (1999) "From Miracle to Debacle in Southeast Asia: Crony Capitalism, Rent-Seeking and Economic Development",『東南アジアにおける国内政治経済体制の比較研究に関する報告書』地球産業文化研究所、一九九九年、六月。

Krugman, Paul (1998) "What happened to Asia ?", mimeo.

———— (1999) *The Return of Depression Economics*, W. W. Norton & Company.

Laitham, Anthony (1986) *The International Economy and the Underdeveloped World 1865–1914*, Croom Helm.

Lal, Deepak. (1995) "India and China: Contrasts in Economic Liberalization ?" *World Development*, vol. 23, No9.

———— (1998) *Unintended Consequences: The Impact of Factor Endowments, Culture and Politics on Long-Run Economic Performance*, MITPress.

Milgrom, Paul. R., Douglass North and Barry R. Weingsat (1990) "The Role of Institutions in the Revival of Trade: The Medieval Law Merchant, Private Judge and the Champagne Fairs" *Economics and Politics*, vol. 2, No. 1.

Reid, Anthony (1993) *Southeast Asia in the Age of Commerce 1450–1680, vol. 2 Expansion and Crises*, Yale University Press.

Sen, Amartya K. (1977) "Rational Fools: A Critique of the Behavioural Foundations of Economic Theory" *Philosophy and Public Affairs*, 6.

Stiglitz, Joseph (1999) "Whither Reform ? Ten Years of the Transition", Annual Bank Conference on Development Economics.

# 第2章　豊かさの指標

中村尚司

# はじめに

一九六〇年代から野心的な工業化が進められた多くのアジア諸国では、急激な社会生活の変化と環境破壊を引き起した。南北間の経済格差とともに、南側諸国内における社会階層間や地域間の格差拡大も深刻である。永続可能な発展を目標にして、環境問題に配慮した南北問題の社会経済指標を検討する必要がある。多くの研究機関や国連諸機関では、経済成長率以外の要因を加えた各種の社会経済指標を発表している。本章では、既存の社会経済発展に関する諸指標を批判的に検討するとともに、適切な代案を模索する。

南北問題は開発理論の一環として研究され、国内および国外の研究の蓄積は多く、その文献目録だけでも数巻を要するほどである。社会経済発展指標については、一九八〇年代に入ってから、世界銀行や国連開発計画（ＵＮＤＰ）を中心に多様な指標の作成が進められ、刊行されてきた。また、アジア諸国の政府にとっても重要な関心事であり、各種の指標が公表された。それらの指標を批判的に再検討するための資料は少なくない。南側諸国内部でも、国連諸機関とは独立した南委員会（The South Commission）を組織し、一九九〇年にその見解を『南への挑戦』（一九九二年に日本語訳刊行）としてまとめた。今後、南北の双方から発展指標の研究が進むものと思われる。

本章ではそれらの、東南アジアと南アジア地域におけるフィールド・ワークによって得られたデータに基づき、それぞれの地域社会の具体的な特殊性を考察して、国際機関による南北格差の指標の現実性を批判的に検討し、問題点を指摘する。その際、社会経済生活の変化による発展指標として、所得水準、栄養摂取基準、衣服の数量、居住条件、教育施設、医療機関や流域下水道などの物的条件よりも、土地所有、労働力および信用という基本的な経済関係がどのように商品化したかに着目する。たとえば、自作農の農地、農民の労働力および村内の相互扶助は、農村社会に暮らすかぎり、商品として売買することは難しい。しかし、工業化と都市化の進展は、このような基本的な社会関係の商品化をもたらし、人間と人間との人格的な関係は、しだいに地代、賃金および利子の物象的な関係によって置き換えられるようになる、といったことである。

本章の特色と視点は、次の三点に要約される。まず第一に、年々経済的な格差が拡大し深刻化する南北問題について、価格で表現された一年間の経済活動（フロー）の集計値である国民総生産（ＧＮＰ）をはじめとする既存の社会経済指標は、さまざまな制約と限界を持ち、その実情を適切に示すことができない。アジア諸国における貧富の格差に関する現行の指標と地域住民の生活実感との間に大きな隔たりがある。また国際機関の指標では世界で最上位に位置すると見られる日本国内でも、南側諸国の数十倍もの豊かさを享受していると考える人は少ない。そのため、南北問題を解決する見通しも立ちにくく、また北側諸国における取り組みも形骸化しつつある。このような状況のもとで、南北問題の社会経済的な指標を再検討する研究は、将来の開発援助のあり方に、一定の指針を与えるという意味できわめて重要である。

第二に、一九九二年にブラジルで開催された国際連合環境開発会議以来、環境保全と経済開発との対立を解消し、世代を越えて永続可能な発展の道を模索する必要性が、南北の双方において深く認識されるようになった。しかしながら、政策的な配慮という点では国際的な合意を見つつあるものの、当の課題である永続可能な発展という視点からの社会経済指標の作成は、ほとんど取り組まれていない。二一世紀の南北問題を正しく把握する上で、環境保全を重視する社会経済指標を創出することは不可欠であり、人類社会の将来にとっても無視することのできない大きな課題である。このような地球規模の巨大な課題に対して、フィールド・ワークの成果を基礎に新しい社会経済指標の創出に参画しようと試み、時代の要請に応えようとするものである。

第三に、南北間の経済格差に関する国際比較を可能にする諸指標を再検討する作業を通じて、貧しさや豊かさの概念そのものを社会科学的に吟味して、はたして日本人の暮らしはアジアの発展途上国の人々よりも豊かといえるだろうか、という疑問に答える。各種の社会経済指標の国際比較を行い、南北問題の本質を解明することに資する研究ではあるが、アジアの永続可能な発展という視点から見ると、高度経済成長期以降の日本的な生活様式が持つ問題をも逆照射できるからである。このようなかたちで、日本における社会政策のあり方を見なおすことができる。

このような視点からの考察を経て、現行の社会経済指標が持つ問題点とその限界を解明することができた。その結果、循環性、多様性および関係性からみた、南側諸国における基本的な経済関係の変化が社会生活に及ぼす影響を解明し、広義の経済学の立場から貧富の格差とは何かを改めて考察する必要が一段と高まった。最初に結論めいたことを言えば、これが本章の問題関心である。

## 一　貧困と南北問題

経済学研究の主要な動機は、その出発点から貧困の解消であった。貧乏で苦しまなくてもよい経済システムはないだろうか、と模索し続けている。その貧困とは、いったい何だろうか。財布に十分なお金が無く、借金しないと暮らしが成り立たない。それが貧乏だとみなされがちである。本当にそうだろうか。

現代社会では、山ほど借金を抱えている人が貧しいとはかぎらない。住宅金融専門会社から多額の借金をして、返済するめどの立たない人が大きな邸宅に住み、高級車を乗り回している事実はよく知られている。負債の額は大きいものの、本人もまわりの人も、貧しい暮らしとは考えないであろう。自分のお金がなくて、金融機関から借金するのは、並みの人間より経済力のある証拠かもしれないのである。

社会の近代化とともに、やがて貧困はなくなると考えられる。しかし、分業による工業化の利益を説いたアダム・スミスでさえも「分業が進めば進むほど、労働する貧民が無知になり、馬鹿になる」と嘆いたように、経済成長や経済開発が進めば進むほど、貧困が人間社会の深刻な課題になっている。

経済学が生み出したさまざまの指標に照らしてみれば、日本は世界中で最も豊かな社会のはずである。しかし、豊かな暮らしをしていると考えている日本人は、ごく少数である。その一方で、貧困感などというのは、気持ちの問題であり、心がまえを変えれば、同じ暮らしをしても貧しく感じない、という見方もある。

しかしながら、定年までの長期ローンを背負い、長距離通勤と超過勤務に疲労困憊している人に、いくら心がまえを説いても貧困感は、無くならない。サラ金返済に追われ、蒸発したり、自殺したりする人の家族に、貧乏は気持ちの持ち方しだいですよ、というわけにゆかない。貧困に苦しむ大勢の人々が納得する説明を見いだし、そして貧困から抜け出す道を探すことが求められている。従来、貧困は次の三種の基準で判定されてきた。

― 所得水準：たいていの国で、生活保護の基準は、貨幣所得で示される。一年間に生産された付加価値総額が計算の基礎になる。経済成長が貧困の解消に有効であると考える為政者にとって、一人当たりの国民所得は、経済学者が作り出してくれた実に便利な指標である。IMFや世界銀行なども重宝にし、貧困国、最貧国、絶対的貧困層などの分類に利用している。しかし、日本で最貧困者に支給される生活保護手当をインドに持っていけば、数人の家事使用人を雇える高額所得者になってしまい、貧困の意味が分からなくなる。

2　栄養水準：貨幣所得の基準では、通貨価値の変動や商品経済の浸透などの違いから、地域や時代により貧困の意味がまったく異なり、比較のための指標たりえない。そこで二〇世紀に入ってから多くの政府が採用するようになった基準は、栄養水準である。人間の生命を維持するのに必要なカロリー量は、地域や時代を越えて変わらないので、貧困線を決定する上で有用とみなされた。そして栄養の質を判定するのに動物性蛋白質の摂取量などが考慮される。しかし、肉体労働者は、高カロリー食を摂取しようとするのに、高額所得者は低カロリー食を求めるようになると妥当性が無くなる。

3　医療・教育水準：栄養だけでなく、衣料や住宅などの物量指標を追加すると、気候や地形などに左右される度合いが大きくなる。もともと、猿や白熊などの野性動物に貧困は存在しないのだから、餌、毛皮、棲みか等、他の生物にも共通する指標を作ろうとするのが無理である。近年、ILO等で基本的ニーズという概念に内容を与える試みが進められ、人間社会に固有の基本的に必要なものとして、病院数と医療従事者数や学校数と教員数などが指標に採り入れられるようになった。しかし、病院に入院している日数が長ければ長いほど、受験勉強のため塾や予備校に通う期間が長くなればなるほど豊かになったとはいえない。イヴァン・イリイチのように制度的な医療や公教育は、むしろ貧しさの指標であると主張する人も現れているほどである。

このように見ると、万人を納得させるような貧困の物的指標を見つける作業は、きわめて難しいことが分かる。だからといって、人間社会に貧しい暮らしが存在しないというのではない。アジア、アフリカおよびラテン・アメリカの諸地域では、貧困はますます深刻かつ緊急な課題である。それでは、貧困はどこから生まれてくるのであろうか。

人々が貧しい暮らしを強いられ貧困感を味わうのは、生活資料が乏しく野性動物に近い境遇におかれるからではない。個々人ではどうすることもできない外的な諸力によって、経済的に従属させられる社会関係が貧困の根源である。単なる従属的社会関係一般が貧困を生むのではない。経済的な従属関係が貧困を生み出すのである。

男が筋力で一時的に女を従属させたり、教師が成績判定者としての権力で学生を従属させたり、本山が教義上の権威で末寺を従属させたり、超大国が弱小国を軍事力で従属させても、貧困という社会関係は生まれない。これらの従属が経済的な社会関係に転化したときに、はじめて貧困が主題として登場し、人々は貧しい暮らしに涙を流すようになるのである。貨幣経済が支配的になり、経済的な従属関係が優越する大都市の方が、辺地の農山漁村より貧しい。しかし、暮らしは貧しいのに貨幣所得の高さが人々を都市に引き付ける。そして農民や漁民の暮らしをも経済的に従属させ、貧困化してゆくのである。

貧困から抜け出す道は、それゆえ、狭義の経済学が説くような経済成長でもなければ経済開発でもない。従属的な経済関係を断ち切り、自立するため内発的発展の道を選ぶよりほかないのである。このように捉えなおさないと、日本社会の貧しさもアジアの辺境の豊かさも理解できなくなる。豊かさというのは生命活動の開花であるから、狭義の経済学を捨てれば、循環性、多様性および関係性の展開であるとまとめることができる。したがって、貧困から抜け出せるかどうかは、生命系に固有の循環性、多様性および関係性の内発的な展開をいかにして実現するかにかかっているのである。

しかし、北は豊かで南は貧しいという南北問題の考え方を採用すると、方位にはイデオロギーがある。地図は北を上にして描く習慣になっている。地球儀は北極を頂点に南極を底点におくことになっている。なぜこのような慣行ができたのか。西欧近代の世界解釈が、人類社会を覆い尽くしたと信じるイデオロギーの力である。鬼畜米英の世界支配に挑戦し、軍事的には敗れた後に、経済大国として世界市場を制覇するに至った日本の支配者でさえ、このイデオロギーには屈伏している。西方浄土の天竺よりも西に位置する国々を、中東・近東諸国と呼んではばからないからである。

皮肉にも、南北問題という概念を用い始めた西側諸国の専門家の間では、従来の差別意識に満ちた用語法を正そうという、暗黙の批判が込められていた。それまで南北問題は後進国（Backward Countries）の問題として語られていた。これらの国々が植民地支配から政治的独立を達成し経済的な自立をめざすと、後進という表現は不適切とみなさた。

開発（Development）を至上の善と見るイデオロギーは、第二次世界大戦の終焉とともに始まる。不動産などの特定の分野で、限られた文脈のもとに用いられていた開発が、民族や国家の目標を指し示す高邁な理念になったのである。ケネディ大統領の主唱により、一九六〇年代は「開発の一〇年」と呼ばれ、国際連合の新設機関群に開発という名称が付けられた。開発計画や開発プロジェクトが山のように立案された時代である。

開発理論の正統性が認知され、開発エコノミストという専門職も誕生した。開発関連の派生語を使いこなして政策を担当する人物は、勲章を胸に飾った軍人のような栄光に輝いていた。輝かしい開発が驀進する世界で、後進国という呼称は、いかにも時代に背を向けているように感じられ、つぎつぎと言い換えが進められた。未開発国から過少開発国（Less Developed Countries）や低開発国（Under-developed Countries）へ、低開発国から開発途上国（Developing Countries）へと用語開発も進展した。

国数において世界の八割、人口において七割、面積において六割を占める開発途上国集団が、すべて開発の完成に向かって、ひたすら一本道を歩むことが期待されている。これこそ北半球に集中している先進工業国が、南の国々に押し付けている開発一元論のイデオロギーである。北側諸国中心の世界秩序である。

当初、南北問題という提唱に魅力が感じられたのは、開発一元論から離脱する可能性を秘めていたからである。しかし、南の民衆が北の先進工業国を追いかけ続けているかぎり、開発イデオロギーは安泰である。南と北の支配・従属関係は変わらない。南の内部が、開発の程度に応じて秩序化され、南々問題という南北問題の縮小版を形成する。

南の住民大衆が開発イデオロギーから解き放たれ、市場経済や開発援助を通じての従属関係を変革し、生命系に基礎をおく多様な自立経済を営むようになれば、南を上にした地図や南極を頂点とする地球儀が、誰にはばかることもなく用いられるに違いない。

このような南北問題という立場からの開発論の終着駅が「サステナブル・デベロプメント」である。この当世の世界的な流行語を全世界に普及する上で、最も大きな力を発揮したのは、国際連合の「環境と開発に関する世界委員会」（ブルントラント委員会）である。ローマ・クラブの報告書『成長の限界』（一九七二年）が、資源の枯渇を予測して経済成長論者を震撼させたように、ブルントラント委員会の報告書『共同の未来』（一九八七年）は、「サステナブル・デベロプメント」の概念を手がかりに、迫り来る環境破壊の危機に警鐘を鳴らし、地球的な規模で恒久的対策をとる必要を説いたのである。

国際機関が作り出す開発関連の流行語群は、一定の共通の特徴を持つ。「適正技術開発（AP）」、「基本的人間ニーズ（BHN）」、「総合農村開発事業（IRDP）」、「技術移転（TT）」、「開発における女性（WID）」、「インフォーマル部門（IS）」、「プライマリー・ヘルス・ケアー（PHC）」等の用語例でわかるように、何よりもまず、現存の政治経済システムとそのイデオロギーから距離をおこうとする。万人に呼び掛けるためには、中立的なスローガンが求められるのである。

第二に、南北問題の解決をめざし、第三世界の経済発展に一定の方向性を与えようとする。アジア、アフリカおよびラテン・アメリカ諸国は、経済的には弱い立場にあるが、世界人口のおよそ八割を占め、国連加盟国の多数派である。国際政治では、無視することのできない勢力である。国際機関にとって、これらの地域における経済生活の向上は、ほとんど至上命令である。経済発展の方策を含まないような世界戦略は、成り立たない。

第三に、資金の調達と人材の登用を促進する内容が望ましい。国際機関が生み出すこれらのキャッチ・フレーズは、比較的容易に事業資金を集めることのできる分野である。国際機関で働く開発官僚にとってみれば、一〇年単位で雇用を保証し、一定規模のプロジェクトを実施できる具体的な内容を伴わなければ、積極的に尊重する意味がない。広く世界に訴え、長期的な普及を図るには、先進工業国政府、世界銀行、国際通貨基金、アジア開発銀行など、資金を拠出する側への説得力が必要だからである。

「サステナブル・デベロプメント」は、上記の資格要件を具備している。国際開発業界に誇ることのできるスローガンである。しかし、それに留まらない。国際機関が創出した従来の開発用語の枠をはみ出し、開発業界そのものに刃を向ける可能性をも秘めている。先進工業国にとっては、簡単に飲み込むことも、吐き出すこともできない理念が込められているからである。「サステナブル・デベロプメント」は、開発政策の薬になるだけではない。使い方しだいでは、毒薬かもしれないのである。

「サステナブル・デベロプメント」が国際連合で提起されて以来、日本の公官庁では、「持続的な開発」と翻訳している。この訳語は、一種の「毒抜き」効果を持っている。サステナブルという言葉の重要な含意は、現に存在していないので政策決定に参画できないけれど、未来に生まれてくるであろう子供たちのための、デベロプメントを考えるところにある。永久的なといってよいほど、長期的な視点が採用されているのである。

ところが、日本語では数日間続いても、数週間続く事象にも、数か月間継続しても、たとえ数年間続いても、同じように持続的という言葉を使える。しかし、数世代にわたって続ける事業であれば、持続的よりも永続的というほうが自然である。ちなみに、一九八八年度版の『経済白書』の副題は、「内需型成長の持続と国際社会への貢献」である。景気循環の波に対応する「持続的な開発」という不自然な訳語が、日本の公文書に用いられるのは、「毒抜き」を狙ってのことではなかろうか。

サステインドではなくサステナブルであることの意義を訳語に込めようとすれば、「永続的」よりも「永続可能な」の方が適切であろう。デベロプメントを「開発」と訳すか、それとも「発展」と訳すべきかは難問である。公官庁の間でも、「開発」と「発展」の訳語の統一ができていない。外務省の『ＯＤＡ白書』では「開発途上国」、通産省の『経済協力白書』では「発展途上国」、経済企画庁の『経済白書』では、開発も発展もなしの単なる「途上国」としている。これらの白書も、英語版ではすべてデベロピング・カントリーズに統一されているから不思議である。

このような状況で、「サステナブル・デベロプメント」だけが、外務省でも通産省でも「持続的な開発」と訳されるのはなぜか。元来、日本語の開発と発展は、同義ではない。明瞭に使い分けられてきた。「新田を開発する、資源を開発する」という表現を、発展で置き換えることができない。反対に、「事件が発展する、男女関係が発展する」という表現を、開発に置き換えることもできない。行為の対象に関心が向かうときは、開発という言葉を使い、行為の主体に関心が向かうときは、発展を用いるのである。

ヨーロッパ諸語には、この使い分けがない。包まれたものが開かれる場合でも、包まれたものが殻を破って姿を現す場合でも、ともに同じ言葉が用いられる。しかし、この表現が特定の具体的な営みではなく、経済社会全体の動きを指示するようになるのは、ヨーロッパでもさほど古くはない。世界史全体に貫徹する基本法則なるものを、体系的に把握できると豪語するヘーゲルやマルクス以来のことである。とりわけ、ロシア革命を経たコミンテルンの世界戦略が、用語法に及ぼした影響は大きい。

マルクス主義的な世界観に対抗して、西側諸国の世界戦略を記述するキー・ワードに採用されたのが、デベロプメントである。一九四九年の初頭、トルーマン大統領が冷戦のための世界戦略を発表する際に、慎重に選び出したのが、現代的な意味のデベロプメントである。それ以来、東西両陣営において、この用語のインフレーションが始まる。国連開発計画であれ、アジア開発銀行であれ、新たに設けられる国際機関の名称には、デベロプメントがにぎにぎしく飾りたてられたのである。

「サステナブル・デベロプメント」もまた、東西対立の冷戦構造を遺産として引き継いでいる。しかし、それだけではない。この流行語は、冷戦イデオロギーの終着駅から始発するデベロプメント列車である、という新たな責務をも担っている。それゆえ、「サステナブル・デベロプメント」がめざしている目標について、すべての人を納得させるような結論はない。今から議論を始めるべき事柄が、多く残されているからである。

## 二　開発かそれとも発展か

時代の転換点に立って、いま私たちが問い始めなければならないのは、デベロプメント（開発）の対象よりも、環境に働きかける主体のデベロプメント（発展）である。環境に過重な負担をかけることなく、恒久的な人類の営みが存続し、歴史的な文化遺産を豊かにする方法である。その意味で、「サステナブル・デベロプメント」の日本語訳もまた、開発の対象よりも発展の主体を重視した、「永続可能な発展」でなければならないのである。発展とは、何よりもまず、人間にかかわる事柄である。

したがって、「永続可能な発展」の最も大切な主題は、人間による開発行為と環境保全との両立可能性である。火を用い始めて以来というもの、人類の生産活動は、他の生物とは比較にならない規模で、環境に負担をかけ、環境を改変してきた。人間以外の生命活動に対して、破壊的であった。地表で一〇〇度以上の高温に耐える、生物の身体組織は皆無に近い。火を操作する人間の優位は、揺るぎないものである。意識、言語、そして社会関係の形成は、火の使用抜きに考えられない。焼畑耕作の営農、薪炭の多角利用、化石燃料の大量採掘、そして核分裂の制御は、環境破壊の拡大へ向かう長い道程であった。森林を焼き尽くさないよう、細心の注意を払う焼畑農民と同じように、原子力発電所の技術者たちも神経を磨り減らしている。しかしながら、焼畑から原発に至るまでに、環境に及ぼす影響は比較にならないほど増大した。開発と環境が両立する余地は、狭くなる一方である。技術のあり方を、根本的に再検討しなければならないであろう。

「開発と環境とは両立するか」という質問は、当分の間、経済協力や技術協力に携わる者に問われ続けるであろう。しかし、この問いの拡がりは、経済協力事業に止まらない。世紀末の時代精神を象徴する問いである。しかし、この問いの深まりと難しさは、大げさにいえば、人類史とともに古い。そして、人類の未来永劫にわたって、問い続けられなければならない。人間として生きることの宿命的な問いであり、人類の命運を決める課題でもある。そのためには、デベロプメントという言葉を、最も広い意味で「人間の経済活動に基づく永続可能な社会発展」と解釈し、環境と両立する領域に思いを馳せるべきであろう。人類は他の生物とは違った歩みを始め、社会生活の結果を継承する意味での歴史を形成し、環境と両立するかぎりでの開発事業を続けてきた。問題は両立する範囲であり、いつまで継続しうるかである。

そのような領域は無限ではない。ある臨界値を越えると、開発は人類にとって、破滅に至る病となる。今日では、不注意な焼畑が、山火事を引き起こす程度の失敗では収まらない。問題の難しさは、どこまでが「永続可能な発展」の範囲にあり、どこからが「死に至る開発病」か、明確な境界線を引き難い点にある。特定の開発プロジェクトが、境界線の内側にあるのか、外側にはみ出ているのか、判定しなければならない。だが、当事者の数が多くなればなるほど、すべての関係者を納得させる基準作りはやさしくない。工業国であれ、農業国であれ、開発派と環境派との対立が、激化するゆえんである。

開発と環境の境界が定かでない以上、少しずつ進む道を選ぶよりほかない。巨大なダムより小さな溜池群を造る。巨大なビルより、小さな建物にこだわる。貯水池の規模を少しだけ大きくしたり、建物を二階建てから三階建てに改造して、その影響を調べてみる。開発の余地があれば、また半歩進む。この方法を採ると、巨大ダムや一〇〇階建てのビル建設まで、何百年もかかるかもしれない。何百年待っても、建てられないかもしれない。やがて第三世界でも日本でも、近代の高度成長に別れを告げ、過剰開発の危機に備える時代が始まる。

さしあたり、過剰開発に陥らないで経済活動が営まれうる、「永続可能な発展」の物的な限界を指標化すると、次のようになるだろう。

再生可能な資源の更新＞再生可能な資源の消費（薪炭の採取や木材の利用は、森林の成長を越えない範囲で行う）

更新性資源による代替＞非再生的な資源の消費（化石燃料の使用は、太陽熱の利用に置き換え可能な範囲を越えない）

水サイクルと再生利用＞廃熱・廃物の放出規模（人間活動によるエントロピー増加は、水循環で宇宙空間に捨てる範囲に限る）

安全な商品による代替＞生命に危害のある商品（人命に害のある商品は、安全な商品に代えられなければ禁止する）

## 三　新しい社会経済指標の試み

ここで詳しく説明する余裕はないが、このような指標の意義と具体的な内容を明らかにするため、世界の環境経済学者たちが、さまざまな角度から検討を加えている。しかし、「永続可能な発展」問題の本質は、物的な限界に留まらないのである。このような定式化の背後にある、根源的な社会関係のあり方に取り組む、永続可能な思想が何よりも大切である。それゆえ、「サステナブル・デベロプメント」の課題は、さけようもなく開発論の領域を越境してしまう。その大きな挑戦である新しい社会システムへの試行は、いま始まったばかりである。

環境保全と経済開発との対立を解消し、世代を越えて永続可能な発展の道を模索する必要性が、南北の双方において深く認識されるようになった。しかしながら、政策的な配慮という点では国際的な合意を見つつあるものの、当の課題である永続可能な発展という視点からの社会経済指標の作成は、ほとんど取り組まれていない。南北問題を正しく把握する上で、環境保全を重視する社会経済指標を創出することは不可欠であり、人類社会の将来にとっても無視できない大きな課題である。南北間の経済格差に関する国際比較を可能にする諸指標を再検討する作業を通じて、貧しさや豊かさの概念そのものを社会科学的に吟味して、はたして日本人の暮らしはアジアの発展途上国の人々よりも豊かといえるだろうか、という疑問に答えることが可能となる。永続可能な発展という視点から見ると、高度経済成長期以降の日本的な生活様式が持つ問題をも逆照射できる。

循環性の永続、多様性の展開および関係性の創出という視点から、社会経済指標作りを提案する。貧しさは、経済的な従属（生活手段の被支配）と生活環境の破壊から生まれる。豊かさは、経済的な自立（経済活動の自主管理）と生命活動の充足をめざす暮らしである。したがって、特定地域の貧困指標を考えると、次の通りである。

(1)次世代の単純再生産からの乖離率

地域の人口を定常状態に近付けるかどうかが、循環性の課題である。一人の女性が生涯に産む子供の数が二人より大きく下回ったり、三人より大きく上回ったりすると、年齢構成の歪みが特定の世代の負担を過重にし、その社会はさまざまな困難に直面する。

②精神病院に長期間隔離される患者数の比率

相異なった人格を地域に受け入れるかどうかが、多様性の課題である。精神病を癒す力が社会の成員の中に失われると、その地域は貧しいといわざるをえないであろう。社会復帰が困難になればなるほど、地域の暮らしも画一的になっていくであろう。

③経済苦による行方不明（蒸発）者や自殺者の比率

地域社会に相互扶助システムが存在するかどうかが、関係性の課題である。借りた金を返せなければ、住所を捨てたり自殺したりしなければならない社会は、人と人との関係が希薄になっているからに違いない。

以上の貧困指標とは反対の立場から、地域の富裕指標を考えると、次の通りであろう。

①地域内における物質循環比率

特定地域に運び込まれる財貨や廃物と、その地域から運び去られる物量が長期的に釣り合っていれば、循環性が永続可能であり、人々の暮らしも豊かになる。この比率が一から乖離する度合に応じて、環境破壊の危機は深刻になるであろう。

②障害者による地域的な社会参加の比率

地域社会に受け入れられる障害者の比率が多くなると、多様性の展開が容易になる。特定障害者を隔離するための特別施設の解消速度でもって、豊かな社会への進み方を判断することも可能であろう。経済的な効率性優位を克服する課題である。

③人口に占めるボランティア活動家の比率

単一の活動だけをする人間の住む社会から、多元・多重の生活者であるボランティアが住む社会に代わると関係性の創出が進む。人間は異なった活動をする人間に出会うことによって、自己を豊かにするからである。

これに対応して、豊かな社会を築くための、産業組織の再編が必要となるだろう。古典的なコーリン・クラークの産業分類に代わる、生命系を基礎とする新しい産業分類が適切となろう。人間活動の循環性、多様性および関係性に即応して、およそ次のように編成される。

第一次産業（地域内で行われる共的な循環性産業）

①耕種農業、養鶏・畜産業、水産業、果樹・林業、醸造業、食品加工業と販売など：これらは、食品に関連するという意味で広義の農業である。

②冠婚葬祭、病院、保育園、幼稚園、初等・中等教育、老人ホーム、ホスピスなど：人間の生命の維持と再生産に関連するサービス業である。

③土地管理、資金循環、域内交通、上下水道、廃棄物処理、建設、消防、警察など：共同的に行うべき地域内の事務であり、協議システム（共同体）による配分メカニズムが、重要な役割を演じる。ここでは、樹枝状の連絡網が、主流を成す。

第二次産業（域外の消費に向かう私的な多様性産業）

①特産物（産地形成）、伝統工芸品、希少鉱産物、市場で売買できる芸術作品など：域外の市場に向けた商品生産を行う分野である。

②旅行産業、ホテル産業、土産物など観光産業と出版、新聞、ＴＶなどの情報産業：公権力の関与なしに、異なった地域の人々が交流する分野である。

③製鉄などの素材産業や電気製品、石油化学製品、輸送機器などの工場制製造工業：いくつかの地域にまたがる企業活動が組織される分野であり、市場システム（私企業）による配分メカニズムが、重要な役割を演じる。放射線状の流通経路が主流を成す。

第三次産業（地域と地域とを結ぶ公的な関係性産業）

①高等教育、学術研究の交流、非商業的な出版、音楽、美術、文学等の文化交流など：他地域との直接的な協定にもとづく非市場的な交換を行う分野である。

②航空・海上・陸上輸送、電話・郵便、水路、鉄道、道路等の建設と維持管理など：単一の地域では実行不可能な事業を、関係地域が共同で行う分野である。

③電力、石炭、石油、水資源、天然ガス、海底埋蔵物、産業廃棄物、環境保全など：広域におよぶ管理が必要であり、計画システム（一部事務組合）による配分メカニズムが、重要な役割を演じる。網の目状のネットワークが、主流を成す。

## 四　社会経済システムの研究方法

冷戦時代の開発は、国家と国家の間の課題だとみなされてきた。その意味で最も典型的な国際問題でもあった。しかし、次の時代の開発ならぬ発展は、民衆の問題である。したがって、求められているのは、国家の学問ではなく、民衆の学問である。そのような意味での民際学は、国家中心の学問を再検討する方法である。国際の原語はインターナショナルであるから、ナショナルの間にある、国家と国家の間にある問題について考える。それがインターナショナル、の考え方である。その根本にある、「ナショナル」を考えなおす必要が生まれたのではないだろうか。

アイヌの人達にとってと同じ様に、国家の存在は東南アジアの人々にとっても大問題である。かつて存在した琉球王国に天皇以外の王族がいたことはまちがいない。しかし、現代日本のような国家であったとはいえない。国家というより、貿易商社のようなものだった、という側面もある。この琉球王国なるものは、清国の一部だったのか、あるいは、薩摩藩の一部だったのか判然としない。このように国家というものは、私達が当然と思い込んでいるほど、分かりきったものではない。国家などまったく無縁に暮らしをたててきた人達もたくさんいる。たとえば、フィリピンがスペインの領土になる前に、どんな国家であったのか、十分説明できる資料がない。しかし、フィリピンに住んでいた民族は少なくない。長年、フィリピンの大地にそれぞれの多様な文化を築いてきた。国家などなくても人間は十分生きていけるし、生きていた。

ところが、近代の学問を考えてみると、社会科学の場合は国家が前提になる。法律学は、国家の法律を前提に考える。経済学は国民経済を取り扱う。国際経済学も、国民経済と国民経済との関係を研究するもので、国民経済なしには成り立たない。GNPという言葉も、国家を単位にして計算した一年間の経済的なフローの全体量である。このように、現代の社会科学は、近代国家を前提にしてはじめて成立する。

その近代国家は、主権（信用）、領土（土地）および人民（労働）を基礎にしている。よく知られているように、現代日本は、信用市場、土地市場および労働市場が、世界的で最も高度に発達した社会である。近代国家の隆盛はここに極まっている、といってもよい。しかし、この国家の力が退潮にさしかかってきたから、近代の学問も変わらなければならない。

一八八五年に、福沢諭吉が「脱亜論」を書き、アジアを抜け出し、欧米に仲間入りする日本の立場を強調した。それが日本の近代国家への登り坂の出発点とすると、そのちょうど一〇〇年後、福沢諭吉が一万円札に登場する一九九五年までの一〇〇年間が、近代国家中心に統合されていった期間である。この年以降、私たちは下り坂にさしかかった近代国家に対して、根本的な疑問を持つようになった。近代国家に疑問を投げる試みが、日本社会における民際学の出発点でもある。では、民際学はどこへ進もうとするのか。

民際学は、ニュートン以来の古典物理学をお手本にする社会科学に対して、別な道を考える。古典物理学では、観測者が観測対象から独立することによって、観測対象の運動について厳密に分析できる。微分方程式の体系で、物質の運動を記述する古典力学を完成した。経済学も古典物理学と同じように、経済現象を記述し、分析することができるようになりたい、微分方程式の体系で経済現象を全部記述できれば、完成された姿だと考える。その特徴は、観測する者とされる者とが、相互に関係を持たないことである。つまり、調査者が、調査対象から独立して学問を築く方法である。

近代の社会科学は、このような観測者の独立性を主張する立場から築き上げられた。観測者の独立性を保証するには、観測対象を細かく分ける必要がある。経済学を例に取れば、国際経済学であり、その中の国際貿易論である。商品による分類、あるいは目に見えないような商品ばかりを扱う為替理論など、学問を細分化して、研究者は対象から距離を保つことができる。距離をおくことが、その研究の正当性を主張する根拠でもある。

しかし、生身の人間は、自己の社会生活とそれを観察している自己を、明瞭に分離できない。誰もが社会活動の当事者であると同時に、社会活動のあり方について反省し、分析を加えている人間でもある。普通の人間は、観測対象と観測者の分離を乗り越えるような仕方で生きている。それが当事者性と呼ぶものである。当事者というのは、行為の対象と行為する主体の双方にまたがる存在である。民衆の参加なしに、社会活動は一歩も進まない。他方、研究者は自ら参加することを断念して、代わりに対象を研究する。庶民とはちょうど正反対のやり方をしてきた。

しかし、社会科学をいくら細分化しても、その枠からはみ出してしまう問題もある。分類し細分化することが困難な社会問題もある。巨大開発もまた、近代国家では処理できない世界に入り込んでいる。環境問題は、いうまでもなく、国境を無視して進む。ピナツボ火山の爆発があれば、日本の農業にも一定の影響を及ぼさざるをえない。それは、単に自然現象だけではなくて、チェルノブイリの原発事故のような人為的な事故もある。放射性廃棄物を大海に捨てるという犯罪行為に近いものまで含めて、私たちは国境に隔てられているから安全だといっていられない。

それから、非国家団体（ＮＧＯ）としての非営利組織の役割も増大する。経済活動の組織が、日本の場合には、株式会社によって統合されてしまった。福沢諭吉が会社という言葉を発明してからの一〇〇年間に、大きな転換があった。逆にいえば、会社を知らなかった江戸時代の人達は、現代の会社のように日本人を統合できなかったのである。この一〇〇年間、日本人は会社を中心に生きてきたが、やがて会社の時代は終り、新しい組織が必要になる。しかし、NGOのような新しい組織形態は、従来の社会科学がほとんど明らかにできなかった分野でもある。

ジェンダー論も同様である。これは、男と女の関係のあり方について考える学問であり、近代の社会科学において無視されてきた分野である。しかし、人間の生き方にとって、決定的に重要なテーマである。おそらく人間社会の本質を考えようとすれば、女と男の関係を基礎にして考えるよりほかない。だが、ジェンダーについてまともに扱う方法を、近代国家の学問は持っていない。このように、国際理解以上に、民際理解を深めなければいけない時代が始まろうとしているのである。

では、民際学をどのように進めればいいのだろうか。民際学というのは、普通の民衆の生き方が、そのまま研究活動になる学問である。研究対象と研究する当事者とが分かれない。私の生き方、私の社会的な活動そのものを私が研究する、そして私が他人を説得できるような研究成果をまとめる。したがって、当事者性の社会科学とは、「一人称や二人称で語る学問」と言い換えることができる。もちろん、いうのはやさしいが、実行は困難である。それにふさわしい方法を、身につけねばならないからである。

たとえば、経済学の専門家が、現代経済についてよく分かっていれば、このバブルの前にもっと賢明な判断をしていたはずである。経営学の専門家が、経営にすぐれているのだったら、自分で企業経営をやればよい。政治学者も、自己の政治学を実際の政治に役立てればよいのである。これに対して、民衆が自らの社会的な営みにかたちを与え、他人を納得させる方法を見つければ、専門家以上の仕事になる。民衆の側は、社会活動の当事者であるという事実によって、当事者でない専門家より深く当の社会問題に気がつく、そういう有利な条件を持っている。

当事者性の社会科学は、すぐ近くまできているといってよい。大きな海を航行する漁船は、絶対的な海の深さや船の重量などを計測する手段を持たない。普通の漁民は、漁獲物をどこまで積んだら、船が沈んでしまうか、何トンまで魚を積んでよいか分からない。海の深さがどれだけあるか、海流がどんな風に流れているかなど、流体力学のような特定の専門分野の知識を持っていない。それにもかかわらず、漁民は太平洋に出かけて、魚を捕って帰ってくる。船に打ち寄せてくる波の高さで船の沈み方を知って、魚を積む量を加減するのである。計測機器を持たなくても、自分が当事者であるがゆえに認識できる方法である。

民際学は、既存の学問を全部否定するのではない。むしろ、既成の学問の弱点をいかに乗り越えるか、という課題に挑戦する。民族問題、開発政策、環境問題、地域研究、平和研究、非営利組織、人権問題、ジェンダー論などは、専門家にまかせておけない。二一世紀に持ち越され、しかも簡単に解決の手掛かりも見つかりそうにない問題である。これら八つの問題は、いずれをとっても、国家だけでも片づかない。従来の社会科学の政治学、社会学、経済学、経営学などの専門家たちを動員してもどうにもならない。民衆が、新しい学問を創出するよりほかないのである。

民際学には、フィールド・ワークが大切である。これまでの学問は、実験をしたり、図書館で資料を集めて分析したり、統計データを解析したりして、客観的な研究ができると思っていた。しかし、当事者が研究者である学問なら、誰もがそれぞれのフィールドを持っている。大切なのは、フィールドの中で体験したことをもう一度、対象化する作業である。統計的な方法も必要だろうし、コンピューターも使わなければいけない。図書館に行く必要も出てくる。しかし、何といっても大事なことは、自己のフィールドで、自分の活動の成果を記録し、それが社会的にどういう意味があるか、問い続ける作業である。

学問に大転換を促す力の源泉は、民衆の生活である。次の時代は、科学における研究者の当事者性を深める学問を求めている。社会的な生産と交流の当事者である民衆が、民衆を研究対象とみなす専門家に対して、肩身の狭い思いをしなくてもよい、当事者性の学問を産み出そうとしている。その意味で、次代の学問がめざしているのは、「一人称や二人称で語る科学」の方法である。一九世紀以来の科学方法論における主観・客観の枠組を越えて、新しい時代の要請に応える研究活動を模索しなければならない。

経済学をはじめとする社会科学は、ニュートンの方法を採用して、研究対象の価値体系から自由な、客観的な研究ができるとみなしてきた。したがって、社会問題の研究にあたって、研究者が何者であるか、どのような生活経験を持つか、いかなる社会活動に参加しているか、問う必要も問われる根拠もない。この方法に立脚すれば、研究の主体と研究の対象とが互いに何の関係も持たない状態こそが、既存の価値観に束縛されない、すぐれた研究成果を生み出す前提である。このような参加なき観察に固有の困難を克服するには、専門の細分化を進めるよりほかない。その上、当事者を研究から排除し、事象の全体性とは無縁な専門家が優位性を保つには、専門分化の進展が何よりも有効である。

その結果、諸学の専門分化は、いまや人間の知的営みの全体性に敵対するところまで進展してきた。近代国家の枠組みもニュートン力学の方法も、しかしながら、永遠に不変の真理とはいえない。近代世界の解体と新しい社会関係の形成過程とともに、社会科学における主導的な規範力を維持することが、容易ではなくなった。あらゆる学問において、観測者と観測対象との関係が、主要な研究課題たらざるをえない現実が生まれつつある。地域住民大衆の社会生活は、国家の壁を乗り越えて相互に浸透し始めている。

来るべき二一世紀の人類社会は、それゆえ、近代国家とその社会組織の厚い壁を壊して進むに違いない。民衆相互の新しいネットワークが形成されると、それにふさわしい民衆の学問が築かれる。ＥＵやＡＳＥＡＮのような広義の地域主義が、国民国家の概念を打ち破って新たな広域の統合をめざす一方、旧ソ連邦やユーゴスラヴィヤのような狭義の地域主義は、近代国家を解体して民族の自立や住民自治に向かおうとしている。近代における自然科学をモデルにした経済学、経営学、法律学、政治学、社会学などの学問体系は、国家を前提にして成立した事情から、国境を越える広範な民衆の直接的な交流を、社会科学研究の対象とすることが困難である。

民際学研究は、何らかのかたちで、豊かな社会における豊かな生き方をめざす。それゆえ、民際学が最終的な課題とするのは、人間の社会的な関係のあり方である。人の生き方の中で、最も充実した活動とは何だろうか。これは、万人が当事者になる分野であるから、万人にとっての共通の課題でもある。民際学の立場から考える豊かな生き方というのは、結局のところ、循環性の永続である。物質の移動だけでなく人間の交流を豊かにする、そういう風なかたちで循環というものを大切する。循環が永続している社会こそ豊かな社会だから、民際学は循環性の永続を生活の場で確認する仕事でもある。

次に多様性の展開である。そこでは、近代に特徴的な経済主義からの自立が課題である。経済的な効率性の高さだけが、社会的に優位性を発揮できる時代は終わろうとしている。経済競争に限界が見えてきた時代に多様性を担うのは、多元的な場で生きるボランティアである。地域社会において、ボランティア活動が可能な条件を整備すれば、金を稼ぐ人（労働者、経営者）と稼げない人（妊婦、児童、老人、病人、障害者）との人格的な等価性も現実に開示される。ボランティアとは、同時にいくつも仕事を引き受ける人間である。ボランティアとは、お金を貰わずに働く人でもなければ、自発的に働く人でもない。見知らぬ人びとの世界に越境し、多元・多重の活動をする人間がボランティアであり、現代社会では少なくとも次の四種の仕事をする。この越境する多重生活者の活動条件について研究することが、民際学の当面の課題でもある。

家族構成員としての仕事：主婦と主夫、姉妹と兄弟、母親と父親を支え合う活動

地域的な拡がりを持つ仕事：地域的相互扶助への参加、他地域とのネットワーク活動

協同的な経済活動を担う仕事：株式会社に代る自主管理企業による生産と流通を担う

非日常の文化活動と交流の仕事：性差、地域、国境、民族、時代を越える広範な活動

それから最後に、関係性の創出である。関係性は、たいへん重要な意味をたくさん含んでいる。海外の人々との関係だけではなく、人が人として生きてゆく上での社会的な生活のほとんどの部分にかかわっている。たとえば、日本とアジア諸地域を国家と国家の関係で考えるのではなく、民衆と民衆の関係として考えてみよう。そのような民際関係中心の生き方をするには、これまでの高度成長路線では無理である。アジア諸地域に赴く民際学の営みは、国家の学問を教えたり、経済援助をしたりするのではなく、その反対に、教えてもらったり、助けてもらったりするところから始まる。このようなかたちで人々が国境を越えれば、南北問題の意味も変わり、国境の壁も低くなるのではないだろうか。

## 五　新しい社会経済システムのための実態調査

国民経済の領域を、いくつかの構成単位に分割して、地域経済として論じる政策科学の場合、国家主権の領土が

郵便はがき

料金受取人払

左京局承認

732

(差出有効期限
平成12年
12月1日まで)

606-8790

(受取人)
京都市左京区吉田本町
京都大学構内

京都大学学術出版会
読書カード係
行

■ご購読ありがとうございます。このカードは図書目録・新刊ご案内のほか、編集上の資料とさせていただきます。お手数ですが裏面にご記入の上、切手を貼らずにご投函ください。

ISBN4-87698-098-5
原　洋之助編著
地域発展の固有論理

愛読者
カード

■本書についてのご感想・ご質問、その他のご意見など、ご自由にお書きください。

■お名前

（　　　歳）

■ご自宅住所

〒

■ご職業

■ご勤務先・学校名

■所属学会・研究団体

●ご購入の動機

A．店頭で現物をみて　B．新聞広告（紙名　　　）
C．雑誌広告（誌名　　　）　D．小会図書目録
E．小会からの新刊案内（DM）　F．書評（　　　）
G．人にすすめられた　H．テキスト　I．その他

●ご購入書店名

都道府県　市区町　書店

2000.3

京都大学学術出版会　TEL(075)761-6182
FAX(075)761-6190

所与の前提である。県民所得は、国民所得勘定をモデルにし、県内の産業連関分析は、国内産業分析のミニチュア版になってしまう。比較優位や交易条件など、国際経済学の分析用具を、そのまま地域経済研究に援用するカリカチュアも、両者が国民経済を前提にしているために、もっともらしく映るのにすぎない。国家主権（公権力）による領土内の諸地域の統合は、さけようもなくヒエラルキー的構造をとる。弁護論的に民主集中制と呼ぼうが、敵対的に上意下達制と呼ぼうが、その本質は変わらない。ピラミッドの頂点にある公権力が、末端の諸地域を掌握する中央主権体制は、中心が同時に部分であるような地域概念を許さないからである。公権力による支配の貫徹を妨げるものは、暗黙のうちに排除される。

人類の生み出したヒエラルキー構造の最も純化した形態は、軍事組織による諸地域の統括である。その意味で、統制経済や計画経済の原型は、軍事経済である。軍事的な集団の暴力装置を基盤にして国家権力が成立して以来、中央の公権力は、諸地方をいかに支配するか、腐心してきた。軍需物資の調達や配分は、計画経済に公平な配給制度のモデルを提供し、戦争に勝つために必要な物資を、最も必要な地域に配置するシステムには、歴史的な経験がつみ重ねられている。資源配分のシステムとして、学ぶべきことがらが少なくない。しかし、このシステムが優越すれば、中央に対する諸地域の従属を深める。地域自立を妨げないように活用するには、ヒエラルキー構造に対抗する他のシステムを強化し、相互に補完しなければならない。

他方、同じように長い歴史を持つ市場システムは、このような地域間のヒエラルキー的な関係を生み出さない。労働生産物である特定の財貨については、公権力による領土的な統合を越えた、遠距離貿易をも担ってきた。シルク・ロードや陶器の道が、そのような典型例である。ヒララルキー的な軍事経済が、地域性を同心円の拡張として把握するのに対して、遠隔地貿易を可能にした市場経済は、個々の商品に関する地域性を同質的に拡張してきた。

均質性の拡張を無限に追求し、ついには地球の表面を覆い尽くそうとする。輸送と保管のコストを除くと、全世界に一物一価の同質性を普遍化しようとめざしているともいえよう。

売るために作られた商品を通じての、同質化や普遍化の市場原理に学ぶべきことがらもまた、決して少なくない。しかし、ガットやＩＭＦなどの目標や国際的な取り決めにもかかわらず、市場システムが公権力（国家主権）の壁にぶつかっていることも、隠しようのない事実である。土地所有、労働力や信用のような、基本的な地域資源を商品化し、国境を越えて移動させようとすれば、たちまち国家間の対立を引き起こし、場合によっては軍事的な対立になる。労働生産物ではない資源を商品化しようとすれば、地域は市場の同質化や普遍化に抵抗し、自立を求める。

国家主権の領土内で、資源を効率的に配分する制度として、市場システムの果たしてきた役割は大きいけれども、市場原理は同質化・普遍化をもたらし、地域生活の循環性、多様性および関係性を解体する作用をあわせ持っている。軍事機構や官僚制度が地域を中央に従属させがちであるように、市場における商品化の展開は、地域性そのものを解消しようとする。市場経済による価格メカニズムという、すぐれた点を活用しながら、地域自立を強める道を模索することが、オルタシステムの主たる目的になるであろう。

地域共同資源の特質は、その地域に生活の本拠をおく人々にとって、共通に有用性を持つ。それゆえ、本来は「誰のものでもなく、みんなのものである」。大地や大海という、生物としての人間に固有の環境でもある。やや詳しく、具体的なかたちで列記すると、自然地理的条件に即して、大地の形状、地層の構成、土壌の性質、河川や湖沼、浜辺と地先の海、重力や磁力の場、気温や湿度の変化、降水量の季節性、日照と蒸発散、地下水位、潮流の変化、鉱物元素、土壌微生物、地表の植生と動物など、実に多様な事象がみられる。しかし、これらの自然環境が、そのまま地域資源の源泉になるわけではない。地球上に人類が成立する以前の自然環境を残している地域は、二〇世紀の終わり近くの今日ではほぼ皆無に等しい。環境には、何らかのかたちで人為的な改変が加えられている。火の使用に始まる環境改造への長い歴史は、熱帯地方の焼畑農業の例にみるように、自然林の生態系を大きく変えた。日本列島の水田農業のように、微地形の改造も大規模に行われている。

これらの自然的または人為的な環境は、地域資源の母体である。しかし、資源が資源としてのかたちをなすためには、その資源にふさわしい社会関係が成立しなければならない。石油や石炭は、有用物として利用する方法が確立するまで、それらが埋蔵されている地域に生活の本拠をおく人々にとって、地域資源とみなされることはなかった。近代の鉄鋼産業や自動車産業が大規模に展開することによって、はじめて石炭や石油の資源化が進んだ。したがって、地域資源の賦存量は、その資源をめぐる社会関係のありかたしだいで、増えもすれば減りもする。

その点において、資源の涸渇と環境の汚染とは、メダルの裏表のように共通する性格を持っている。資源涸渇も環境汚染も、社会関係から離れて、存在することはできない。湾岸戦争の手段として火をつけられたクェートの油井は、消火されないかぎり、資源どころか環境破壊の源泉である。消火に成功して石油化学工業の原材料として効率よく利用すれば、人々の暮らしに利便をもたらす資源となる。しかし、いかに便利な石油化学製品でも、大量に使い大量に捨てれば環境破壊の主たる元凶となる。このようにみると、社会関係を離れた絶対的な涸渇もなければ、絶対的な汚染もない。地域に生きる人々の社会的な関係に対応して、資源の不足や環境の汚れが意識されるにすぎない。逆にみれば、人間と人間との社会的な関係を組み変えることによって、その地域の涸渇や汚染の問題を解決することが可能である。もし、仮に絶対的な涸渇や汚染があるとすれば、地域に生きる当事者の社会関係だけではどうすることもできないような、外部の超越的な力が創り出す涸渇や汚染であろう。しかし、そのような外部性は、開放定常系としての地球を越えて存在することはない。

「誰のものでもなく、みんなのものである」という原則を、生活の本拠を共にする地域住民が共通に確認しているかぎり、利用の仕方や廃棄の仕方について、生活＝生命活動の水準に応じた社会関係を形成し、涸渇と汚染を防ぐことができる。だが、地域に生活の本拠をおかない外部の社会的な諸力が、地域資源を収奪し、廃棄・廃熱を捨てると、その破壊力は、取り返しのつかない壊滅的な効果を及ぼす。

ある特定の物質やエネルギーが、その地域の社会関係と無関係に資源になったり、汚染を引き起こすことはない。いかにめずらしい稀少元素でも、また熱効率のよいエネルギー源でも、それだけでは資源とならない。よく誤解されているように環境汚染の場合も、汚染物質そのものに原因があるわけではなく、同じ物質やエネルギーが、それをめぐる社会関係によって、資源ともなれば、汚染ともなる。

生活の本拠という視点にたてば、しかしながら、地域生活の内部と外部とが、同質の社会的な関係によって画一化される状況は、容易に生み出せるものではない。他方、市場システムによる土地所有、労働力、信用等の社会関係の商品化は、同質的な商品関係の純化をめざし、しかもその拡がりを無限に延長することを理想とする。市場経済の効率性は、そのようにして地域性を解体するという無理な企ても、ある程度まで達成する。このような社会関係の商品化は、市場の力だけでは無理なので、公権力による強制も同伴しなければならない。しかしながら、商品的な社会関係だけでは、人間の全生活過程を覆い尽くすことはできない。地域の多様な社会関係を、商品と公権力とで単一なものに純化することもできない。たとえば、原子力発電を商品化する事業としての過疎地の発電所建設は、都会で電力供給を受ける立場からみると、有力なエネルギー資源開発である。しかし、当の過疎地に生活の本拠をおく人々の生命過程が、電力開発事業に従事する人々と同じ商品関係に、一様に純化されてしまうことはありえない。電力会社にとっては貴重な資源も、地域住民にとっては汚染源の発生を意味するのである。

地域資源が資源として、より重要な意味を持つのは、化石燃料、鉄鉱石、金・銀・ダイヤモンド鉱床のように、地球上に偏在する天然資源ではなく、その地域における物的な生活（経済生活）を営む人々の社会関係である。経済生活は、誰かがひとりじめをすれば、みんなのものでなくなってしまうような物質の流れに媒介されている。しかし、その物質には天然資源も当然含まれるが、それ以上に重要なのは、社会関係の基本的な性格を規定するような資源である。とりわけ、大地（山や海を含む）をめぐる社会関係、人間の生命活動（広義の労働力）をめぐる社会関係および人間の共同的な相互扶助（広義の信用）の三つである。この三つの主要な地域資源を規定する所有関係のあり方は、地域自立を実現する道程において決定的な重要性を持つ。

一九八〇年代以来、アジア各地で市場経済や計画経済の困難を克服し、新しい経済システムを築くための模索が行われている。生活向上の必要から自然発生的に形成されたものもあれば、特定の目的を掲げて進められている民衆主体の実験的なプロジェクトもある。これらの自立する地域が横に結合して、広範なネット・ワークを形成する可能性が成熟している。このような視点から、各地のプロジェクトの当事者が自分たちの試行錯誤の成果を調査し、他地域の人々に説明できるようとりまとめるとともに、異なった経験から学ぶため相互の共同研究を行うことを提案する。この調査事業を、より多くの民衆が自発的に参加し、国境を越えて連帯する第一歩とする。

これらの実験的なプロジェクトが進められている地域では住民大衆が、社会発展のための活動の主人公であり、新しい経済システムを築く当事者でもある。それゆえ、住民大衆の潜在力を明らかにする事業は、従来のような国際機関や学術団体の調査研究では不可能である。大切なのは、調査対象の地域住民が経済活動の主体として、社会発展の担い手になるだけではなく、自ら調査活動を担うという意味で、当事者性の研究事業を始めることである。当事者による調査は、他地域の異なったプロジェクトの参加者が加わって、相互に経験を交流することにより、より広範な展望を開くことが可能となるであろう。

自立する地域が横に結合して、広範なネット・ワークを形成するのに最も重要な課題は、やはり土地所有、労働力および信用という基本的な社会関係の地域化である。したがって、調査研究の焦点も、このような基本的な社会関係の解明に向けられるであろう。とはいえ、地域住民大衆による調査事業の出発点は社会理論上の課題ではない。社会発展の主人公（一人称）として取り組んできたことがら、これから取り組もうとしていることがらの問題点や障害物を、記述的に報告する作業から始めるべきであろう。他地域からの参加者（二人称）は、そのような報告をわかちあい、共同調査を行って学ぶとともに、当事者には気付きにくい発見をすることができよう。これら当事者とは別に、アジア各地における共同調査を準備し、企画・連絡・調整を図る事務局（三人称）も必要である。

最後に、研究計画を立案する上で参考になると思われる、地域自立に関連する社会関係の主要な調査項目を掲げておく（表1）。これらは、民衆の潜在力にとって基礎データでもある。潜在力調査に当たっては、地域の問題を地域だけに閉じこめることなく、Sustainability, Empowerment, Social movement, Interchange, Tradional value system, Dependency, World system, Counterveling power などの視点に留意すべきであろう。

表1　地域自立に関連する社会関係の主要な調査項目

A：土地所有（水利権を含む）の地域化
①地目別（山林，原野，農地，宅地，公水面等）の地域内外における所有形態と比率
②所有主体別（個人，私企業，財産区，土地改良区，自治体，国家等）の面積と地価
③管理主体別（農林漁家，商工業者，一部事務組合，公企業，省庁等）の面積と地価
④登記上の事実に対応するかたちで現地調査を行い，土地利用実態との違いを把握する
⑤土地利用と水利用に関して，地域住民による共同管理がどこまで可能かを調査する

B：労働力の地域化
①域内人口の独自な性格（性別，年令構成，定住性，出生率，域内通婚，国際結婚）
②人口の労働化率と域外への流出（域外通勤，単身赴任，季節移動，外国人雇用等）
③自営業者（家事労働を含む）と雇用労働者（域内と域外）の比率と所得水準の比較
④自主管理労働（協同組合，産直組織，公益法人等）の実状と労働組合組織の役割り
⑤商品化されない労働力（家事労働，各種団体の奉仕活動，町内会の仕事等）の意義

C：信用の地域化
①公権力の信認（通貨・国債保有，国税・地方税の捕捉率，国庫補助金への依存等）
②域外信用機関による資金管理（郵便局，商業銀行，保険会社，金融会社，共済等）
③域内信用事業による資金管理（信用金庫，信用組合，頼母子講，ゆい，もやい等）
④域外金券（商品券，図書券，テレフォン・カード等）と域内金券（商店街金券等）
⑤地域内の相互扶助（家事，葬式，育児，老人介護，障害者共生等）と人格的な関係

D：地域資源・地域産業・地場産業・広域産業（基幹産業）とその市場
①エネルギー資源，原材料，部品等の供給源，インフラストラクチュアの整備状況
②地域における主要労働生産物の品目と数量，および地域内消費と地域外消費の比率
③産業分類に基づく地域の物量バランス（地域単位毎の産業連関表作成とその分析）
④産業・生活排水，廃棄物，有害物質の地域内処理および資源の再利用とリサイクル
⑤公企業と私企業の経営主体およびその地域性（本社，支社，子会社，下請会社等）

E：交通・通信・医療・教育・行政システムの集中と分散
①地域の交通手段（自転車，バイク，乗用車，トラック，バス，鉄道，船，航空機）
②通信システムの利用実態（電話・電報，郵便，ファクシミリ，パソコン・ネット）
③広義の医療機関（福祉事務所，保健所，診療所，専門病院等）と利用（患者率等）
④広義の教育機関（保育所，幼稚園，小・中・高・大学，専門学校等）とその利用率
⑤地域行政の自立性（自主財源，自主人事権，一部事務組合等）と住民組織の多様性

F：社会構成の特質と非経済活動
①地主制，小作慣行と農民運動，農業労働者の組織，水利組織と慣行，労働組合など
②親族組織，カースト団体，職能団体，婚姻制度と通婚圏，村落団体，村々連合組織
③宗教組織（キリスト教会，仏教寺院，ヒンドゥ寺院，イスラーム教団）と聖地巡礼
④村祭り，祝祭と儀礼，青年団体，女性団体，文化運動，政党の地域組織，地方選挙
⑤社会史，社会階級の分析，社会変革の運動，他地域との連帯運動，NGO 活動など

G：特定地域に固有の社会関係

# 第3章 開発と農民——方法論的検討

足立　明

# 一　はじめに

アジア社会の研究で避けて通れない課題は、開発現象というものをどのようにとらえるかという点にある。アジアの開発は、西欧諸国による植民地支配を受けた地域が、それに続く「独立」という歴史の中で近代化を軸とし展開してきた現象である。そしてそれは、ポストコロニアルな状況とグローバリゼーションの急速な進展で中で、ますます複雑な様相を呈してきている。開発現象は、もはや限られた地域や領域に限定されるものではなく、アジア社会のすみずみにまで行き渡り、そこかしこに開発の風景を現出させてきている。このことは、開発というものがもはや特異な現象でなく、村落における家族、親族、宗教などと同じように、アジアの新しい「伝統」として定着していることを示しているのである。

しかしこの「伝統」は、これまでの社会学や人類学の村落調査のみで理解できるものではない。というのも、開発現象を十全に理解するためには、村落から遙か離れた国際機関や、政府、非政府組織などにおいて展開する開発政策の策定過程、そしてそれを取り巻く諸状況を十分理解する必要があるからである。もちろん、これまでも開発政策の策定とそのマクロ・レベルの帰結に関しては、開発経済学、開発行政学、開発社会学／人類学、国際保健学といった視点から山ほど研究がなされてきている。しかし、それらの研究は、複雑な開発現象を具体的な開発過程の把握にもとづいて論じたものというよりは、具体的な開発過程をブラックボックスにおいたうえで、統計的もしくは理論的・規範的に論じたものがほとんどで、そこでは開発現象というものが生き生きと見えていない。そのため、開発現象というものを、援助機関から村落に至るまでのさまざまな局面を対象に、それらの相互連関を総合的に把握する新しい枠組みの構築が必要とされているのである。

もちろん、そのような枠組みを一朝一夕に組み立てることは到底できない。しかし、そのための試行錯誤としてここで考えたいのは、開発計画と開発組織、それに開発実践のありようを民族誌的記述によって理解する可能性についてである。本章では、まず次節において、開発現象のどのような局面を対象にして記述するのか、そしてその際に考えられるいくつかの論点を整理したい。第三節と第四節では、それらの議論をふまえて、スリランカの貧困低減政策である「ジャナサヴィヤ（人民の力）」計画について素描する。ここでは「ジャナサヴィヤ」計画が策定され、実施に移され、最終的に終息する経過と、村落レベルでの影響を記述する。第五節では、それまでの議論のまとめとして、開発現象を総合的に把握する民族誌的方法論への展望を示してみたい。すなわち科学技術の社会学／人類学研究が提起しているアクター・ネットワーク理論を応用する、という提案である。また、それを踏まえて、第六節で「地域発展の固有論理」という問題にもふれておきたい。なお、本章で扱う「ジャナサヴィヤ」計画に関する資料は、予備調査の段階で集められたものであり、上記の問題視角に必ずしも十分耐えるものではないが、開発と農民の関わりにおける論点を明確にするという意味で提示してみたい[1]。

## 二 「出来事」の連鎖としての開発現象

開発現象を総合的に記述しようとする際に、まず重要な局面として考えられるのは、基本的な開発政策の策定とその具体的な開発計画の立案過程における、さまざまな力関係の絡み合いと、その帰結である。そもそも開発は、開発のアクター（国際機関、政府、非政府組織、国民、農民ら）の間での合意をとりつけなければ実施できないものである。そのため開発に関わる諸アクターが、それぞれの目標と利害にもとづいて綱引きをしつつ、さまざまなテクニックや象徴操作を行い、時間、人々、資源を操作しようとする。そこでは、科学的装いと国民・民族の歴史的・文化的トーンが織り込まれながら開発が語られ、開発の目的や過程についてのコンセンサスを確立しようとする（足立1996）。言いかえれば、開発政策や開発計画が示しているものは、確実な近未来というよりも、望むべき未来の複雑なメタファーであり、「象徴体系」なのである。そのため、現実の開発政策や開発計画は、開発経済学や政策科学などの規範学問によってのみ理解することはできないのであり、さまざまなアクターの作用の中で、どのように紆余曲折しながら生み出され、実施されるかを見なければならないのである。

また、これらの局面と密接に連関しながら、農民に直接関わる局面ももちろん重要である。それは村落部に持ち込まれた開発政策や開発計画がどのように実践され、それによるどのような影響があるのかという点である。開発政策や計画が、農民社会にどのような変化をもたらすのか、そして農民はそれらに対してどのような対応をするのか、という問題である。これに関しては、開発による経済効果、社会文化の変化といった視点から膨大な数の研究が行われている。そのため、この小論でそれらを整理する余裕はない。むしろここで考えたいのは、開発による統治と主体／アイデンティティの問題である。というのも、これまでの開発研究では、「客観的」に指標化しやすい開発の影響が検討されてきたものの、開発における農民の生活世界、経験、主体／アイデンティティといった問題はブラックボックス化（例えば、「企業家農民」や「開発の被害者」として）され、ほとんど無視されてきたし、それらとの関わりでの開発と統治という問題もほとんど検討されてこなかったからである。しかし、もし、開発現象の民族誌的記述を試みるとするなら、これらの問題は避けて通ることはできないのである。少し長くなるが、以下でその点を論じたい。

開発を含めたさまざまな政策と人々の生活について、C・ショアとS・ライトは次のように述べている。近年ますます政策というものが人々の生活に影響を与え、生活のすべての面に関与してきている。政策を通して、個人が分類され、「主体」、「市民」、「専門家」、「国民」、「犯罪人」などとしての役割が与えられ、形づくられる。そして、これらの政策は、規範や制度、イデオロギーと意識、権力と知、レトリックと言説、意味と解釈、ローカルとグローバルといった問題系とも関わり、この意味で、政策の分析は人類学の中心的な課題といえる。とりわけ、政策というものを言語と権力、文化的エージェントとしての政策、政治的技術としての政策（統治性と主体性）といった視点から考察することが重要な課題である、としている（Shore and Wright 1997）。

また、この政策と主体の問題に関連して、冨山一郎は、開発における名付けについて論じている。彼に従えば、開発実践に関わる表象を「オリエンタリズム」という文脈で解釈することは、すでに結論の見えた作業であると同時に、それは名付けという行為のパフォーマティブな側面を削り取ってしまうという。つまり、開発政策に見られる「貧者」という名付けは「オリエンタリズム」的な表象であるとして政策決定者を批判する前に、その政策決定者が果たしてそのような名付けをする主体をもっていたかどうか、という問題である。また同時に、そのことは名付けられた主体における自己同一化に対してもいえる。それは、名付けられた名前（「貧者」）に自己同一化する過程で生じる、自己同一化の不可能性である。要するに、開発の状況では、一方でこれらの名前をずらし、引き剝がそうとするベクトル（出郷）と、それをとどめておこうとするまなざし・制度、さらに、それらのまなざしを送る側を見続けるまなざしの交差を把握しなければならない、と指摘しているのである（冨山 1999）。

ところで、先ほどのショアとライトの議論にそって開発現象の民族誌的研究を行う際に、この冨山の議論は重要な示唆を与えてくれる。つまり、開発政策と統治という問題を考えるときに、それを前もって設定された支配／被支配の関係でのみ読み解くのではなく、さまざまなアクター（制度、言説、人など）の織りなすミクロな力のネットワークとして把握し、その過程でパフォーマティブに生み出されるさまざまな主体に注意を払うことを可能にしてくれるからである。

いずれにせよ、開発現象における政策立案・実施過程といった局面を把握しつつ、村落内に持ち込まれた開発政策によるさまざまな影響（社会経済的な帰結や、開発政策によるさまざまな名付けやカテゴリー化の帰結）を考えることで、開発というものが密接に関わる生活世界と国家の統治、さらには国家をこえたグローバルな統治との連関を理解することが可能となるであろう。しかし、このような複雑に連関し合う開発現象の諸要素、諸局面を、政治学的な切り方や、経済学的切り方、さらには社会学的な切り方のみで分析したのでは、開発現象全体を記述することにつながらない。それでは、これらの相互に連関する一連の開発過程を全体的に把握するにはどうすればよいのであろうか。

内山田は、開発を「出来事」としてみることを提唱している。そして、この「出来事」を、その主要なアクター（具体的な人々と組織）、テクスト、制度、モノなどの関係性としてとらえ、それらを歴史人類学的に見るという（内山田 1998）。これは、開発現象を分析的にではなく、さまざまな要素と局面が相互に連関した全体として描こうとする際に、貴重な指摘である。それでは、もし開発現象をこのような「出来事」としてとらえるならば、どのようなことになるのであろうか。次節以降で検討する貧困低減政策に関していえば、とりあえず三つの重要な「出来事」が設定されるだろう。それらは、まずＩＭＦ・世銀が、途上国政府との力関係の中で、構造調整政策のもとに貧困低減政策を策定するという「出来事（1）」である。次に、その政策を受けた途上国政府が、ＩＭＦ・世銀との力関係と、地域との力関係の間で、その政策をローカライズするという「出来事（2）」である。そして、三つめが、ローカライズされた政策を、政府の役人、ＮＧＯたち、村民との力関係の中で実施するという「出来事（3）」である。このように開発現象を一連の「出来事」としてとらえることで、「出来事」間の連関を視野に入れながら、それぞれの「出来事」における諸アクターなどの関係を全体的に描き出すことが可能となる。

もちろん、これらの「出来事」間の区別は暫定的なものであり、その境界は曖昧なものであるが、記述の視点をとりあえず確定するという意味で有効であると思われる。むしろ、現実には、これらの「出来事」の中から一つを選んで中心に据え、それを描く際にそれ以外の「出来事」を必要に応じて提示するという民族誌の形が可能かもしれない。いずれにしても、このやり方は、最近議論され始めている多所的（multi-sited）民族誌（Marcus 1995）の形をとらざるを得ないであろう。

それでは、このような枠組みで、実際の開発現象を素描するとどのようになるのであろうか。以下で、スリランカの「ジャナサヴィヤ（人民の力）」計画の事例を通して、この点を検討してみたい。なお、ここで「ジャナサヴィヤ」

計画を対象に選んだのは、この計画がさまざまなアクターの力関係の中で作りあげられ、変質し、消滅したという経緯をよく示しているからである。さらには、この計画が、「貧困世帯」をターゲット集団にして、さまざまな職業訓練、貯蓄、起業活動を行うものであり、「名付け」によって農民のアイデンティティと身体管理を行い、新たな経済活動を促進することを政策的な目的としており、開発政策と農民の関係を考察するのに適していると考えたからである。また、以下で扱う「出来事」は、上記の「出来事 (2)」(第三節)と「出来事 (3)」(第四節)が中心となる。というのもＩＭＦ・世銀での調査経験を筆者はもっているわけではなく、その資料もきわめて限られているので、「出来事 (1)」に関しては断片的なことしか把握できていないからである。冒頭にも述べたように、この意味で、以下の記述は予備的なものとならざるを得ない。

## 三 「ジャナサヴィヤ」計画(一九八九―一九九五)の生成・実施・消滅

すでに言及したように、戦後のスリランカは、他の南アジア諸国と同様に、さまざまなものを英国植民統治時代から引き継ぎつつ、国民国家形成とそれと密接に関わった開発体制を模索してきた。農村開発に関していえば、植民統治以来の福祉政策(食料切符、無償医療・教育など)を維持・拡大しつつ、土地改革、ドライ・ゾーンの灌漑開発などを展開してきた。これらの農村開発は、その達成度の議論は別にして、農民を農民として新たな計画に参加させ、農民と農村を再生産してきた。もちろん、これら農民の多くは、稲作や畑作以外にも、ビーディ作りといったさまざまな「雑業」に従事してきたのであるが、開発政策での対象は農業と農村であったし、開発計画の実践を通して農民も農民としてのアイデンティティを維持してきた。

しかし、一九七〇年代後半以降、このような南アジアの農村開発政策は次第に変化してきた。そのきっかけは、いわゆる構造調整政策と、それに付随した反貧困プログラムの導入である。これら南アジア諸国をはじめとする、多くの「途上国」では、七〇年代の世界経済危機による対外収支の赤字増大と財政赤字の拡大にともない、構造調整政策の受け入れを余儀なくされてきた。そのため市場経済化の促進を中心としたさまざまな構造調整政策とともに、それに付随した貧困低減政策が盛んに導入されてきた。そして、この貧困低減政策の中心的な柱として、グラミン・バンクをモデルとしたさまざまなマイクロ・クレジット計画が導入されてきたのである。その結果、政府系、非政府系を問わず、多くの開発援助組織が、南アジアの各地に「参加」、「自立」、「ボトムアップ」をスローガンとした貧困世帯向けの開発計画を展開するようになってきた。しかし、これらの計画がめざすのは、貧困世帯の企業家的農業経営を促進するというよりも、彼らを非農業部門、とりわけこれまで「雑業」とされてきた仕事に就かせて経済的自立を促そうというものであった。言いかえれば、農民の再生産というよりは、農民をそれ以外のものとして仕立て上げようというものである。

本章で取り上げる「ジャナサヴィヤ」計画は、そのような開発プロジェクトの一つである。[2]「ジャナサヴィヤ」計画は、構造調整政策にともなう貧困世帯の困窮を支援するために、消費補助とマイクロ・クレジットを二年間に限り提供し、国家に依存することのない自立化を図ると同時に、最終的には福祉予算の削減を行おうとする計画であった。本節では、このような開発政策がどのような紆余曲折を経て実施されるのかを概観してみたい。

この計画の骨子には、人間への直接投資、自給農民の自立的な「起業家」化、方法としての「人民中心の開発」

(people-based development)、貧者、極貧者第一、基本的資源としての人間、自立・ボトムアップ、文化との調和、全島レベルの規模・安定性、人間開発、持続性と生産性、人民中心の活動、エンパワーメント(救済ではない)といったスローガンで溢れかえっている。[3] しかし、実質的な部分を示すなら、この計画は、「貧困世帯」を対象に、二四か月間、資金(消費補助:一四五八ルピー/月、貯金＝投資資金:一〇四二ルピー/月、計二五〇〇ルピー)およびその他の支援サービスを行うというものである。その結果、一九八九年には一一万八〇〇〇世帯、一九九〇年、一〇万四〇〇〇世帯、一九九二年、一〇万世帯、一九九三年、九万九〇〇〇世帯、一九九四年、一二万世帯と、全部で五四万一〇〇〇世帯が「ジャナサヴィヤ」受給世帯となったのである(Ratnayake 1998)。国民の約二割に相当する数である。

ところで、多くの開発計画と同様に、この「ジャナサヴィヤ」計画も、問題の発見、その解決に向けた計画案の策定、計画の実施といった、教科書どおりの展開をしたわけではない。以下で示すように、この計画は、大統領、官僚組織、NGOたち、農民、アイデア、レトリック、資金、村落の農業生態、国際機関といった、さまざまなアクターの作り出す「偶発的」な組み合わせの中で、紆余曲折しながら生成、展開、終息した。「ジャナサヴィヤ」計画を時間経過にそってたどってみると以下のようになる。

## 1 前史

「ジャナサヴィヤ運動」という、あるNGOの開発支援活動が、一九八二年に、デップ神父とフェナンド神父(The Socio-Economic Development Centre, Colombo)によって始められた。支援活動は、チローやゴールで行われ、「包括的人間開発」の概念を基礎に、「ボトムアップ」戦略を村落レベルで始めた。一九八〇年代の半ば、彼らは当時の野党であったスリランカ自由党に支援を依頼したが、色好い返事はなかった（Sathananthan 1991）。

## 2　生　成

一九八六年から一九八九年にかけて、シンハラ青年組織の人民解放戦線が武装蜂起し、シンハラ人地域の混乱状態が断続的に続く。その渦中、一九八八年の大統領選挙に立候補していた、当時のプレマダーサ首相（与党の統一国民党）は、選挙公約で、当選の暁には職のない青年層や貧困世帯に大々的な経済支援を行うとした。この経済支援策は、計画策定段階で「人民に基礎をおいた開発行動計画」（An Action Programme of People-based Development）とされていたが、後に「ジャナサヴィヤ」計画と名付けられた(4)。

一九八九年、「ジャナサヴィヤ」計画の第一ラウンドが開始。それ以降、毎年新たな家族が「ジャナサヴィヤ」の受給世帯に選ばれ、第五ラウンドまで継続した。

当初、「ジャナサヴィヤ」計画の組織化は、政府の行政機構を基礎に行われた。一九九〇年前後から、世銀が、貧困低減政策として資金を供与し、参加型の起業家推進を図る「ナショナル・トラスト・ファンド」構想を、バングラデシュ向けに作った。しかし、この案はバングラデシュに拒否され、インドにも断られ、最終的に、スリランカに持ち込まれたといわれている。この構想では、国家の行政機構と別個にNGOの組織化を行い、政府や与党のパターナリズムを断ち切ろうとした。しかし、プレマダーサ大統領は、この構想の受け入れを条件に、強引に「ジャナサヴィヤ・トラスト・ファンド」という名前に変更することをとりつけ、既存の「ジャナサヴィヤ」計画の補完的なものとしての役割を付与した。それは、単に、名前の変更のみならず、指導的な役職に大統領の側近である官僚を据えたことにも表れている。

### 3 変　容

この間、この二つの貧困低減計画は、ともに村落レベルでの専門的な指導者不足に悩まされた。そこで世銀は、スリランカ最大のＮＧＯ組織であるサルボダヤに参加を促した。しかし、代表のアリヤラトナを政敵とみなしてきたプレマダーサ大統領は、一貫してそれを拒否し、サルボダヤに圧力をかけ、一連の開発計画に参加させなかった。そのため、熟練した村落開発の指導者不足は続いた。一九九一年から二年間、政府行政機構の推進する貧困低減政策と、急ごしらえのＮＧＯを主体とした貧困低減政策が並行して実施されたのである。

### 4 終　息

一九九三年、プレマダーサ大統領が暗殺される。政権を引き継いだウィジェトゥンガ大統領は直ちにサルボダヤとの連携を模索したが、うまく行かなかった。そこで、再度、世銀が強く働きかけを行い、大量の資金援助をサルボダヤに約束することで、ようやく連携が成立した。

一九九四年、総選挙で一五年間続いた統一国民党政権が倒れ、スリランカ自由党を中心とする連立政権が成立する。「ジャナサヴィヤ」計画と「ジャナサヴィヤ・トラスト・ファンド」の実質的な村落活動は求心力を失い、終息に向かう。政府は、これまでの活動を総括し[5]、同じような形態で、全く異なった（現政権支持者を中心とした）組織での「サムルディ（豊かさ）」計画という、貧困低減政策を開始し、現在に至っている。

これが、「ジャナサヴィヤ」計画の「出来事(2)」を中心にした記述である。ところで、繰り返しになるが、「ジャナサヴィヤ」計画と「ジャナサヴィヤ・トラスト・ファンド」のたどった経過で重要な点は、さまざまな条件と登場人物の組み合わせで、計画の進展、変容、終息が決まっていったという点である。「ジャナサヴィヤ」というアイデアがあっても、それを利用する大きな政治勢力がそれに目を付けるまでは、広範囲に展開しない。計画段階で整合性のあるNGOの組織化も、政治的な関係から、実施に移せない。世銀の意図も、簡単にはスリランカの諸状況を思いのままには変更できない。もちろんここで示した登場人物や組織、政治状況は、現実に働いたさまざまな力関係を網羅してはおらず、そのための方法論的検討を必要とするが（第五節参照）、それでも、計画策定から実施、継続というリニアな軌跡をとらなかったという点に関しては、これで明らかであろう。

## 四　開発政策の農民への影響――B村（マータレー県）の事例

この村は、スリランカ島の中央山地が北部乾燥平原に接するあたりに位置しており、一三五世帯のシンハラ人が居住している。この村には灌漑ため池がなく、水田耕作は河川灌漑と天水に頼っており、乾期のみ耕作可能な三六ヘクタールの水田地しかない。また、半数以上の世帯が水田地をもたない小作農なので、彼らの多くは、遠方の入植地で刈り分小作を行っている。なお、この村は、「椰子砂糖作り」（ワフンプラ）のカースト成員からなり、親族関係が比較的密な社会を形成している。

この村は、一九八九年に「ジャナサヴィヤ」計画の第一ラウンドで対象地区に指定され、二三五世帯中一〇二世帯が受給した。村落部での組織は、役人（グラマ・ニラダーリ）、サポート組（五人の村民）、そして受給者から構成された。役人の最初の仕事は、「貧困」世帯の確定である。受給世帯と非受給世帯を分ける基本的な基準は月収七〇〇ルピーという線であったが、これだけでは実体を十分反映しないという考えから、さまざまな基準が導入された。そして、多面的に「貧困」世帯を確定するために、まず、受給希望者に一〇ページからなる詳細な家族ファイルを作成させ、村役人に提出させるということが行われた。村役人はそれらをもとに村落会議を開き、受給希望者に、衆人環視のもとで、いかに自らの世帯が「貧困」であり、受給する資格があるかを主張させた。そして、それらを通して満場一致という形で受給者を選んでいく、という手続きがとられたのである。ただし、実際には、最貧層の世帯（寡婦と子供からなる世帯）は受給者として名乗りを上げてはいない。というのも、受給者は受給の見返りに共同作業に参加しなければならず、男手のない世帯はそれができないからである。また、数世帯の受給者は「貧困」と必ずしもいえないにもかかわらず、政府与党の強力な支持者という理由で、受給を獲得している。

いずれにせよ、受給世帯の確定後、プレマダーサ大統領（当時）自らが近隣の町に赴き、すべての世帯に直接、受給証を手渡すという授与式が行われた。それは三時間以上にも及ぶものであったという。また、すべてのこのような授与式はテレビやラジオ、新聞などのメディヤを通して全国に報道され、このことからも、プレマダーサによる「ジャナサヴィヤ」計画というイメージをいかに作りあげようとしたかが窺われる。

ひとたび受給が開始されると、週一日のグループ・ワーク（五、六世帯からなるグループの間での相互扶助および）、月一日の村落内の公共作業とミーティングが行われた。また、この村の各受給世帯すべてが、毎月五ルピーを集め、グループ貯金を行った。これは、「ジャナサヴィヤ」計画の二年間が過ぎても維持され、現在では四〇万ルピー貯まっており、メンバー間での低利（三パーセント／月）の資金援助などに用いられている。

起業活動に関しては、受給者の多くが起業資金をこれまでどおりの農業に用いたが、約二割の世帯は何らかの非農業関係の仕事に投資した。例えば、ある世帯はココナツの葉を編んで屋根や柵用のカジャンを作り、別の世帯はココナツの繊維からほうきを作った。しかし、起業活動をした多くの世帯は結局市場を見いだすことができずに、それらを断念した。そして親戚からの借入金を起業資金に加えることのできたいくつかの世帯のみが運送業などを始め、それを専業とするようになっている。その結果、多くの起業を試みた世帯は、もうこのような起業はこりごりであるとし、農業と「雑業」に戻っている。しかし、この「こりごり」であるのは、「ジャナサヴィヤ」計画的な資金供与と短い返済期間に関してであり、これまでさまざまな「雑業」を行ってきた彼らの多くは、機会（有利な資金供与）があれば何らかの起業を行ってもよいと考えている。

それでは、「ジャナサヴィヤ」計画はどのような影響を農民に与えたといえるだろうか。経済的には、多くの世帯で消費補助の恩恵に浴したといえなくもないが、それは「ジャナサヴィヤ」計画以前からの食料切符の延長であり、多くの世帯でそれが二年後にうち切られたこと、または縮小されたことの方が不満の種となっている。起業資金に関しても、すでに言及したように、あまり積極的な成果が出たということは見いだせない。唯一、グループ貯金が成功しており、いまだに維持され有効に利用されている。ただし、このようなグループ貯金の成功例は、他の地域でほとんど見られず、一般に、二年間の受給期間が終わると、頭割りで分配してしまい、存続はしていない。

社会的な影響に関しては、「ジャナサヴィヤ」計画が導入されて以来、日常的な社会的ネットワークに大きな変化が生じた。それは、週一度の相互扶助が受給者間で行われ、さらに、慣習的には村落内の公共作業が全員参加の原則で行われていたにもかかわらず、「ジャナサヴィヤ」計画が導入されてからは、受給者のみの参加となってしまったからである。また、グループ貯金も受給世帯のみの活動であり、この段階で、村の日常的な社会的ネットワークは受給者と非受給者の二つに別れてしまった。もちろん「ジャナサヴィヤ」計画が終了している現在では、その傾向は弱まっているものの、いまだに当時のネットワークは消失してはいない。

それでは、「ジャナサヴィヤ」計画による農民の主体／アイデンティティに関わる影響はどうであろうか。すでに示したように、この計画の開始前に、それぞれの地区で受給希望世帯は「世帯ファイル」を作成するように指示され、この作業で詳細な家族の構成と経済状況が世帯主によって意識化されている。さらに受給希望世帯は地区の集会に出席を求められ、そこでいかに自らの世帯が「貧しいか」を出席者全員の前で報告させられる。つまり、提出された「世帯ファイル」をもっている役人と、世帯の事情をよく知っている隣人の環視（監視）のもとで、隣人たちと比較して、いかに自分たちが「貧しい」かについて意見を述べなければならなかったのである。とするなら、「ジャナサヴィヤ」計画の受給者は、この計画に参加することで、「貧困世帯」としての主体／アイデンティティを形成したのだろうか。

当初、筆者は、「ジャナサヴィヤ」計画が農民の主体／アイデンティティに「貧困世帯」という意識を植え込むと考えた。しかし、村落調査の結果を検討すると、それとは異なることが判明してきた。もちろん開発導入側は、村落会議での選別過程において「貧困世帯」としての自覚を促進させる意図をもっていた。しかし、B村の受給者が獲得した主体／アイデンティティは「ジャナサヴィヤ受給者」というもの以外の何者でもなかった。そして、この「ジャナサヴィヤ受給者」という主体／アイデンティティは、必ずしも「貧困世帯」のそれではなかったのである。というのも、B村では、七〇〇ルピーという「貧困世帯」を画する収入の線上には、多くの世帯があり、彼らは相対的に、ともに貧しいという自意識はあった。そのため、受給者になったかならなかったかは、「当たり」「はずれ」の問題であり、貧しいか貧しくないかの問題ではなかった。また、政府与党の支持者という理由で受給したものもいるという認識も多くの世帯にはあった。つまり、受給者は必ずしも「貧困世帯」ではないし、「貧困世帯」全部が受給しているわけでもない、という認識である。

また、先に言及したように、最貧層の世帯（寡婦と子供からなる世帯）も受給していないのである。つまり、政府が「受給者」＝「貧困世帯」という名付けを、パナプティコン的な選別会場で行おうとしたが、彼らは「受給者」の主体／アイデンティティをもったが、それは必ずしも「貧困世帯」というものではなかった、ということなのである。

しかしながら、これは選別過程とその後の日常的実践を通した主体／アイデンティティの問題にすぎない。その意味で、「ジャナサヴィヤ」計画におけるさまざまな活動を通して、「貧困世帯」という主体／アイデンティティが形成され、政府の計画どおりに「開発されやすい」（つまり、「統治されやすい」）農民ができたかどうかは、今回の調査だけではわからない。

いずれにせよ、本節では、「ジャナサヴィヤ」計画の「出来事(3)」の素描を試みたのであるが、これはきわめて不十分なものである。それは、村落というアリーナでのさまざまなアクターの間のミクロな力のネットワークを描けていないからである。そのためには、言説、制度、人、モノなどの関係を、詳細な参与観察を通して調査し、冨山の指摘するようにパフォーマティヴな側面から理解するしかない。そこで、前節においても言及したように、このような開発政策と農民の関わり合いを理解するためには、よりトータルな視点からの分析枠組みと方法論を必要とする。次節で、そのための展望を考えてみたい。

## 五　開発現象の分析枠組みの展望――アクター・ネットワーク理論を応用する

すでに言及したように、これまでの開発研究は、開発を経済的な側面や、社会的側面といった切り口から、分析的／還元主義的にとらえるものがほとんどであった。しかし、開発現象を総体としてとらえようとする際に、そのような分析をいくら並置しても、「群盲象を撫でる」といった様相を呈するのみである。そこで、本章では、開発現象を「出来事」の連鎖ととらえ、「出来事」内部の諸要素の連関と「出来事」間の連関を記述することを考えた。本章の第三節における「ジャナサヴィヤ」計画の経緯に関する記述では、ある程度まで諸要素の連関を示し、開発過程の偶発性を示しえたと思われるが、第四節の村落レベルの記述になると、既存の分析的な把握の域を出てはいない。それは、開発を「出来事」の連鎖としてとらえたときの、「出来事」の分析手法が確立していないことに起因する。言いかえれば、「出来事」における人、言説、制度、モノといったもののネットワーク分析を行う手法を確立させる必要があるということである。

もちろんこれまでも、そのような意図から、フーコー的な開発の系譜学として開発言説分析が行われてきている。しかし、それらの研究は、言説そのものの分析と言うより制度的な分析が強調されたもの（例えば、Escobar 1995）か、制度的・実践的な局面を背景において言説そのものを分析したもの（例えば、Crush 1995）のどちらかに分かれがちで、具体的な開発過程での人、言説、制度、モノの関わりを分析できる民族誌的手法は明確にされてきてはいない。ところが、そのような手法は、科学技術における実験や開発を研究対象にしてきた社会学者や人類学者によって深化させられてきていたのである。そこで、本節では、そのような手法のうち、アクター・ネットワーク理論というものを取り上げ、開発過程に応用することの可能性を検討したい。

## 1　アクター・ネットワーク理論

アクター・ネットワーク理論は、M・カロン、B・ラトゥール、J・ローらが提唱しているもので、その特有の存在論（非近代主義）とフィールドワークによる調査を軸として展開されてきた、領域横断的な研究手法である。その主要な研究対象は、実験室での科学的な発見や技術的な発明が行われる過程のみならず、新交通システム、イチゴ市場、ホタテ養殖など、さまざまな問題を扱ってきている。[6]

このアクター・ネットワーク理論をここで詳細に述べる余裕はないが、その基本的な内容を筆者の理解した範囲で示してみると以下のようになる。その基本的な立場は、世界の事物や「出来事」、知識といったものは、さまざまなアクターの間に張られたネットワークによって成立しているという考えである。事物や「出来事」、知識というものは、ネットワーク構築者が、自らの意志・目的を満たすために、他者に働きかけ、彼らの目的を自らの目的に合うように、つまり「マキャヴェリ」的に「翻訳」しながら、彼らをネットワークに「取り込み」（または失敗し）、アクター・ネットワークを構築（もしくは、縮小）してきた結果であるとする。

ところで、このアクター・ネットワーク理論においては、ネットワークは異種混交の要素から構成される。ここでは、ネットワーク構築者も、取り込まれる他者も、ともにアクターと呼ばれるが、それは人に限らず、生物、モノ、概念など、どのようなものでもアクターになる可能性をもつのである。それでは、モノや概念、知識がなぜアクターとなるのだろうか。平川(1999)によれば、知識はそれ自体として存在する観念的なものとしてとらえるのではなく、それが生みだされ適用される具体的な文脈に「具象化」されることで存在し、対象に首尾よく介入する能力、すなわち「行為性」をもつものとして見ることができるとするのである。また対象も、単に観察され表現される受動的なモノではなく、何らかの作用能力をもつ能動的存在として考えうるという。「世界は、事実と観察ではなく、まず作用によって充たされている」とするのである。つまり、人以外のモノや概念、知識もネットワークの中で積極的にアクターとして位置づけられるのである。ただし、いうまでもなく、人と生物、人とモノが同じ位置にあるというのは理論的なレベルの話であり、日常の倫理的なレベルでそのような立場をとるというのではない。

いずれにせよ、アクター・ネットワーク理論は、アクター・ネットワークの形成過程を観察し研究するのである。ここで重要な点の一つは、アクター・ネットワークとそれを構成するアクターとの関係である。アクター・ネットワークに取り込まれたアクターは、ネットワーク全体との関わりで特定の役割を与えられ、お互いがお互いを規定し合い、それぞれのアクターの性格は、アクター・ネットワーク形成の結果として生ずるものとされるのである。言いかえれば、アクター間に働く力は個々のアクターに存するのではなく、他のアクターの活動に従属するのである。これは、パナプティコン的な監獄と犯罪者の関係や、第二節で述べた名付けのパフォーマティブな結果としての主体の問題、それに第四節の「ジャナサヴィヤ」計画における村人の主体/アイデンティティ形成と同じレベルの論点である。

また、さまざまなアクターを「取り込み」ながらアクター・ネットワークが構築され、もはやすべての構成要素が納得し、安定化したものを「ブラックボックス」と呼ぶ。ミクロなアクター・ネットワークは、安定した段階で

「ブラックボックス」(例えば、鉛筆削り、家族、国民総生産)となり、そのアクター・ネットワークを含んだより規模の大きいアクター・ネットワーク(例えば、国家、IMFなど)は、多くの「ブラックボックス」をぶら下げながらマクロなレベルのアクター・ネットワークを構築してゆく(または、途中でとん挫する)のである。

また、このような「ブラックボックス」の例として、学問における社会科学と自然科学の二つがあげられる。そもそも(昔も今も)、事象や「出来事」、事物などは、社会と自然、人、モノ、概念といった異種なもの(ハイブリッド)からできているのであり、それらは社会か自然か、人か人以外かといった問いになじむものではない。しかし、近代の学問は、このような二つの対立したアクター・ネットワーク、すなわち社会科学と自然科学という「ブラックボックス」を形成し、事象や「出来事」、事物を説明し理解する際には、それらを「社会的側面」と「生態的・自然的側面」に分け、一方から他方を説明したり、解釈したりするようになった。しかし、これは、アクター・ネットワークという同じコインの表を裏から説明するような矛盾をかかえ込んでしまったとするのである。

このように、アクター・ネットワーク研究は、フィールドワークをとおしてその形成過程を把握し、事物や「出来事」、知識などの誕生、変容、消滅といったダイナミズムを研究するのである。そこでは、社会/自然、内/外、マクロ/ミクロ、人間/非人間といった二元論にもとづく既存の概念を用いず、それらを対称的に扱い、さらにアクターの性格や役割に本質主義を持ち込まない非決定論的な分析視角といえる。この意味で、アクター・ネットワーク理論は、「フーコーの系譜学と同じ射程をもちながら、具体的な対象に対してより使いやすい手法」を提供しているといってよい(Kendall and Wickham 1999)。

それでは、このようなアクター・ネットワーク理論は、開発現象の分析にどのような可能性をもたらすのだろうか。この点を次に検討したい。

## 2　開発現象とアクター・ネットワーク理論

アクター・ネットワークの視点から開発というものを考えると、開発とは開発政策とそれに呼応した開発計画を軸に展開される社会工学であり、国際援助機関、国家、非政府援助組織、開発学、建設機械、開発のレトリック、役人、農民、土、作物、水といったさまざまなアクターを巻き込み、さまざまな「ブラックボックス」をぶら下げながら進められる「出来事」の連鎖といえる。そこではミクロなアクター・ネットワークがさまざまに形成され、すでにあったアクター・ネットワークと重複し、相互入れ子状態になりながら、特定の開発というマクロで安定的なアクター・ネットワーク形成が企図されている。

このような開発現象は、もちろん、科学技術研究という「出来事」と、その目的において大きく異なる。一方は「真理」や「普遍的法則」、もしくは技術革新を求める過程で起こる「出来事」であり、他方は「社会・経済発展」をめざすところに展開される「出来事」である。しかし、そのような違いがあるものの、ともに学的言説（科学・技術／開発学・新古典派経済学）とその実践（科学・技術の実験／社会工学の実験）をめぐる「出来事」であり、アクター・ネットワーク理論の開発現象への応用は十分可能といってよい。[7] 実際、このことは、ラトゥールの『科学が作られるとき—人類学的考察』(Latour 1987) を一読するだけで、容易に理解できるはずである。そのため、ここでその詳細を検討することはしないが、開発現象にアクター・ネットワーク理論を応用することの積極的な意味に関して言及しておきたい。

まず第一に、くり返しになるが、アクター・ネットワーク理論を応用することで、開発現象を特定の局面や要素から見るのではなく、社会と自然、人とモノなどに等しい視線を向けることができ、対称的な民族誌的記述への道が開かれるということである。とくに農漁業や畜産、それに生態環境と密接にかかわる開発では、この視野の広さは重要である。もっとも、現実には、近代主義的な二元論にもとづく記述をこえる可能性と、人や狐が登場する「イソップ童話」と変わらない記述に終わる可能性とが存在する。しかし、その危険を冒しても領域横断的な開発現象の記述を試みる価値は十分にあると思われる。

第二には、第一の点と密接に関わっていることであるが、アクター・ネットワーク理論は関係主義的であり、そのため開発現象に関して本質主義的な説明や解釈を必要としないという点である。例えば、開発に関わる農民を、「経済人」や「道徳人」として前もって設定する必要がないということである。先程も述べたように、アクター・ネットワークの中で個々のアクターの性格が決まるのであり、同じ個人もアクター・ネットワークの違いで、「経済人」から「道徳人」までの振り幅をとりうるのである。この点を、カロン（Callon 1998）は、フランスのあるイチゴ市場改革の研究を示しながら論じている。それによると、旧来の「慣習的な」市場を改革するために、経済学を学んだ場長が新しい市場を作り、そこで形成されたアクター・ネットワーク（経済学、場長、商品としてのイチゴを映すテレビシステム、競り人、農民）の中で教科書どおりの市場が形成されたということを紹介している。これは、そのアクター・ネットワークの中で初めて「経済人」が生みだされたのであり、同時に経済学が重要な役割を果たしたことを示している。このように、アクター・ネットワーク形成を追うことが、いかに本質主義的な記述に陥らなくてすむかという点がわかるのである。

このように、アクター・ネットワーク理論は、これまでの社会科学と大きく異なった視野と方法論をもっている。しかし、その特異さゆえに、さまざまな批判が内外から寄せられている。例えば、アクター・ネットワーク理論では人とモノを同等に扱うが、モノに人と同じ「意図性」というものを設定できるのかという批判や、アクター・ネットワーク理論における批判理論の欠如、調査者の位置どりと記述の政治性といった点があげられている（Murdoch 1997）。しかし、アクター・ネットワーク理論が試みようとしている近代主義的な二元論の超越や、人間と人間以外のものとの積極的な関係を明らかにする対称的な社会論はきわめて重要であり（Koch 1995）、開発や発展、暮らしというものを考えてゆく上に積極的な貢献をすると期待できる。

## 六　結語

使い古された隠喩かもしれないが、開発現象というものは、『羅生門』のようなものといえるだろう。そこに出てくる登場人物は、それぞれの立場から見たさまざまな開発について語る。しかし、誰一人として全体を語れないにもかかわらず、それらのバラバラな語りの集まりが一つの「開発」という物語を作っている。果たして、すべては「藪の中」なのであろうか。本章では、このような開発現象を総合的にとらえる枠組みを検討してきた。きわめて冗長ではあったが、いくつかの予備的な検討の後に、アクター・ネットワーク理論を用いた開発現象分析の可能性を検討した。

しかし、ここでは本書のテーマである「地域発展の固有論理」ということについて議論をすることができなかった。ただ、この課題に関連して最後に言及しておきたいのは、アクター・ネットワーク理論が二元論的な概念を極力排し、事象を対称的に見ようとする点である。我々の前に見えるものは開発現象という異種混交のアクターからなるアクター・ネットワークであり、その生成、安定、変容、消滅である。しかし、これを二元論的な見方で把握しようとすると、経済と社会、または経済と生態といった二つの局面に分けてしまい、これらの一方から他方を説明しようとしがちになる。そして、社会に根拠づけられた発展の固有性や、生態に根拠づけられた発展の固有性を主張することになる。しかし、ここでの経済と社会、もしくは経済と生態は、ともにアクター・ネットワーク形成の結果生じた同じものの表と裏である。この意味で、表を裏から説明することは論理的に意味がないということになる。今後、このような点を考慮しながら、対称的な視点をもって「地域発展の固有論理」という問題を考えてゆきたいと思う。なお、カロン（1998）は、アクター・ネットワーク理論にもとづき、多様な市場のありようを理論的に議論しており、この問題を考える上で重要な示唆がなされていることを最後に示しておきたい。

註

（1）本章は、足立（1999）に加筆・訂正をくわえたものである。
（2）「ジャナサヴィヤ」計画に関しては、多くの政府公文書、研究報告書、宣伝パンフレット、新聞記事がある。本章での「ジャナサヴィヤ」計画に関する記述は、これらの資料、および当時の関係者や村民への聞き取り調査にもとづいているが、煩雑さを避けるために、引用の表記をここでは最小限にとどめている。なお、「ジャナサヴィヤ」計画の全体的な把握のためには、Wignaraja and Sirivardana（1998）を参照。
（3）例えば、Janasaviya Commissioner's Department（1989）参照。
（4）基本計画およびその策定過程に関しては、The High Level Committee（1988）参照。
（5）新たに選ばれたチャンドリカ大統領は、「ジャナサヴィヤ・トラスト・ファンド」の活動に対する調査委員会を作り、資金の不明瞭な使い方など、問題点を指摘させ、「ジャナサヴィヤ」計画と「ジャナサヴィヤ・トラスト・ファンド」の終息を決定する根拠付けを行った。

（6）詳細は、Callon (1986, 1998), Latour (1987, 1993, 1996), Law (1992)、平川 (1999)、金森 (1996) などを参照。

（7）これまでのアクター・ネットワーク理論による事例研究で、最も開発現象研究に示唆を与えるものの一つとして、フランスにおける新交通体系の開発と失敗の分析 (Latour 1996) をあげることができる。

## 引用文献


足立　明（1996）「開発―語りと実践」『総合的地域研究』第15号、五二―五四頁。

――――（1999）「開発政策と農民―シンハラ社会の事例から」（文部省科学研究費・特定領域研究「南アジア世界の構造変動とネットワーク」総括班編）『報告集：南アジアの構造変動：ミクロの視点から』、三三―四八頁。

Callon, M. (1986) "The Sociology of an Actor-Network: The Case of the Electric Vehicle" In (Callon, M. et al. Eds.) *Mapping the Dynamics of Science and Technology, Sociology of Science in the Real World*. The MacMillan Press.

―――― (1999) "Introduction: the embeddedness of economic markets in economics" In (M. Callon ed.) *The Laws of the Markets*. Blackwell. pp. 1-57.

Crush, J. (ed.) (1995) *Power of Development*. Routledge.

Escobar, A. (1995) *Encountering Development: The Making and Unmaking of the Third World*. Princeton Univ. Press.

平川秀幸（1999）「科学の文化研究」（岡田猛ら編著）『科学を考える』産業図書、二二二―二三七頁。

金森　修（1996）「科学の人類学――ブルーノ・ラトゥール試論」『現代思想』24（6）、二八八―三〇七頁。

Janasaviya Commissioner's Department (1989) Jana Saviya Programme : Implementation Guidelines No. 1. The Government of Sri Lanka

Kendall, G. and G. Wickham (1999) *Using Foucault's Methods*. Sage.

Koch R. (1995) "The case of Latour" *Configurations* 3: 319-347.

Latour, B. (1987) *Science in Action*. Harvard Univ. Press. （川崎勝・高田紀代志訳（1999）『科学が作られているとき』産業図書）。

―――― (1993) *We Have Never Been Modern*. Harvard Univ. Press.

―――― (1996) *Aramis, or, The love of technology*. Harvard University Press.

Law, John (1992) "Notes on the Theory of the Actor-Network", *Systems Practice* 5(4) : 379-393.

Marcus, G. (1995) "Ethnography in / of the World System : The Emergence of Multi-sited Ethnography", *Annual Review of Anthropology* 24: 95-117.

Murdoch, J. (1997) "Inhuman / nonhuman / human: actor-network theory and the prospects for a nondualistic and symmetrical perspective on nature and society" *Environment and Planning D: Society and Space*. 15: 731-756.

Ratnayake, R. M. K. (1998) "Poverty in Sri Lanka : Incidence and Poverty Reduction Strategies", in A. D. V. de Silva (ed.) *Fifty Years of Sri Lanka's*

*Independence : A Socio-Economic Review*. Sri Lanka Institute of Social and Economic Studies, pp. 577–591.
Sathananthan, S. (1991) "Rural Development Policy in Sri Lanka, 1935 to 1989". *Journal of Contemporary Asia* 21(4) : 433–454.
Shore, C. and S. Wright (1997) "Policy : A new field of anthropology". C. Shore and S. Wright (eds.) *Anthropology of Policy*. Routledge, pp. 3–39.
The High Level Committee (1988) *Report by the High Level Committee of officials on Poverty Alleviation through People-Based Development : Final report on an Action Programme*. (Sessional Paper No. XII-1988). The Government of Sri Lanka.
冨山一郎(1999)「開発言説についてのノート」(足立明編著)『開発言説と農民開発—スリランカ、インドネシア、タイの事例研究』(平成八年〜平成一〇年度文部省科学研究補助金(国際学術研究)研究報告書)、六—一四頁。
内山田康(1998)「文化と開発」(高橋一生編)『国際開発の課題』国際開発高等教育機構、一〇四—一一五頁。
Wignaraja, P. and S. Sirivardana (eds.) (1998) *Readings on Pro-Poor Planning Through Social Mobilisation in South Asia* (Vol. 1). Vikas.

第4章

# 農業・農村発展のアジア的パラダイム

海田能宏

本章では、農業・農村の発展のアジア的パラダイムを提案してみたい。風土の所産たる農業と、農業人の生業と生活の場である農村は、当然ながら地域固有の発展のかたちをもっている。農産物は商品である前に風土が生んだ物産であるから、このことは自明である。二〇世紀の理論的な近代化論と発展論は、しかしながら、農業を含めて地域経済の発展に固有性などありはしないという。私から見ると、一般的な経済発展理論を適用した農業・農村発展の行く手に見えるのは〝破綻〟以外のなにものでもない。とりわけアジアにおいては、アジア的な固有の発展パラダイムを追求しなくては立ち行かないし、またそれができると、私は考えている。主として私の〝思い〟を書き綴ってみたいので、以下は〝私〟という一人称で書き進めたい。

まず、オーソドックスな近代化論と発展理論を簡単に概観し、発展パラダイムの二〇世紀末における変容を復習した上で本論に入ろう。本論のはじめに、アジアの農業と農村のさまざまな特徴を、それらがどんな〝かたち〟をしているのだろうかという素朴な観点から、社会のかたち、都鄙関係のかたち、農のかたち、技術のかたち、暮しのかたちという五つの切り口でまとめてみたい。その上で、アジアの農業と農村の近未来をどのように描くことができるのかについて、私見を書き綴ってみたい。この〝私見〟のなかには、私がここ三〇年近くアジアの農村に入って、上の五つの切り口から観察したり感じたり、あるいは働きかけてみたりした経験のエッセンスを盛り込めたらと思う。そのキーワードは、風土の工学、エコテクノロジー、在地のコミュニティを活かしたコミュニティ開発、デサコタ論などである。最後に、アジアの農業と農村の発展のかたちを、これまでアジアが育んできた循環の思想とデサコタを生かすかたちで構想できないかという、提案をする。

## 一 （農村）開発論

第二次世界大戦以前まで、西欧社会が信じていた世界の枠組は、進歩し発展する西欧と、それとは異質の停滞的な非西欧（植民地）から成り立つというものであったろう。戦後は、旧植民地が次々に独立し、東西冷戦構造が定着するなかで、こうした世界の見方は少し変化してきた。つまり、この世界は、発展を遂げた先進国群と、発展が遅れた後進国群（第三世界）の二つからなるというものであった。先進国と後進国は全く異質なのではなく、程度は異なるが同じ〝進歩〟というレールにのった連続する世界だと考えられるようになってきた。このような流れのなかで、三つの異なる開発思想が生まれてきた。近代化論、従属論、リベラルな開発論の三つである。まずこの三者を、足立（1995）にしたがってまとめておこう。

## 1　近代化論

近代化論は西欧社会の歴史的な変容を理想的なモデルとしたもので、第三世界の伝統的で前近代的な社会を近代化（西欧化）することによって経済成長が達成されるという考え方をとる。代表的な論者であるロストウの『経済発展の諸段階』（1961）によると、どのような国であろうと、次の五つの段階を経て経済発展を達成できるという。

まず出発点は伝統社会である。この段階ではさまざまな技術的拘束によって生産の拡大に限界があるから、これらの拘束条件を克服するため科学的思考やビジネス感覚を導入し、さらに生産のための基礎的な下部構造に投資することが必要となる。そのため、外部からの関与によって伝統社会にショックを与えて、このような変化を導入し、発展への条件を整える必要がある。この時期が第二の段階、すなわち〝離陸（テイクオフ）のための先行条件期〟である。そして、この段階を経ると、第三段階の〝離陸〟に至ることができる。離陸のためにはいくつかの条件がある。それらは、生産への投資が国民所得の五―一〇パーセント以上に達すること、製造部門の成長、経済成長を助ける政治的・社会的・制度的枠組の成立などである。このような条件を満たした後、〝離陸から成熟への移行期〟という第四段階を迎え、その後最後の段階である〝高度消費社会〟に至るのである。

今となればいささかナイーブすぎるほどの単線的、一系的進化論であるが、このような明確なイメージをもった近代化論は欧米の開発経済学者のみならず、開発関連分野の専門家のなかにも広い支持層をもち、発展途上国の政策選択にも強い影響力をもった。

## 2　従属論

従属論は一九五〇年代から六〇年代、近代化論と並行する時期にラテンアメリカを中心として登場してきた。従属論は、貧困や低開発の原因は先進国の収奪の結果であると考える。近代化論が一国における近代化達成のレベルで発展や貧困を議論し、国が貧しいのはその国自体に原因があるというのとは、まったく逆である。フランクによれば、中南米の低開発は、近代化論者のいう封建遺制や資本の不足によって生じたものではなく、いわゆる周辺国が一六世紀以来の世界資本主義システムのなかで中心国による搾取・収奪の対象となった結果であり、中心国が発展すればするほど周辺国は低開発化されてきたという。従属論は第三世界の貧困について一つの明快な説明を与えはしたが、低開発の克服のための戦略はおろか処方箋も書けないという弱点をもっていた。

## 3　リベラルな開発論の登場

近代化理論に沿って第三世界の多くの国々が近代化政策を進めてきたが、当初は予想もしなかったようなさまざまな問題が立ち現れてきた。代表的なものが、消費主義の浸透に伴う貧富の差の拡大、環境破壊などである。そこで、近代化論の問題点を克服しようとリベラルな開発論が登場してきた。

一九七〇年代以降、国連や国際援助機関を中心に、開発政策は最貧層を対象にして基本的ニーズ（Basic Human Needs）を確保する方向をとるべきだとの認識が高まってきた。ここでは、栄養や住居、医療、保健施設、雇用といった、最低限のニーズが強調され、それらの確保が開発の主要課題として設定されるようになってきた。また、一九八〇年代には、先進国からの押しつけではない、第三世界の人びと独自の基本的ニーズの確保が主張され、それには宗教的・文化的ニーズも含まれるようになってきた。

さらに国家的な一様の開発プロジェクトに批判的な知識人や農民は、草の根レベルの開発実験を行い、いわゆるオルターナティヴな発展を模索しはじめた。彼らの用いたキーワードは、ニーズ中心、地域の自立、内発的発展、自力更生、環境問題などであった。

## 4 『成長の限界』と〝Small is beautiful〟パラダイムの開発論

それまで開発論において、資源、エネルギーや地球の環境容量などに一抹の不安と限界を感じつつも、少なくとも理論的には、これらは無限に与えられるという暗黙の了解があった。これに対してデータをつきつけてノーといったのがローマクラブの『成長の限界』(1972) であった。ここから、〝宇宙船地球号〟というパラダイムが生まれた。さらに追い討ちをかけたのが、第一次石油危機 (1973) であり、またシューマッハーの〝小さいことこそ美しい (Small is beautiful)〟(1973) という美しい響きをもったパラダイムであった (本山 1995)。これらによって発展・進歩・開発のパラダイムは転換せざるを得ないことになる。

真っ先に反応したのが環境保護論者であった。これを契機に公害問題は、地球の環境容量を視野に入れた地球環境問題に発展していった。地球環境問題は、国連機関などを首導者として、地球温暖化、地球規模の大気汚染、海洋汚染などに関する調査研究が進められ、汚染物質排出規準の制定、汚染責任と費用分担などの枠組が決められていった。これらは一九九二年にブラジルで開催された地球環境サミットに集約された。しかし、先進国と発展途上国は、開発と環境保全の兼ねあい、それに環境保全のための自己規制と責任分担をめぐって鋭く対立した。いずれの問題も未だ合意に達しているわけではないが、前者については〝持続可能な発展(Sustainable development)〟というパラダイムが出てき、後者に関しては〝共同の、しかも程度の異なる責任〟という責任分担論が定着しつつある。

Sustainable development パラダイムは、開発と環境のせめぎあいのなかでどこか妥協点を見出そうとする、国連諸機関の開発管理専門家たちを中心にして考えだされたパラダイムである。開発と環境をめぐる、政治的・行政的な妥協の産物である。このような妥協をよしとしない考え方のなかには、例えば、より生態寄りで環境との調和的な開発を目指すエコ・デベロップメント(ecodevelopment)の哲学があり、また、より徹底して生態論理を反映させるべきだと主張する〝生態論理派〟の論調(古川 1996)がある。

発展の指標を経済的な指標、例えば国民所得などだけでなく、もっと総合的な社会の福祉厚生の指標で表わそうとする研究も盛んになってきた(中村 1996)。例えば、就学率、識字率、平均寿命、乳児死亡率、これらと経済指標を統合した社会開発指数などが提案されてきた。理論的にも、統計的にもまだまだ経済指数に見合うだけの評価方法は完成していないが、このような発想が社会に浸透してゆくにつれ、開発に関わるパラダイム自体が変ってくるであろうことは確かである。

上の中村尚司の議論の奥には、アマルティア・センが喝破したように、「低開発とは、多くの庶民が社会的・経済的・技術的・文化的に開発にアクセスできない状態に置かれていること」という問題意識がある。

## 二　アジア農業・農村のいろいろな特徴

### 1　社会のかたち

アジアはムラ居住、非アジアはマチ居住という非常にはっきりした傾向が認められる。アジアでも、都市化現象が進み、そればかりが注目を集めているが、実際には現時点で四人に三人はムラ住みである。一方、欧米、日本をはじめ、先進工業国は八割以上がマチ住みで、これは理解できるのであるが、同じ比率が東欧とラテンアメリカにも認められるのは興味深いところである。マチ住み人口がブラジル七五パーセント、アルゼンチン八六パーセント、チリ八四パーセント、ベネズエラ九一パーセントである。農業国だとばっかり思っていたこれらのラテンアメリカの大国は、人口分布の点からは工業国並みである。

この理由ははっきりしている。一つは農業のかたちが違い、二つ目は、それがもたらす農村社会のかたちの違いによるものである。稲作という、アジア独特の農業のかたちがもつ人口扶養力は、グールーの指摘を待つまでもなく、圧倒的に大きい。稲作がなぜアジア独特のものかについては、すでに定説ができあがっている（例えば福井1987）。それは第一に沖積土の広がり、第二にモンスーンという、二つの基本要因がアジアに偏在しているからである。沖積土をもつ土地は地球の陸地の七パーセントを占めるにすぎないが、その約七割が熱帯アジアに分布している。地球にはいくつものワレ目があるが、そのうち最も壮大なワレ目は地球をほとんど一周しており、アルプスに始まり、ヒマラヤ南部からスマトラ、ジャワ、フィリピン諸島、日本、ロッキー、アンデスへと連なる環太平洋火山帯にほぼ一致する。ヒマラヤ南部から雲貴高原、東南アジア山地から南中国にかけては亜熱帯ないし熱帯モンスーン地帯にあり、雨季の豪雨が山腹を洗い流し、深い谷を埋め、山間盆地をつくり、あるいは幅広い河谷平野を形づくり、大河の河口には巨大なデルタを形成する。これが、沖積地が熱帯モンスーン地帯に集中している理由である。時に過剰な水に悩まされる沖積地域に完全に適応できる作物は、唯一イネ(水稲)である。

水田は、労働を営々と土地に刻み込んで熟田化してはじめて安定的な生産ができるものだから、個人や小さな集団が土地を拓き村をつくり、細々と農を営むという、自作小農の世界をかたちづくってゆく。後で触れるように、水田稲作農業は原則として自給生存農業である。彼らが作る稲作社会は、それなりに独特で、例えばタイやインドネシアやバングラデシュの農村の稲作農村は次のような特徴をもっている。

(a) 開拓の草分け家系がリーダー層を形成。
(b) 核家族中心ではあるが、拡大家族圏があり、そのなかでは相互扶助的。
(c) 階層的ではあるが、家族周期やその他の理由によって極めて流動的。
(d) 強いリーダーシップはないが、合議制長老支配があり、ムラ自治がある。
(e) 対人関係は二者間関係的で、バラバラではあるが、我がムラ意識による連帯はある。

このようなまとめかたをするのはやや幼稚との謗りを受けかねないが、いわんとするところは、社会学者と大差はあるまい。

## 2　都鄙関係のかたち——Rural-Urban Continuum

アジアにおいても、脱農化、都市化はとどめることができない強い流れである。しかし、都市化の質は、ラテンアメリカとは違う。やや奇矯な喩えではあるが、営農のなかに省力化機械が入ると農業従事者がクビになるのがラテンアメリカであり、生業としての農業を続けながら出稼ぎに出るのがアジアだといっていい。

先ほど挙げた、都市化が極端に進んだ国々、ブラジル、アルゼンチンおよびチリは、アンデス山地の諸国といささか違い、かつて征服者が農場を開き、現地民ないしはメスチゾを雇用労働者として雇った。農場主が選択する作目は商品作物であり、関心事は利潤、合理化、競争である。機械化して営農を合理化すると、余剰になった労働力は当然切られよう。農夫たちにも家族があり、家族圏があり、社会があるのには変わりないが、農夫個人と農場主との関係の方が圧倒的に強く、農夫はクビを切られるとその日からムラとの縁を切られてしまう。こうして、都市のプル要因がなくとも、農業の合理化が進むと農業セクターが人々を押し出し、都市が膨張してゆく。二〇二〇年にはブラジルの人口は二億二〇〇〇万になるということだが、二億一九〇〇万人は都市人口になろうとの、悪い冗談のような予測すらある。

アジアでも都市化は急速に進んでいる。浮き草階層が都市雑業層を形成し、スラムの住人になって行くのだという言説が流布されているが、これは根拠のない俗説であろう。彼ら浮き草と呼ばれる人たちは、根をちゃんとムラの家族圏、知人圏のなかに生かしている。では、それほど都市セクターのプル要因が強いかといわれると、やはり困ってしまう。バングラデシュの例でいうと、プルといっても食堂のボーイ、商店の下働き、レンガ職人、臨時建設労働、ボートによる運搬業、数からいうと最も多いリキシャ引きなどであるから、まったくの雑業層としかいいようはない。しかし、最も大事なことは、彼らのわずかな収入がムラに残した家族・家族圏の者を養い、稲作の集約化のために肥料を買い農薬を買いポンプ灌漑の前払い金をまかなっている。このようにして、マチへ出ていった者はムラとつながっている(海田・ケシャヴ 1990)。

アジアにおける都市化現象は、ラテンアメリカと違い、マチとムラを裁然と断ち切るのではなくて、urban-rural continuum を形成しているのである。日本とて例外ではなく、アジアではどこでも、都市が田園を蚕食しつつ、ごちゃごちゃした郊外景観がスプロールし麗しい田園景観を台なしにしている。これも urban-rural continuum の一局面ではあるが、もっと大事な、生き延びるストラテジーとしての continuum を見逃してはいけない。それは、ムラに零細機織り業の仕事場が入り、レンガ工場ができ、市場が新設されて就業機会を提供し、村人たちは近在の小さなマチの商店や工場や建設現場で職を得、あるいは都市近郊のガーメント工場に雇われ、少し学歴のある者は商店や事務所に雇用される、そういう経済的な continuum がある。こういう環境下で、より多くの小学校卒業生がマチの中学校へ通学したり都市の専門学校へ進学したりしはじめている。そして、都鄙間の垣根が、物理的、経済的、心理的に低くなってゆきつつある。物理的景観としては、ヨーロッパの都市と田園が計画的に裁然と区分された美観に比べようもないが、アジア的 continuum のカオスこそがアジアの過剰な農村人口の生存基盤なのである。ただ、地方都市が発達せず、大都市、主として首位都市にすべてが集中すること、あまりの無計画性のゆえにあまりにも猥雑で不潔な景観を生み出すという、マイナス要因が目立つことは確かだ。

## 3　農のかたち

### 小農的稲作

前節で、アジアは自給自足的小農の世界だと述べ、また稲作の世界だとも述べた。コメの自給や輸出入が話題になるが、生産されるコメのどのぐらいが国境を越えて取り引きされるか、その貿易量を見ると、四パーセントを越えない。メイズが一四パーセント、コムギが一九パーセント、ダイズは二九パーセントであるから、この差は歴然としている（辻井 1993）。国内でどの程度のコメが取り引きされるかは、すぐに引用できる統計はないが、都市人口比率より少し低いと仮定すれば、三〇パーセントを越えることはまずないと思われる。このような世界では、コメの収量は双曲線法則に乗ってくる。すなわち、単位面積当たりの収量とその土地にかかる人口圧（実際はその逆数）の積は一定値をとる、という理屈である。ある双曲線の上で、家族員数が増えるとより精を出して生産をあげる、そして、たまに緑の革命のような技術革新があると双曲線自体が上にシフトして、新たな集約化の過程が進む、という単純な図式を描くことが可能だ。これは一種のインヴォリューションではあるが、アジアの実際の稲作現場を見た感じでいうと、未だ限界生産性レベルにまでは達していないようだ。

### Farming System

小農の世界では、この必要に迫られての営農努力がコメの生産のみならず、家族で経営するファーム全体における最適化経営に結びつくようだ。三つの例を示そう。

(A)　図1は、タイ・チャオプラヤデルタの「コメ・魚・家禽・果樹複合」経営である。かつては雨季一作だけの輸出米を生産していた、樹木の一本もない殺風景なデルタ下流部で出現した輪中型多角経営の例である。一エーカーほどの土地を輪中で囲み掘り上げて幅広の高い畝を作り、バナナやパパイアを植えて土地を慣らし、バナナの間にマンゴやマンゴスティンやココヤシを植えて、一〇年も待てば緑濃い果樹園に成長する。畝間には魚を飼い、背後の圃場の大部分を占める水田の低みの湿地はあまり手をかけることなく、網や柵で囲えばアヒル池にできよう。こうして近郊的な多角的土地利用を発達させてきた(海田1987)。

(B)　図2は北インド・ヒンドスタン平原の複雑な周年作付パターンである。これは、凝り性の人が作ったミニアチュアガーデンなどといわれたりする。周年ほとんど土地を空けることなく使うが、一作ごとの栽培管理はかなり粗放で肥料などもあまり与えない。作物のローテンションをうまく組み合わせると地力を維持できるという発想の上に成り立っている作付体系だからだ(上田・海田1994)。

(C)　表1は、バングラデシュで、これからの望ましい地力維持型作付体系として推奨されようとしている作付パターンである(安藤和雄氏による)。ほんの少しのポンプ灌漑施設が整えば、このような複雑な作付パターンは可能だ。実際、このパターンは、ベンガルデルタの氾濫原の砂っぽい土地で伝統的に行われていた体系を踏襲したものにすぎない。四月、雨季の雨を待ってアウスという雨季前作種を蒔き、七月に刈り取り、すぐにアマンという深水稲を移植、一一月に収穫するやすぐにレンズマメを蒔き、それによって培養された地力を頼りに四月にはジュートを蒔く。ジュートに続く次のサイクルは、深水稲、続いてボロという乾季稲を入れることもできるし、水が足りないときにはコムギにしてもいいし、あるいはナタネを入れて手っ取り早く

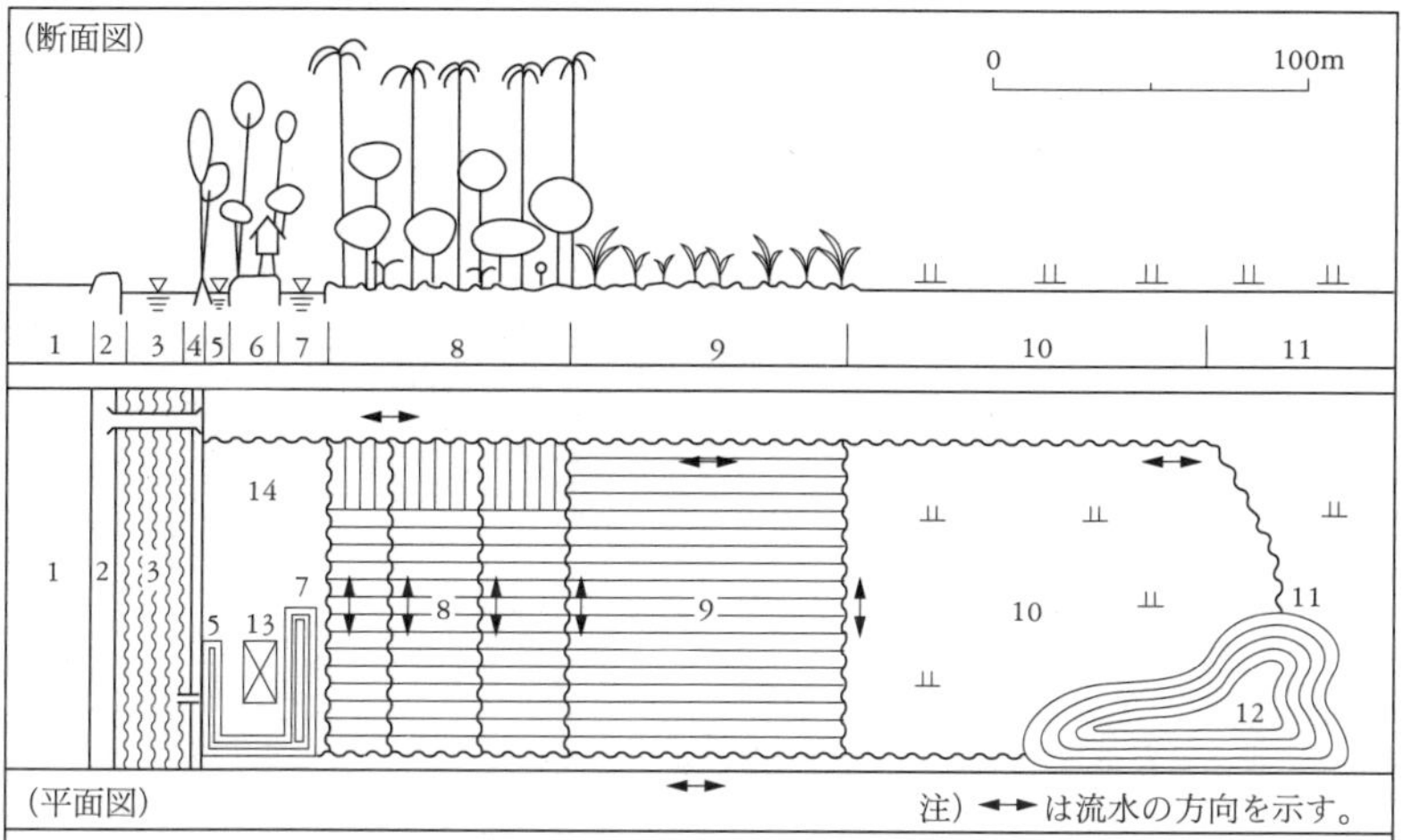


1　水田.
2　幅 3 メートル程度の土道.
3　運河，幅 20 メートル，深さ 1.5 メートル.
4　小径.
5　前庭の堀池，アヒルなどを飼う.
6　果樹に囲まれた屋敷地.
7　家事用水などを得るための池，屋敷地をとり囲むように掘られている．魚を飼う.
8　高畝仕立てをして，ココヤシ，マンゴーなどの果樹園にしている，低層にツル植物など，高畝幅は 3 メートル，高さは水面上 1 メートル，畝間深さ全 1.5 メートル程度.
9　同じく高畝仕立てのバナナ園，ミカンの苗木も植えられている．将来は果樹園にする予定.
10　幅 2 メートルほどの用排水路をもつ水田，乾季稲を栽培.
11　用水路の不完全な水田，しかしポンプ揚水により乾季稲も栽培できる.
12　沼地，魚がとれる，アヒルを飼うこともできる.
13　高床の家屋，階下は牛舎および倉庫.
14　前庭，周りに高い木々.

図 1　チャオプラヤデルタの「コメ・魚・家禽・果樹複合」土地利用（海田 1987）

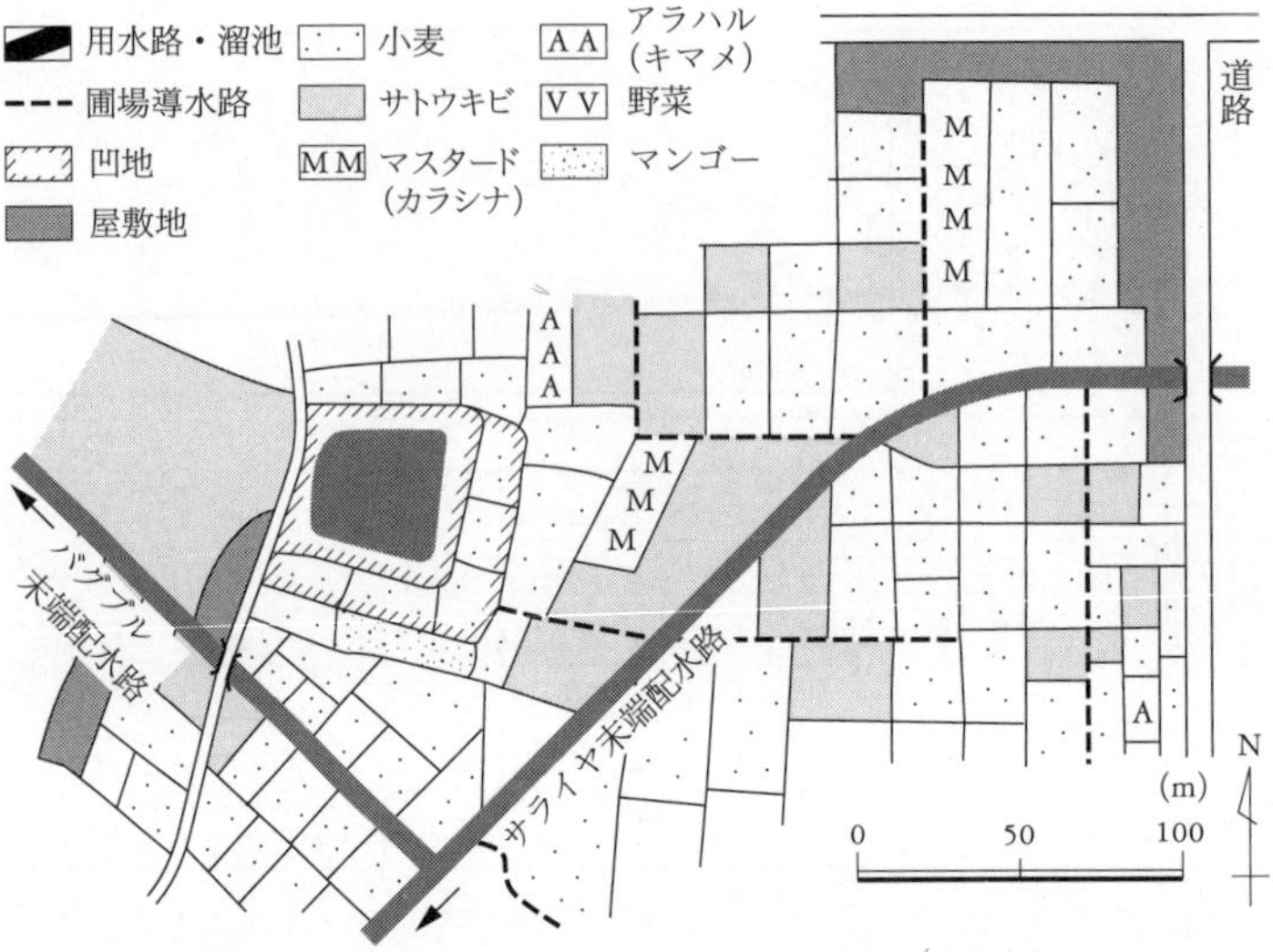


図2　北インド・ヒンドスタン平野の灌漑地の複雑な作付様式

現金収入を得ることもできる。マメをいれると地力培養ができ、その茎葉と稲藁を飼料に牛を飼い、ミルクを自給したり余分を現金に換えることもできる。一作一作は驚くほど粗放に見え、もうちょっと手を入れ肥料を入れ農薬を撒いて単収をあげられないものかと思ったりするが、人手だけあっても現金がない小農にとってはこれが最適ファーミング・システムなのである。このシステムは、イネにおける「緑の革命」の導入に伴って一時消えてしまった。単収が低くお金にならぬというわけであった。しかし、今、これを見直す動きが出てきた。どの農家もイネ―イネ―イネと単純な作付体系を選び、コメを売って生活費を稼ぐ現金経済に巻き込まれたのはいいが、灌漑にコストがかかり、少し米価が下がると割に合わなくなるし、やはり自給自足は大事だし、それに単純な作付パターンの連作による土の疲れが目に見えはじめたからだ。

上に挙げた三例の土地利用について、水管理ができる条件が整えられている、ということが基本的な条件になっている。デルタの輪中はキャナルが掘られ必要なときにはいつでもポンプで水を入れたり排水したりでき、また大きな洪水は回避されている、という条件が必要である。ヒンドスタン平原の緻密な作付パターンは、水路灌漑地域に特有のものであるし、バングラデシュの例は簡単なポンプ灌漑を前提にしている。水利が整えられると作付体系が進化し、作付体系が変わると水利がまたそれを追いかけるように改善されてゆく、という一種の追いかけっこサイクルがある。

表1　複雑な作付様式の試み（バングラデシュ）

| 年 | 乾季後半から雨季前半 | 雨季後半から乾季 | 乾　季 |
|---|---|---|---|
| 1年目 | 高収量ボロイネ | アマンイネ | ナタネ |
| 2年目 | 高収量ボロイネ | コムギ/雑マメ類 | |
| 3年目 | 高収量アウス/アマンイネ | | ケシャリマメ |
| 4年目 | 高収量ボロイネ | アマンイネ | ナタネ |

次に述べる技術の問題と関連するので、ここでヒンドスタン平原の灌漑について少し補足しておきたい。凝り性の人が作った箱庭のような土地利用は、ネパールとの国境付近で大河川を堰分けて延々数百キロも導水する大水路灌漑地域に特有のものである。この用水路網は図3Aのようであるが、末端に至ると同図Bのように、パーっと広げた手の平の骨が用水路、指の肉が水路灌漑掛かり地域で、指と指の間の広い空間にはうまく地表水が行き渡らないのがふつうである。大水路灌漑というのは、どんなに厳密に管理したとしても、まずこの程度の効率しか得られないものだ。インドの水利官僚がこれ以上の緻密な水管理をするとは思えない。しかし、この「灌漑受益地域の外」に位置する指と指の間の土地にも、灌漑地域とまったく同じ、例の緻密な土地利用が展開している。この秘密は、農民たちが勝手に掘った浅井戸だ。大水路システムから無尽蔵に漏れ出してくる地下水をこうやってくみ上げて、必要なときに必要な量だけ揚水する。大水路灌漑システムは一九世紀中葉以来、植民地政府によって建設されたものであるから、私はこれをforeign impactといい、これに対して農民の賢い対

(A)

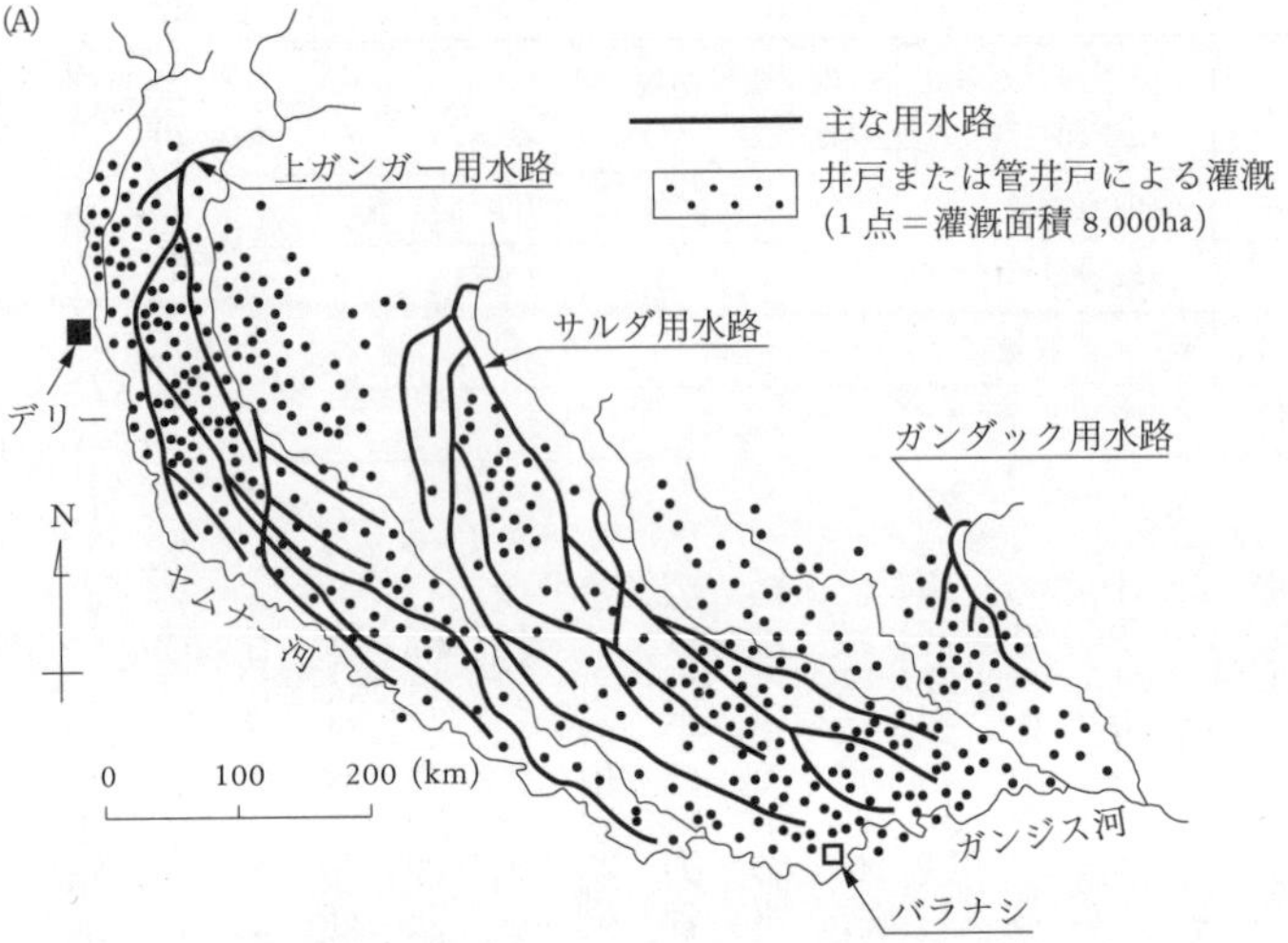


出所）Irrigation Atlas of India, インド政府教育省，1972.
注）1971 年以降の新造用水路を加筆，管井戸灌漑は 1971 年時点.

(B)

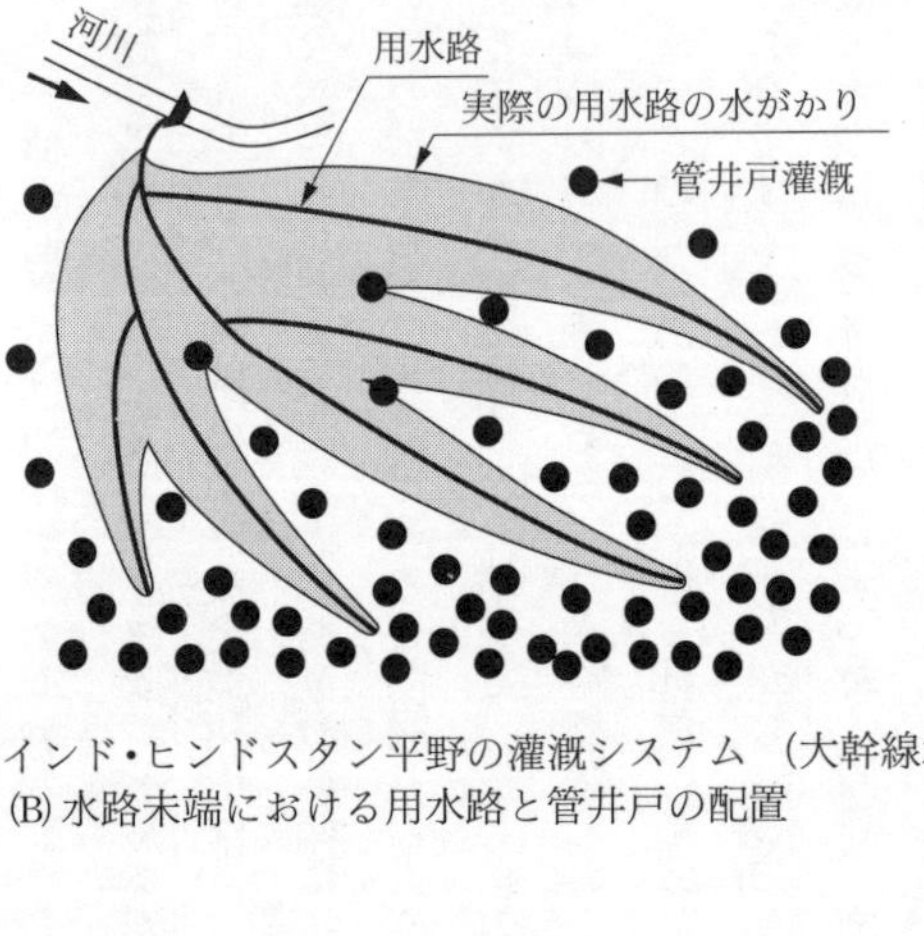


図 3 (A) 北インド・ヒンドスタン平野の灌漑システム（大幹線水路と管井戸），(B) 水路末端における用水路と管井戸の配置

応を domestic response といったりしている（上田・海田 1994）。

アジアでは Farming Systems Research が盛んである。これは、与えられた環境と、持ちうるあるいは使いうる技術とのからみで、農民がいろんな試みを展開し、それぞれの土地特有の作付体系やそれに魚、家禽、家畜を組み合わせたファーミング・システムを作りあげており、研究者がそれを後追いしているからである。

## 4　技術のかたち

### 農学的適応（環境適応型技術）

東南アジアの稲作を農学的適応のかたち、日本のそれを工学的適応のかたちとみる「言説」は、ここ二〇年来言い古されているので、ここでは触れない。田中耕司（1988）にならって、農学的適応のかたちを立地適応型技術、工学的適応のかたちを立地形成型技術と言い換えると、概念が少しはっきりしてくる。これらは、しかし相反的であるというよりは、実際は相補的であるはずで、立地形成型技術を施して例えば水利条件を整えると、作付体系などが一回り進化し、それがまた水利条件の改善を求めはじめるという意味で、両者がスパイラルを描きながら進化すると考えた方が生産的である。しかし、アジアの稲作体系を一言でいえといわれれば、私は躊躇なく、それは環境適応あるいは立地適応のかたちであるといいたい。

もはや三昔も前のことになるが、アジアのコメにおける「緑の革命」の入り方をここで復習しておきたい。「緑の革命」が、Seed-Fertilizer-Irrigation Technology としてパッケージとして入って成功したフィリピンの大農経営やインドネシアのビマス計画ももちろんあるが、全体としては「緑の革命」技術は何とも中途半端なかたちでしか入らなかったのではないだろうか。ＩＲＲＩ（国際イネ研究所）のコメは味が悪いといってＲＤ（Rice Department）というタイ独自の改良品種しか入れなかったタイ、藁（ワラ）も大事だとパジャムのような草丈の高い品種を入れたバングラデシュ、いずこも理想とはかけ離れて少量の肥料しか与えないし、フィリピンの小農の田のように雑草も生え放題、高収量を求めるのではなく新しいイネの非感光性を重視して短期の一種のつなぎ作物として入れる、というかたちの普及もごく一般的であった。それを見て、ＩＲＲＩはMultiple Cropping Departmentを創設して対処しようとしたりもした。しかし、関係国の政府機関は挙げて灌漑投資に邁進したので、ここ四半世紀ほどの間に水利条件は大いに改善され、「緑の革命」も入るべきところには入り、技術もすっかり定着し、そして今や、その上に立った新しいファーミング・システムが模索されている、というように総括できるのではないだろうか。

### 進歩観の変容

二〇世紀は、本当にすごい世紀だった。二〇世紀の三大イシュウを挙げよといわれると、私は、人口爆発、イデオロギーの対立と、それに技術の強大化の三つを選びたい。そして、この三つが三つとも終焉を迎えようとしている。都市化が進むと人口増加は止まるという単純な定式により、人口増加の限界が見えかけてきた。資本主義イデオロギーが一人勝ちし、これでもう「歴史は終わり」という不遜な議論も交わされたりした。私が関心をもつ水利工学の分野では、ついに「ダムはムダ」（The Dammed）というパラダイムが出てきた（Pearce 1992）。アメリカはアメリカ国内でもまたＯＤＡがらみでも今後はもうダムはつくらない、と開拓局の某高官が明言するまでに至った（堀1996）。

今、確かに技術の「かたち」が変わりかけているように見える。そのきっかけは、ローマクラブが『成長の限界』

(1972)によって人類に与えようとした警告とシューマッハーの〝Small is beautiful〟パラダイム(1973)であったことは、衆目の一致するところかと思う。『成長の限界』が説いた資源の有限性と環境汚染の限界が、今や、多くの人々の目に見えるようになった。私たちの文明がこの調子で驀進を続けると、人類は、食糧不足によるよりも早く、「環境毒」がある時に一気に顕在化するカタストロフィーによって大打撃を受ける可能性がある、と考える人たちも着実に増えてきた。加えて、先ほど述べたように、人口増加の限界がある程度見えてきたということがある。これらによって、人類は、文明のかたちを変えても生きのびられる、むしろ技術のあり方を変えることによってこそ未来を築くことができる、と考えるに至った、と私は考えるのである。それが〝sustainable development(持続可能な発展)〟パラダイムであり、農業の分野では有機農業やＬＩＳＡ(Least Input Sustainable Agriculture)に代表される新たな技術体系である。

## 風土の工学

このような場面で発揮される農民技術はアジアではとりわけ豊富である。試みにsustainabilityとかeco-technologyとかＩＫ(indigenous knowledge)などをキーワードにしてインターネットを覗いてみてほしい。そこでは、アメリカとヨーロッパを中心にして世界中を情報が飛び交い、大きな情報ネットワークが形成されつつある。ＩＫとしてもてはやされたりしている技術はそのほとんどはアジアやアフリカやラテンアメリカ起源だ。eco-technologyとして再認識されつつある技術の体系もそのルーツのほとんどはアジア・アフリカの小農が育て守ってきたものだ。これらのパラダイムは、残念ながら、今は欧米的な言説となって流布されているけれども、その根元を支える技術は、アジア・アフリカの人々が日常の暮らしのなかでまた農耕のなかで育み守ってきた在地の技術である。

先に挙げたヒンドスタン平原の浅井戸灌漑の事例にもどってみたい。一面から見ると、あれは長大水路灌漑の管理システムの失敗で、それだからこそ農民の水管理組織を育て厳密な灌漑管理を遂行しなければと、エンジニアは灌漑管理組合づくりに精を出したりしたようだ。しかし、一〇〇年かかってもできなかった組織が一朝一夕にできるはずもなく、このような試みは常に無駄に終わる運命にある。私にいわせると、エンジニアは浅井戸の方にこそ注目すべきで、どうせあのようになるのであれば、それをよく観察してはじめからそのように計画すればいい。それを私は「風土の工学」の最も典型的な例だと議論したことがある（海田 1994・Kaida 1996）。

私は、適正技術（appropriate technology）や中間技術（intermediate technology）という言葉をあまり好まない。分相応の、易しい、低コストの技術というニュアンスがあるような気がするからだ。代わりに「在地の技術」という言葉を、そのなかに幾世代も継承されてきた、環境に適応した、確かな技術であるという含意があるものとして、私は使っている。在地の技術は、ただ集め守るだけでは、懐古趣味といわれよう。集め守り、そして体系化し、システムとして工学の域に達するよう磨きをかけなければ、使いものにはならないだろう。さらに、技術、とくに計画・設計技法というものは、専門学校や大学の教育現場に採り入れられて学生の「常識」にまで徹底させないと、深まり広がることもなかろう。

## 5　暮らしのかたち――吾唯知足の暮らしがある

「誰しも車は欲しい」のは、本当だろうか。もしこれが真実の命題であれば、どんどん車を作り売りまくり乗りまくるがいい。バンコクを見よ、テヘランを見よ、メキシコシティを見よ、この潮流はもう押しとどめられないというかもしれない。しかし、これは、都市交通システムづくりにおける無策によりもたらされた必要悪、庶民にとっての最大の消費項目、大渋滞という最大の無駄である。人類には、資源の枯渇と環境汚染によって早晩破滅する以外の途は残されていないだろうに。

モータリゼーションというが、首位都市を一歩出るとモータリゼーションはうそのように消えるではないか。「誰しも車は欲しい」というコマーシャル・コピーが真実ではないという了解があれば、モータリゼーションを押しとどめるのは、簡単だ。ガソリン税を五〇〇パーセントぐらいにすれば、翌朝から車は消えることだろう。

日本は欧米に追いついて豊かな暮らしを獲得した。したがって、東アジアのＮＩＥＳが日本を追い、それをＡＳＥＡＮ諸国が追い、他の発展途上国もそれにならえと、つい一九九七年七月までは、アジア中の人々がそういう幻想を抱いて頑張ってきていたように見受けられる。しかし、果たしてそうだろうか。アジアの足元にはまったく違う豊かさのパラダイムが復活し育ってきているではないか。スリランカのサルボダヤ運動である。

## サルボダヤ運動

サルボダヤ運動は、サルボダヤ＝全人格の覚醒、とシュラマダナ＝協同の精神にもとづく奉仕活動、という仏教の教えとガンディー思想に立脚した、農村開発運動である。スリランカのコロンボのエリート高校の生物教師アリヤラトネ氏が、ガンディーの思想に啓発されて一九五八年ごろに始めた課外ワークキャンプにその端を発するという。都会の高校生に農村の現状を理解させ奉仕させることから始まったのだが、今や数千の村々に広がり、また欧米や日本にも多くの信奉者を獲得し、世界的な運動へと広がりを見せている。外国人にはその高い精神性がアピールしているようであるが、私が惹かれるのは、むしろその生活改善運動的な側面である。

日常の生活に必須の最小限のもの、例えば清浄な空気、きれいな水、きちんとした食事、普段着二着・通勤通学用二着・寝間着一着・晴着一着の計六着の衣服、大きくもなく小さすぎもしない家屋、最低限の交通手段例えば荷車や自転車などは揃え、薪なども十分に欲しい。次に、テーブルには清潔なテーブルクロスとナプキンを置こう、玄関にはドアマットを、客間には一枚でもいいから写真か絵を掛けよう、庭に咲いた花を切って花瓶に生けよう、厨芥を捨てる容器を用意しようと、アリヤラトネ師の教えは続く。その上は、生活の価値をもっぱら子供との触れ合い、生涯教育、勉学、詩の朗読会、芸能の練習と発表会などに見出そうではないか。生活の改善について話し合い協同で解決するために、母親会、子供会、青年団、農民クラブ、職能集団、村の技術者集団などを結成してゆく。その先に何を求めようというのか。先進国の豊かさに追いつき追い越すのではなく、それを迂回的に越えて、貧しすぎもしないが豊かすぎもしない社会「貧困のない社会 (a non-poverty society)」を目指し、先進国の現在の生活スタイルを問い直す「もう一つの社会 (an alternative society)」を築こうではないかと、師は呼びかける (長峰 1985 ; 海田 1993 ; 田村 1997)。

サルボダヤ運動の評価はまだ定まってはいない。スリランカの約一万六〇〇〇カ村のなかで、約半数の八〇〇〇カ村がサルボダヤ運動の波を一度はかぶったという。サルボダヤ運動の成果とどこまで関連付けることができるかは定かでないにしても、スリランカの国レベルの統計が示す値には興味を引かれるものがいくつかある。世界の一九一カ国のなかで、スリランカは一人あたりのＧＤＰは四八九ドルで一一三位と振るわないし、栄養水準も一三九位と貧しさが際立っているが、平均寿命 (六〇位)、乳児死亡率 (七五位)、識字率 (八三位)、就学率 (五四位)、教育水準 (六五位)、人間開発指標 (九八位) などと、経済指標に比べていわゆる文化指標が高いのが目立つ。この国は、一言でいって、母親が賢い国になっているとはいえないだろうか。

## 三　どのような二一世紀像を描くことができるか

この小論は、少々大上段に構えて「農業・農村発展のアジア的パラダイム」と題した。その心は、世界でどのような技術を用いて農業生産を確保し、環境問題にどのように対処し、かつ農村に住まう人々の暮らしを豊かにする営みの接点をどこに求めたらいいのだろうか、その示唆はアジア的な〝農〟のなかにこそ求められるであろう、ということを言いたいがためである。しかし、アジアの農民たち自身がその方向に向いていてくれないことには話になりもしない。アジアの農にどのような二一世紀像を期待できるか、私の思いをまとめてみたい。

### 1　人口増加は止まるか――この議論の前提

以下に述べるやや〝奇矯〟な議論は、世界の人口増加があるレベルでほぼ落ち着いてくるという前提がなくては成り立たない。年率二パーセントを越える勢いで発展途上国の人口が増えつづけるというシナリオのもとでは、私が主張する「在地の技術」や「風土の工学」や「エコテクノロジー」でもって食糧生産と環境問題のバランスを保とうという議論は、絵空事に近くなってしまうからである。このシナリオのもとでは、全世界を世界経済システムに巻き込み、ハイテクを駆使してさらなる工業化を推し進め、バイオテクノロジーに巨大な投資をして食糧を確保し、都市への集住を許容し、富める地域をますます富ませ、後進地域への援助をますます拡大しなくてはなるまい。これはまさに現在の世界が行いつつあることをますます加速させることにほかならない。そして、前節において、私は、一九七〇年ごろまでは常識であり〝正義〟でもあったこの発展パラダイムは二一世紀の世界においては実現不可能であることをるる説明しようとしたわけである。

世界の人口問題といっても、その核心はアジア、なかでも中国とインドの人口問題であろう。中国は一四、五億ほどで静止人口を達成できる自信を深めたようだし、インドもほぼその規模に収めうるような政策が取られつつあるように見受けられる。また、都市居住が進むと人口増加は下がるという、ごく単純な法則がどこでも働きはじめているようにも見受けられる。こんなわけで、世界人口は一〇〇億規模で静止するという前提を設けても、そう現実離れはしていないだろう、と考える。私は、人類は無制限な人口増を座視するほどには愚かではあるまい、という楽観論にくみするものである。インド、中国、東南アジアにおいて人口―食糧生産―環境問題のバランスをなんとか保つことのできる発展パラダイムを構築できれば、世界規模の問題群は半ば解かれたも同然であろう、と考える。

## 2　未来にどんな社会を作るのか

私は、計画論者ほどには計画に重きを置くものではないが、〝なるようになるさ〟というほど暢気でもない。伸ばすところは伸ばし、押さえるところは押さえるという、政策的誘導がなければ、人口―食糧生産―環境問題のバランスを保つというような難題を解決することはできないだろうと思う。計画の中身が問題なのではなくて、計画者の頭にある発展パラダイム、さらには将来の計画者たる学生が常識としてもつ発展のパラダイムを問題にしたいのである。人々の考え方が未来の潮流を決めてしまうのである。

私の思いは、前節の五つの見出し語である「社会のかたち」、「都鄙関係のかたち——rural-urban continuum」、「農のかたち」、「技術のかたち」と「暮らしのかたち——吾唯知足の暮らしがある」にすでに色濃く表されている。私の出発点は、ガンディーの「この世界は人々の need を満たすには十分のものをもっているが、greed（むさぼり）をかなえるほどの大きさはない」というメッセージだ。サルボダヤ運動の言葉を使うと、貧しさのない（non-poverty）世界を築くことはできるが、西欧的な意味での豊かさ（affluence）を世界中に広めることは不可能である、ということである。さらに、われわれはこの先どのような（農耕）技術を使うべきなのかということに関しては、インドのスワミナタン博士の主張が私に強い影響を与えた。それは、こういう主張であった。インドはハイテクを駆使しバイテクを推進し大農経営を拡大することによってインド一五億の食糧問題を解決する潜在的能力を十分にもっている。しかし、二割からあるいは三割に及ぶであろう貧しい階層は、その有り余る食糧にアクセスするすべをもたないがために飢えることであろう。したがって、インドはこのような大きな技術を用いる方向には進めない。在地のエコテクノロジーをこそ地道に改良してゆかなくてはならない、というのである。

## 3　農業・農村発展のストラテジー

前節で議論したことから、私の農業・農村発展のストラテジーは以下のように導き出される。

(1) 農村開発のなかでコミュニティを活かす。コミュニティのなかの職業構成が日に日に均質性を失いつつある今日、放っておけばコミュニティはやがて崩壊する。農村計画をたてる場合、職能集団や女性や貧農という分断された集団を育てるよりは、地縁社会としてのコミュニティの自然な組織を活かし、具体的には伝統的なリーダーシップを用いて、村を一つの有機体として維持してゆけないものか。これが、アジアらしいムラを維持してゆくための必須条件である。

(2) 自給的・多角的にして精細な農の営みを保持する。IK、eco-technology、在地の技術体系を発掘し、精細化し、近代化し、駆使することによって、小農の Optimal Farming System を再構築することができる。

(3) 一面では無秩序で見苦しいアーバン・スプロールの極まった都鄙関係、すなわち urban-rural continuum という現実を逆手にとって、純粋に都市的でもなければ田舎的でもない生産兼生活圏の存在をむしろ助長し、これをこそ生活の基盤に置く。大多数の人々が農村的な環境のなかで暮らしをたててゆくためには、自給的な農業を基礎としつつ兼業化を進め、かつ都市的な教育、文化、アメニティを享受できなくてはならない。そのために次のような政策的誘導を行う。

(a) 行政、保険、教育、文化機関を分散的に配置する。

(b) 食品加工、織物、軽工業を分散的に配置する。

(c) 流通市場を分散的に配置する。

(4) 物流よりは情報流を重視する。

(a)　電気・電信・郵便・銀行サービス網を農村まで網羅する。
(b)　高速道よりは地方道を、地方道よりは集落道を、集落道よりは集落内道を優先する。
(5)　経済のシステムを国際分業から地域内分業に誘導する。

上にピンからキリまでのストラテジー（政策的誘導策）を挙げたが、私自身は番号の若いキリの方がより基本的だと考えている。なかでも、農村開発を計画し実行してゆくなかで、なるべく多くの人たちが農村的な環境のなかに住まいし、さまざまな生業につきながらも農を放棄してしまわず、ありふれてはいるが精細でかつ複合的な技術を使うよう、政策的に誘導することが大事だと思っている。

どれをとってもすでに萌芽的には実施されつつあるストラテジーではあるが、未だ潮流とはなっていないばかりか、多くの書斎派社会科学者からは「空想的な絵空事」と片付けられそうでもある。フィールド派開発論者としていささかの弁解と注釈を加えておきたい。

コミュニティ開発論

コミュニティ開発論は、多くのＮＧＯ派開発論が首導するターゲットグループ・アプローチ、すなわち貧しく虐げられた階層をターゲットにして彼らをエンパワーしようという、現代の農村開発の大きな潮流に対するアンチテーゼである。これは、私たちがバングラデシュで農村開発実験と称したアクション・リサーチを通して感得した結論であるから、おいそれと撤回できるものではない。村落には当然ながら、有力者と声の小さい階層、土地持ちと土地無し、富者と貧者、リーダーシップに恵まれた者恵まれない者、老若男女が入り混じって暮らしている。それを村落コミュニティの現状であり実態であると率直に認めた上で、コミュニティの在地のリーダーシップに頼って農村開発の政策的誘導を行おうというのである。もちろん、有力者による一人占めを防ぐいろいろな策を同時に誘導しなくてはならないことは自明である。詳しくは（海田 1995）を参照していただきたいと思う。

### 在地の技術重用論

在地の技術を重用せよという議論は、〝現場〟の常識を述べているにすぎない。自給的・多角的にして精細な農の営みを保持する技術は、研究機関や研究者の頭脳のなかではなく、現場にしかない。私は農学博士論文を審査する大学院農学研究科会議の末席に連なってすでに久しいが、在地の技術を掘り起こし育て体系化した経験をまとめた論文には滅多に出会わない。三〇編に一編もないように思う。あったとしても比較的高齢者がライフワークをまとめたものである場合が多く、若手の論文はほとんど皆無である。農学研究の細分化、精緻化、先端化、そして現場からの発想からますます乖離してゆくこの大潮流に掉さすのは容易ではない。教師自身が変わり、そしてそれを学生に伝授してゆくには少なくとももう一世代はかかりそうである。

しかし、現場では技術観は流動している。先に少しだけ言及したが、米国開拓局の高官が「アメリカはもうダムはつくらない、外国においても少なくともＯＤＡがらみではもうダムはつくらない」（堀 1996）と述べた。The damned あるいは Dam is damned（前出 1992）という技術観が現れたのである。一九三〇年代に、ＴＶＡという、ダム群による流域開発の新しいパラダイムを築いたのは米国開拓局であった。その開拓局が、九〇年代には、過去の全業績を反故にしかねないようなパラダイム転換をやってのけたのである。農業技術の現場ではダムのような派手なパラダイム転換はなさそうであるが、底流において大きな変動が生じかけていると見ていいだろう。

二一世紀の「技術のかたち」は、在地の技術を工学の域にまで仕立て上げたような「かたち」をしていると、私は思っている。有限な資源、ことにエネルギー資源、お金と技術を人類がなるべく平等に使おうという強い政治意志がこの地球を覆う限りにおいて、一〇〇億人ほどの人類が「風土の工学」によって二一世紀を悠々とわたってゆく有り様を想像するのはそう難しいことではない、と思っている。

### デサコタ論

インドネシア語でデサは農業中心のムラ、コタは商工業中心のマチである。それを合わせてのデサコタとは、簡単にいえばムラともいえ、マチともいえる地域、すなわち農業と非農業活動の混ざりあった空間という意味になる。この言葉をはじめて使ったカナダのアジア研究者マッギー教授は、古くからアジアにはそうしたデサコタ的地域の存在が顕著であったこと、今も日本などを除いては広く分布することを述べている。彼は、都市と農村の間に厳格ではっきりとした境界線をひく西欧流の考え方は、アジアの都市や農村の認識にあたって混乱を招きやすいとした。マッギーは、デサコタを「アジア」的な特徴として西欧的なパラダイムと対比してみた。

渡部忠世はデサコタを「より正確には『モンスーン・アジア』的な特徴としたい」と論じている。渡部は、モンスーンの雨によって、どの作物よりも豊産を約束されるイネの存在が、デサコタ成立の基本に関与しているはずである、と述べる。もう少し渡部の議論を引用する。デサコタ論を日本のことに適用してこう述べる。

中世史家である網野善彦さんの最近の新しい歴史観の対象となった中世以来の日本の村、そこに住んだ「百姓」とは、こうしたデサコタ空間の日本版として読めないかと思ってみる。もっと古くに、民俗学者の故・柳田国男さんが近世の日本の社会について、「町というところでもいささかも農業をやらないところはありませんでした」とも、「町と村とは類いの差ではありません」などと述べていたこととも関連する。

渡部はさらにこう続ける。

明治以降のことになる。我が国の都市計画や農村設計は、意識的にデサコタ空間からの決別を基本の思想としてきた。それによって、都市文明の興隆や工業社会の機能化、いわば近代化、西欧化が進捗して今日にある。一方で、都市農業などは邪魔もの扱いされ続けて気息奄々の有り様となる。

その結果、百年余を経て（冒頭で述べた）都市と農村それぞれが「崩壊」に近づいてきたとするには、途中にいくつかの補足的説明を要するにしても、もう一度、デサコタ的空間を都市と農村の計画のなかに自覚的に取り込んで見ることが、両者それぞれの正常化や環境保全などに、かなり有効な方法ではないかと考えてみる。（渡部 1999）

私は先に言及した「バングラデシュ農村開発実験」において、マチをムラに近づけ、ムラをマチに近づける、rural-urban interaction こそバングラデシュの農村が生き延びてゆく唯一のストラテジーであると見て、それを農村開発戦略の柱の一つにした。インドにおいても、地方開発のストラテジーとして rural-urban continuum を促進する他はあるまいという論調が聞かれるようになってきた。rurbanization という合成英語も時に聞かれる。いずれもデサコタに似通った問題意識から派生した開発概念である。

インドにしろバングラデシュにしろ、あるいはデサコタ概念の発祥の地であるインドネシアにおいても、デサコタは景観としては決して心地よい空間をつくりだしてはいない。現代においては秩序なき都市化のスプロール現象として現出しているからである。しかし、大都市を離れると、モンスーン・アジアでは真の意味でのデサコタ景観の広がりがある。風にそよぐ稲田の向こうの日当たりのいい丘の山裾に集落が点在し、あるいは稲田を潤す川沿いの自然堤防上の森のなかにも列をなす集落が見え隠れし、あるいは稲田のなかにも緑の島のように集落が点在する。交通の便のいい大きな村が自然に地域の中心になり、そこには地方行政の小中心が配置されて、織物会社や農産物加工工場も進出してきて、市場と小さな専門店街ができ、地域の中学校・高校もできる。町に住む家庭も皆、野菜ぐらいは自給し、村に住む家族も家族員のだれかれは町で仕事をもっている。したがって、集落と中心の町は、やや間遠いけれども、バスやミニバスの路線で、あるいは少なくともリキシャでつながれている。そんな生産の場であり暮らしの場である広潤な地域景観が広がる。これをデサコタというのであれば、デサコタはまだ命脈を保ってモンスーン・アジア稲作地域に遍在している。

日本にもすばらしいデサコタがある。あったというべきであろう。こんな記録が残されている。リトアニア領事であったあの杉原千畝氏がヴィザを発給したおかげで、多くのユダヤ人がロシアを経由し日本海をわたって敦賀に上陸した。大戦直前のことである。ユダヤ人たちは敦賀の質素ではあるが見事に調和を保った町並みを讃嘆した。各戸の表の通りが毎朝掃き清められるのにも驚いた。彼らは列車で長浜、米原を経由して大津、京都、大阪を通って神戸に出て滞留し、後に汽船で上海その他に亡命していったのであるが、沿線の町や村のたたずまいと手塩にかけて育て上げたような田園の美しさを褒め称えている。町と村が隔離されずに渾然一体なのであるが猥雑にはならず、全体の景観は麗しい田園であると褒めたのである。戦前の日本の地方や田園は、柳田国男が書き残したように、どこもいわばデサコタであった。それが崩壊したのは、この数十年のことにすぎない。

このようなデサコタ地域のなかで人々が暮らしを立ててゆけるのであれば、その景観とシステム全体は保全・保育されるべきである。

## 四　循環の思想とデサコタ――議論のまとめ

「この地球はすべての人々の必要（need）を満たすのに十分なものを提供するが、貪欲（greed）を満たすほど大きくはない。」これは、一九二〇年代、五〇歳前後のガンディーがしばしば口にしていた言葉である。当時、英領インドの人口は三億三〇〇〇万、世界人口は二〇億であった。

この言葉は、インド世界の人口が一二億五〇〇〇万、世界人口が六〇億に達した今、はるかに重い響きをもってわれわれに迫ってくる。しかも、現実の世界は頓着なく、greedをますます肥大させているように思えてならない。八〇年代末にソ連が崩壊して以来、資本主義陣営の一人勝ちである。途上国を含めて世界の発展はグローバリゼーションの潮流に身をゆだねること、すなわちさらなる市場経済化のなかで身を処することによってのみ達成可能であるという、強者の論理がまかり通っている。

この大潮流のなかで、アジア・アフリカなどの発展途上国が彼らの生態環境を保育し、十分な食糧を生産し、平和な社会を築き、着実な経済発展を展望することができるだろうか。どうやら独自の発展のシナリオを求めた方が、破局を回避できる可能性が高いと思えるようになってきた。

ここでは、東南アジアとインド世界を含めた熱帯アジアに限って考えてみる。生態環境、土地利用、生業、社会の成り立ちの特徴を簡単な言葉で表すと、概ね次のようにいえるのではなかろうか。

熱帯アジアの生態環境は、際立って豊かである。強烈な太陽があり、水に恵まれ、土壌は若く肥沃で、世界最大の熱帯雨林をもつ。しかし、ここは、世界で最も激しく土壌浸食・破壊が進みつつある、生態が極めて脆い地域でもある。

豊かな生態を背景にして、コメと魚をベースにした土地利用が行われる。東南アジアにはコメ・魚・家禽・果樹複合と呼ばれる複合経営があり、インド世界には農・畜一貫体系がある。ここはそういう土地利用を支えるエコテクノロジーの宝庫であり、そこそこの生産で満足し足るを知る暮らしがある。このような暮らしは、小農の家族経営で支えられ、老若男女皆が働き、しかも農村にありながら農外就業の機会を求めることもできる。それを支えるのが、町と村が入り混じった、混沌としたごちゃ混ぜの地域社会である。このごちゃ混ぜは、rurbanization とか rural-urban continuum とかインドネシアではデサコタといわれる。強いて日本語に訳すと、都鄙連環とか都鄙融合とでもいえようか。景観としては決して麗しくはないが、活力が横溢する地域社会がある。

コメや魚や生活必需品は自給するか、地元の青空市場のような小さな市の範囲でまかなってきた。コメは現代では世界を流通する商品のようにも見えるが、実のところ国境を越えて取り引きされるのは全生産量の四パーセントを越えない。コメの貿易市場は極めて〝薄い〟と表現される。コムギ一九パーセント、トウモロコシ一四パーセント、ダイズの二九パーセントとは対照的である。代わりにかつては籐や香料や香木のような希少森林物産や、干しナマコや干しアワビや亀甲や真珠のような特用海産物を世界大に流通させてきた。いわば、比較優位を選択的に選び取ってきた。

発展・開発の要諦は、足らないところを補うのではなく、得意な部分をますます伸ばすところにある。そうだとすれば、熱帯アジアの比較優位はどこに求められるか。エコテクノロジーを駆使して複合的農業をすすめ、一次産業としての農業にとどめず、農産物を加工し流通させる第二次、第三次的な産業に成長させ、小さな市を中心とするデサコタ的地域単位を無数に配置し、大抵のことはこのなかで循環させる。循環を旨とし、デサコタ的地域開発を実現させることによってこそ、この地域の比較優位を回復できる。

現実に行われているのは、世界市場へ開いた商業的農業であり、首位都市をはじめとする大都市への集中的な物産・資本・労働力の移動である。私の比較優位選択論は現実ばなれしている。しかし、このような世界大の市場経済のもとでの熱帯アジアの地位は極めてリスキーで、将来展望は開けそうにないことも、確かだ。

それならば、地域の本来の姿を捉えなおし、発展像をその地平上に描いてみることである。循環の思想とデサコタ的地域観という、二つのキーワードで熱帯アジアの将来像をある程度までは描けるのではないか。論理はともかく、上のように了解すれば、私はこの地域の全体を把握できたように思い、納得し腑に落ちるのである。ガンディーは、今世紀の初頭にすでに、こう納得していたのではあるまいか（海田 1999）。

引用文献


足立明（1995）「経済現象と人類学」米山俊直編『現代人類学を学ぶ人のために』世界思想社。

福井捷朗（1987）「エコロジーと技術――適応のかたち」渡部忠世・福井捷朗編『稲のアジア史第1巻』小学館。

Furukawa, Hisao (1996) "Eco-Logic and the Modern World" in Proceedings of the International Symposium Southeast Asia : Global Area Studies for the 21st Century, Center for Southeast Asian Studies of Kyoto University.

堀博（1996）『メコン河――開発と環境』古今書院。

海田能宏（1987）「水文と水利の生態」渡部忠世・福井捷朗編『稲のアジア史第1巻』小学館。

——（編）（1990）特集「バングラデシュの農業と農村」『東南アジア研究』28(3)。

——（1993）「『貧しさ』から『豊かさ』へ」矢野暢編『講座現代の地域研究　第4巻　地域研究と発展の論理』弘文堂。

——（1994）「風土の工学」日本大学農獣医学部国際地域研究所編『東南アジアの自然・技術・農民』龍渓書舎。

——（編）（1995）特集「バングラデシュ農村開発研究」『東南アジア研究』33(1)。

Kaida, Yoshihiro (1996) *Fudo* Engineering for Sustainable Agricultural and Rural Development, *Proceedings of APO World Conference on Green Productivity, 4-6 December 1995, Manila.*

海田能宏（1998）「バングラデシュ農村開発実験を終えて——とくに関わりの作法ということについて」『国際農林業協力』二〇巻一〇号。

——（1999）「循環の思想とデサコタ——熱帯アジアの環境・農業・社会のあり方を考える」国際食糧農業協会『世界の農林水産』一九九九年九月号。

本山美彦（編著）（1995）『開発論のフロンティア』同文館。

長峯晴夫（1985）『第三世界の地域開発』名古屋大学出版会。

中村尚司（編）（1996）『南北問題における社会経済的指標の検討——永続可能な発展の視点から』重点領域研究「総合的地域研究」成果報告書シリーズ No. 21（京都大学東南アジア研究センター）。

Pearce, Fred (1992) *The Dammned : Rivers, Dams and the Coming World Crisis*（平澤正夫訳『ダムはムダ——水と人の歴史』共同通信社 1995）

ロストウ・W・W（1961）『経済成長の諸段階』（木村健康他訳）ダイヤモンド社。

斎藤千宏（1996）『インドNGO大国——悠久の国の市民ネットワーク事情』明石書店。

田村智子（1997）「サルヴォーダヤ運動」『事典東南アジア—風土・生態・環境』弘文堂。

田中耕司（1988）「稲作技術発展の論理——アジア稲作の比較技術論に向けて」『農業史年報』第2号。

辻井博（1988）『世界コメ戦争』家の光協会。

上田達己・海田能宏（1994）「インドの灌漑発展における外来技術と在地技術」『農業土木学会誌』62(2)。

渡部忠世「都市と農村が混在する空間——デサコタ自治体への提言」毎日新聞（夕刊）一九九九年五月二一日。

第II部

# 固有論理をさぐる

——東南アジアの事例から

# 第5章　産業発展の多様性

## ——フィリピン、タイ砂糖産業の事例より

福井清一

# 一　はじめに

アジア通貨危機が発生するまで、東アジア諸国の産業化は、輸入代替工業化から輸出指向型工業化へ転換に成功し、持続的な高度経済成長を達成することに貢献した。

しかし、フィリピンは例外的に高度成長に乗り遅れ、現在でも輸出指向型に切り替わっているか不透明な状況にある。たしかに、ラモス政権以降、政情が安定し、外資系企業を中心に輸出が増加してきてはいるが、地場資本系企業（ここでは、フィリピン資本による産業一般を指し、大企業も含む）による輸出は伸び悩んでいる。質の高い労働力が豊富に存在し比較優位をもつはずであるにもかかわらず、フィリピン地場資本系産業（とくに製造業）はいまだ輸入代替の段階にあると言われている[1]。

アジア経済危機以前におけるフィリピン経済停滞の要因については、すでに多くの議論がなされている。八〇年代にフィリピン経済が停滞した直接的要因は、第二次石油危機の際の経済運営の失敗と政情不安にあるが、基本的な停滞の原因はフィリピン経済の低生産性に求められる。そして、この低生産性の要因としては、歴史的に形成された政治的・経済的に強力なビジネス・エリート層が輸入代替工業化の担い手となり、政治がこれら工業化の担い手と同一の階層によって支配されるという利権構造や非効率な官僚制など、いずれもフィリピンの歴史や社会風土と深くかかわる諸要因が指摘されてきた[2]。

一連の経済自由化政策推進の過程で、多くのフィリピン系企業が国際競争に晒され、規制緩和や情報開示の強化によってビジネス・エリート層が政治を支配することが露骨に行われにくくなった現在、フィリピン地場資本系産業の輸出指向型への転換を阻んできた諸要因も変質しつつあるのかを探ることは、大変興味のある研究テーマである。

筆者の基本的関心は、経済自由化が進展するなかで、比較優位原則に照らして、フィリピン地場資本の輸出指向型工業化が遅れているのは上述のような諸要因のみによるのか、という点にあるが、この点を明らかにするには、個々の産業ごとの事例研究が有用であると考え、比較優位があるにもかかわらず停滞傾向が顕著な砂糖産業を考察の対象とする。

砂糖産業は、基本食料を生産する産業であり食料政策の影響を少なからず受けること、およびフィリピンの伝統的輸出産業であったことなど、必ずしも一般の製造業とは同じとはいえない側面をもつのであるが、フィリピンの伝統である寡頭政治体制のもとでの既得権益グループによるレント・シーキング的政治活動と政府による内向的保護政策という、政府と業界の行動の一種の「戦略的補完関係」の枠組みから脱却できなかった、という点で共通する点も多い[3]。

また、本章では、停滞の要因をより明確にするため、フィリピンとは対照的に、製糖業界や砂糖きび農民グループによるプロフィット・シーキング的な政治活動と政府による財政支出をともなう輸出奨励政策という、政府と業界の間の行動の「戦略的代替関係」によって特徴づけられ、六〇年代以降、必ずしも比較優位があるとは考えられないが、飛躍的に生産を拡大し目覚ましい発展を遂げてきたタイ砂糖産業との比較を行う（図1）[4]。

以下では、まず、タイ砂糖産業と比較するために、両国の砂糖産業の発展過程と政策の展開過程とを概説する。

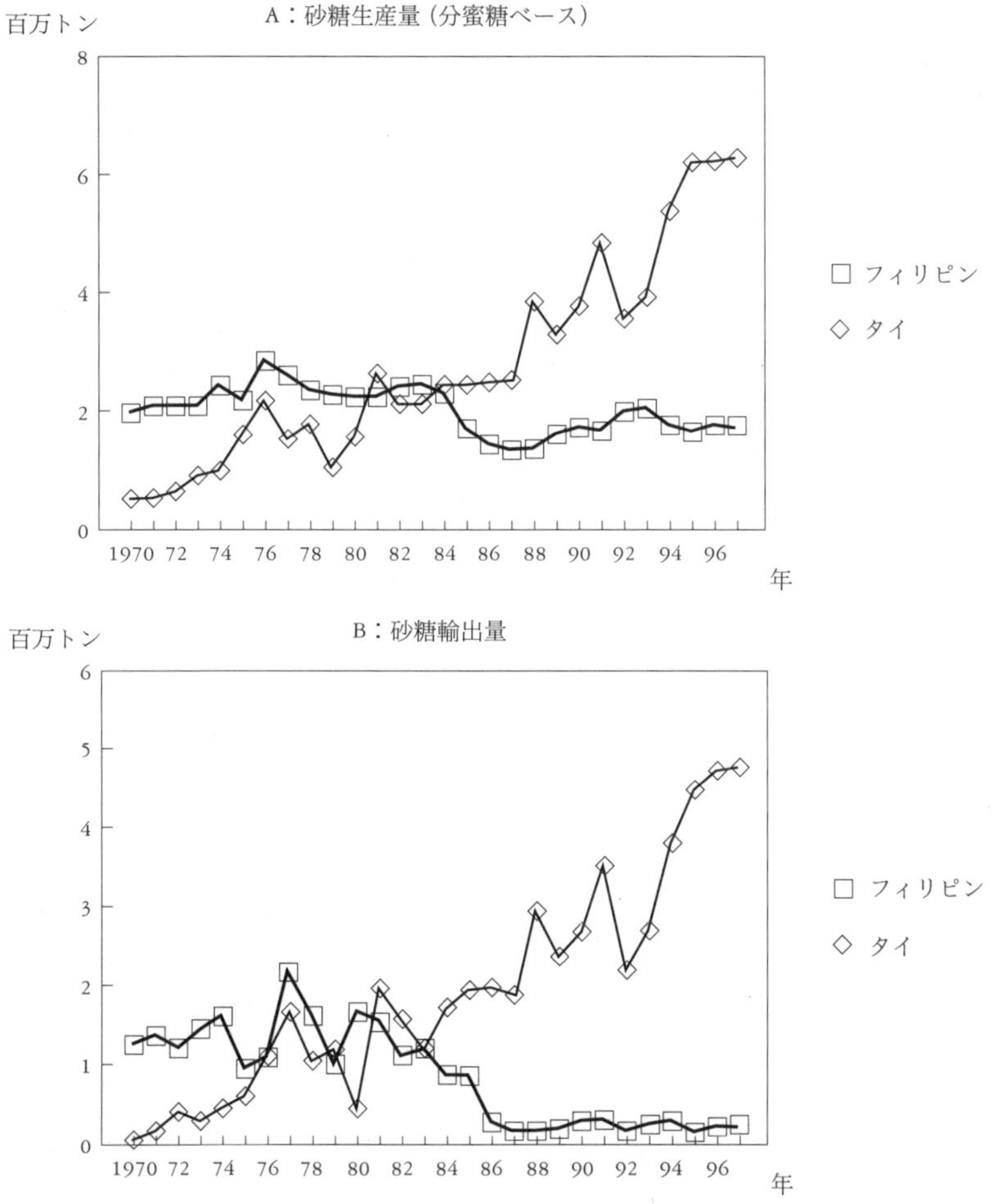


図1　フィリピン，タイにおける砂糖の生産と輸出

（出所）フィリピンについては，1973/74 年度以前は，United Nations/国際連合編，日本エスカップ協会訳『アジア太平洋統計年鑑』1980 年版，原書房，1973/74 年度〜1992/93 年度は，Sugar Regulatory Administration, *Philippine Sugar Statistics Crop Years 1973-74 to 1992-93*, 1992/93 年度以降は，Economic Research Service, USDA, "Sugar and Sweetener/SSS-220/June 1997", p. 28, Table 5, に，それぞれよる．

タイについては，砂糖生産量は，1960-65 年, Siamwalla and Setboonarg, *Trade, Exchange Rate, and Agricultural Pricing Policies in Thailand, World Bank Comparative Studies*（*Washington D. C.: World Bank 1990*, Appendix Table A. 13, 1966-85 年，末廣「砂糖きびと砂糖」アジア経済研究所「アジア諸国における一次産品問題―その需給構造，価格変動および商品協定―報告書（第 2 分冊）」1987 年，第 8 表，1986-91 年，TDRI, *Research Report on the Future of Sugarcane and Sugar Industry of Thailand*（*in Thai*），1993, Ch. 4, Table4. 1, 1992-94 年，Office of Sugarcane & Sugar Board 資料, 1995-97 年, Economic Research Service, USDA, 前掲書, 輸出量は, 1960-82, Siamwalla and Setboonsarg, *Trade, Exchange Rate, and* ……, Appendix Table A. 13, 1982-91, TDRI (1993) Ch. 6, Table6. 6, 1992 年以降は，生産量に同じ．

次に、タイとの比較にもとづき、現在フィリピン砂糖産業が停滞している要因を、(a)歴史的に形成されたフィリピン特有の社会経済構造や糖業資本家の経済行動様式、(b)フィリピンを特徴づける伝統的な寡頭政治体制とそれへの挑戦を試みたマルコス政権期における砂糖行政の失敗、(c)政府による輸入代替工業化政策と食糧問題への対応、(d)包括的農地改革法、(e)生産拡大への誘因を弱める砂糖政策、の五つに整理し、これらの要因が砂糖産業の発展を阻害するメカニズムを明らかにする。そして最後に、以上の考察をふまえて、ＷＴＯ（世界貿易機構）やＡＦＴＡ－ＣＥＰＴ（アセアン自由貿易地域・共通実効特恵関税）体制下におけるフィリピン砂糖産業の将来を展望する。

## 二　フィリピン砂糖産業の発展過程と砂糖政策⑸

フィリピンの砂糖産業は、戦前のアメリカ植民地時代から、米国向け、国内向け砂糖生産割当制度のもとにおかれていた。この制度は、独立後も、ラウレル＝ラングレー協定などの輸出割当、特恵関税制度として継承され、戦前と同様の生産割当制度（Quedan System）のもとで、米国への輸出価格は国内価格・国際価格より高く設定されたため、多くは米国へ輸出された（一九六一―七二年は一〇〇パーセント米国への輸出）。

“Quedan System”とは、国内で生産された砂糖を、国際市場価格より高い価格での米国への輸出割当分（クォータＡ）、輸入関税制度や国家独占貿易によって保護された国内市場向の割当分（クォータＢ）、クォータＡ、Ｂが充たされない場合の予備（クォータＣ）、米国以外の国への国際価格での輸出分（クォータＤ）に分けて、それぞれのクォータ

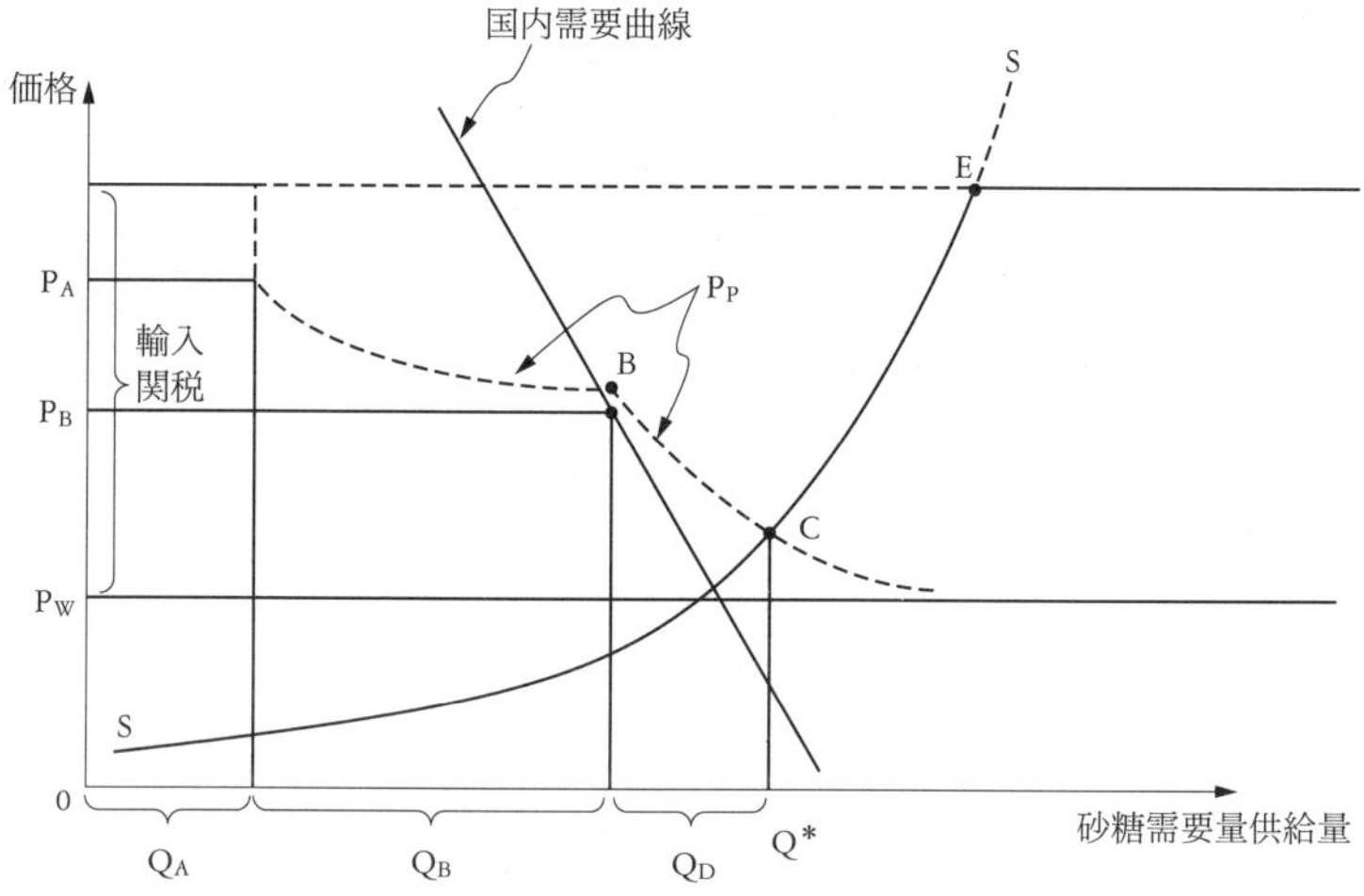


図 2　"Qnedan System"のもとでの市場均衡
（出所）筆者作成.

の割合を政府が予め生産者に通知し、生産者は生産した砂糖の代金を、上述のクォータの割合に応じて加重平均した価格で政府から支払いを受けるが、支払いはすべての砂糖と引き替えに発行される一種の領収書（これを"Quedan"と呼ぶ）と引き替えに行われる、というものである。

図2は、このような輸入制限と輸出市場・国内市場への割当制度とを、平均的な国際市況のケースについて図示したものである。ここで、小国の仮定（当該国におけるある商品の貿易量が世界全体のそれに比べて無視できるほど小さいという仮定）を設け世界市場において水平な供給曲線に直面しており、輸送費はゼロと仮定する。消費者の直面する供給曲線は、生産者の利潤極大化行動から導出された国内の供給曲線SSと、輸入禁止的な高率の輸入関税を賦課された国外からの供給曲線とにより構成されるSES′となる。一方、国内産砂糖に対する需要は、米国への輸出割当量$Q_A$、国内市場の需要$Q_B$、米国以外の国際市場向輸出量$Q_D$から成り（クオータCは無視する）、生産者に対しては、これら予め政府によって決定された割当率に応じた加重平均価格$P_P$が支払われるので、生産者の直面す

る需要曲線は、$P_AABD$となる。各砂糖生産者は、平均価格$P_P$を所与として利潤極大化行動をとるものとすると、C点で市場均衡が達成され、米国輸出価格、国内価格、国際価格はそれぞれ、$P_A$、$P_B$、$P_D$、総生産量は$Q^*$となる。ここで、"Quedan System"のもとで政府により決定されるのは、割当量ではなく、割当率（$a=Q_A/Q^*$、$b=Q_B/Q^*$、$d=Q_D/Q^*$）であるという点には、注意を要する。この割当率を用いて生産者の受け取る平均価格を表すと次のようになる。

$$P_P = a * P_A + b * P_B + d * P_D$$

どのように、この割当率が決定されるかというと、政府は、砂糖生産者の生産行動（$Q^*$の水準）を予測しながら、消費者への配慮から国内価格がある一定のCeiling Price（$P_C$）を越えないという制約条件のもとで、砂糖生産者ができるだけ高い価格を受け取れるよう、割当率を決定する。その際、米国向け輸出量と輸出価格は米国との交渉により決定されるので、割当率の決定に際しては所与と見なされる。したがって、政府は、生産者の最適行動（$Q^*$の決定）、国内の需要関数$P_B(Q_B)$と$P_C$を制約条件に、$P_P$の水準を最大にするよう、割当率を決めるものと考えることができる。この政府による決定問題を分かり易くモデル化すると、以下のようになる。

$$\max_{Q_B} Pp$$

$$\text{S. T. } Qi \in \text{Argmax}[Pp * Qi - C(Qi)],\ i = 1. \cdots\cdots n$$

$$P_B \leqq P_C$$

$$P_B = P_B(Q_B)$$

表1　砂糖きび生産者と製糖業者の収益分配率

| 製糖工場の年間最大生産規模 Piculs (1picul＝63.25kg) | 収益分配率(%) 砂糖きび生産者 | 製糖業者 |
|---|---|---|
| 150000≦＜400000 | 60.0 | 40.0 |
| 400000≦＜600000 | 62.5 | 37.5 |
| 600000≦＜900000 | 65.0 | 35.0 |
| 900000≦＜1200000 | 67.5 | 32.5 |
| 1200000≦ | 70.0 | 30.0 |

(出所)　Republic Act 1809, 1952.

表2　フィリピンにおける砂糖の名目保護率 (1960-1994)

| 年 | 1960/61 | 62/63 | 64/66 | 67/69 | 70/72 | 73/75 | 76/79 | 80/82 | 83/86 | 85/89 | 90/94 |
|---|---|---|---|---|---|---|---|---|---|---|---|
| 名目保護率 | 138 | 19 | 105 | 168 | 24 | −42 | 11 | 0 | 65 | 76 | 63 |

(出所)　83/86年までは，Intal and Power [1990], p. 240, table 3.1，85/89年以降は，Sugar Reguratry Administration, Annual Report，各年版より．

注)　名目保護率は，米国以外への輸出価格 (Pw) と製糖業者平均受取価格 (Pp) より以下の式にしたがって計算したものである．

名目保護率＝(Pp−Pw)/Pw

ここで、$Q_i$は、製糖工場iの生産量を示し、$Q^* = \sum_{i=1}^{n} Q_i$、である。

製糖業者と砂糖きび生産者との間の収益(この場合〝粗収益〟)は、政府が予め設定した分配率で配分される。分配率は、工場規模が大きいほど製糖業者にとって不利になるよう設定されている(表1)。

この割当制度のもとでは、米国の買入価格が世界市場の時価より高く設定されていたため、フィリピンの砂糖輸出は米国への依存度が高く、一九六一―七二年の間は米国以外へは輸出されず、フィリピン砂糖産業は国際市場からいわば隔離された状態にあった。

このように、砂糖の割当制度は、国内砂糖産業を保護し、国際市場における輸出競争力の低下を招く要因となった。一方、この制度は、砂糖工場の大株主や砂糖きび農園主などの経済基盤を強化し、「砂糖ブロック」と呼ばれる政治圧力団体による活動を拡大させ、砂糖産業の寡占化を可能にした(6)。「砂糖ブロック」は、一九七二年のマルコス政権下における戒厳

表3　マルコス政権期における砂糖生産者と消費者の保護/搾取の水準（%）

| 年 | 名目保護率 | |
|---|---|---|
| | 生産者価格基準 | 小売価格基準 |
| 1974 | −65 | −65 |
| 75 | −64 | −70 |
| 76 | −28 | −37 |
| 77 | −33 | −2 |
| 78 | −12 | 32 |
| 79 | 11 | 62 |
| 80 | −38 | −15 |
| 81 | −50 | −35 |
| 82 | −20 | 6 |
| 83 | −28 | −1 |

（出所）福井清一「開発における「政府の失敗」とNGOの限界」嘉田良平ほか『開発援助の光と影』農文協，1995年，第5章．

注）この場合の保護率は，米国向け輸出をも含めた輸出平均価格を基準に計算されていることに注意．

令布告まで、政治勢力として力を保ち、六三、六四年に国際価格が高騰した時期を除いて、国内価格は国際価格よりかなり高く設定され砂糖産業は手厚い保護を受けた（表2）。

中央集権的な政治体制の確立を目指すマルコス政権は「砂糖ブロック」による寡占体制・既得権益の切り崩しをねらって、政府系金融機関による融資を行い砂糖工場の新設を奨励したり、「砂糖委員会」を設置し、政策立案、砂糖の買付、国内販売、輸出に関する権限を与え、国家管理体制の強化を図った。そして、これら砂糖統制機関の長にフィリピン国立銀行会長でもあるマルコス・クローニーの一人を就任させた。以上のような、マルコス大統領による「砂糖ブロック」の切り崩し戦略により旧砂糖権益グループは勢力を弱体化させてゆく。

戒厳令布告後、一九八二年ごろまでの砂糖の国際市況が逼迫し国際価格が高水準で推移した時期に、砂糖統制機関は砂糖生産者価格、国内消費者価格を国際価格より低く設定した。そして、国家独占貿易により差益を吸収したと考えられるにもかかわらず多額の営業損失を生みだし、それを生産者に転嫁した（表3）。また、このような独占的販売によって生じた差益を砂糖産業の生産性向上等に利用せず、営業損失の補塡や使途不明金として流用した。さらに、砂糖工場の建設をめぐっては、工場建設や政府系金融機関からの資金調達についての許認可権を有する政府が、通常より高い価格で工場建設を受注した海外企業から賄賂を受け取っていたことなどが報告されている。以

表4　実質砂糖価格の趨勢的低下（USドル/トン，%）

| 年 | フィリピン | | | タイ | | |
|---|---|---|---|---|---|---|
| | 生産者価格 | 国内価格 | 物価上昇率 | 生産者価格 | 国内価格 | 物価上昇率 |
| 1974-79 | 248.2 | 185.6 | 15.9 | 292.8 | 314.3 | 9.7 |
| 1980-82 | 182.3 | 163.4 | 11.6 | 273.0 | 349.1 | 16.6 |
| 1983-85 | 91.6 | 108.8 | 34.2 | 138.9 | 245.8 | 2.0 |
| 1986-91 | 74.3 | 72.2 | 11.8 | 140.0 | 214.2 | 4.8 |
| 1992-96 | 50.0 | 51.9 | 6.6 | 121.8 | 162.9 | 5.5 |

（出所）　表3に同じ.
注）　砂糖価格は名目価格をCPIで除したものを，市場為替レートでドルに換算したもの.

上のような政府による砂糖統制機関運営の失敗やレント・シーキング的活動は、過剰投資や八〇年代の砂糖不況の際に合理化の遅れをもたらし、砂糖産業の経済的非効率化を招き、停滞の要因となったと考えられる(7)。

八三年以降、国際砂糖市況が低迷し砂糖産業は不況に陥るが、八三年八月のアキノ暗殺後の経済危機はフィリピン経済を危機的状態に追い込み、これを機に、マルコス体制の政権基盤が急速に揺らぎ始める。そして、旧砂糖権益グループやIMF、世銀などの国際機関による砂糖行政批判がにわかに高まり、マルコス大統領は砂糖の国家管理体制を変革することを余儀なくされ、砂糖委員会の運営のワンマン・コントロールを廃し、運営を透明化するよう組織を再編し、その業務の範囲を縮小することになった。しかし、国内統制、生産割当制は依然堅持された。また、マルコス政権末期におけるインフレの昂進と国際価格の低迷により、砂糖の実質価格は七九／八〇年の水準の三分の一以下に低下してしまった（表4）。

マルコス政権崩壊後のアキノ政権下では、構造調整政策の進展にともない貿易自由化の一環として関税率が引き下げられるが、砂糖については、旧砂糖権益グループが復権するなどの影響で、逆に数量規制が課されたり砂糖の名目保護率が高まった（表5）。その結果、物価上昇率が高くペソは過大評価されたままであったにもかかわらず、実質価格は低下しなかった。

フィリピン砂糖委員会はフィリピン砂糖統制庁（Sugar Reguratry Administration: SRA）

表5　フィリピン・タイにおける砂糖の名目保護率（%）

| 年 | フィリピン | タ　イ |
|---|---|---|
| 1974-84 | 3.4 | 9.0 |
| 1985-89 | 75.5 | 36.2 |
| 1990-94 | 62.6 | 29.7 |

（出所）以下の価格資料より筆者試算．フィリピンについては，製糖工場価格，輸出価格（US以外）ともに，1973/74
1986/87年度～92/93年度は，Sugar Regulatory Administration, *Phili ppine Sugar Statistics Crop Years 1973-74 to 1992-93*, 1992/93, 93/94年度は，Sugar Reguratory Administration, Annual Report, 各年版より．タイについては，製糖工場価格；1974-84年，Siamwalla and Setboonsarg, *Trade, Exchange Rate, and Agricultural Pricing Policies in Thailand, World Bank Comparative Studies*（*Washington D. C.: World Bank 1990*, Ch. 3, Table3-1, 1985-94年，Office of Sugarcane & Sugar Board資料．輸出価格；1974-81, Siamwalla and Setboonsarg, *Trade*, *Exchange Rate, and* ――, Appendix Table A. 13, 1982-91, TDRI（1993）*ch. 6, table6.6*, 1992-94, Office of Sugarcane & Sugar Board資料．
注）この場合の保護率は，米国向けを除く輸出価格を基準に計算されていることに注意．

に名称変更され、輸出も自由化されるのであるが、生産の回復は期待されたほどではなかった。基本食料の一つである砂糖の安定的供給が必要であったことと、プレミアム価格での米国向け輸出制度が維持されたため、生産割当制度を実効性のあるものにするために必要な流通統制制度は廃止されず、砂糖取引の実質的な自由化は進展しなかった。アキノ政権の最優先課題の一つである包括的農地改革法は、骨抜きにされたとはいえ[8]、大規模砂糖きび農園主にとっては、生産拡大の制約条件となった。

ラモス政権下でも同様に、砂糖産業は保護された（名目保護率は高い水準に維持された）が、生産量の回復で需給が緩和したため国内価格は低迷した。そして、物価上昇率は砂糖価格の上昇率よりも高く、ペソの過大評価は維持されたため、砂糖の実質価格は低下を続け、国際競争力も一層低下した。その結果、米国以外の国際市場への輸出は引き続き減少し、生産は停滞傾向にあった。その一方で砂糖の消費量は増加したため米国への輸出余力も低下し、不作年には輸出を上回る輸入を余儀なくされた。

九四年に妥結したガット・ウルグアイラウンド農業協定においては、砂糖の輸入数量規制が撤廃されることとなり、ミニマム・アク

表6　ガット・ウルグアイラウンド農業協定およびAFTA-CEPT (Common Effective Preferential Tariff) 計画における砂糖の輸入関税率(%)

| | 輸入関税率 | | |
|---|---|---|---|
| | 開始年度 | 最終年度 | 関税引下率 |
| フィリピン | | | |
| ガット・WTO枠外 | 100 | 50 | 50 |
| ガット・WTO枠内 | 50 | 50 | |
| CEPT計画 | 100 | 5 | 95 |
| タイ | | | |
| ガット・WTO枠外 | 103 | 94 | 10 |
| ガット・WTO枠内 | 65 | 65 | |
| CEPT計画 | 104 | 94 | 10 |

(出所) フィリピンについては，Aquino Jr., Carlos, (1998) *When Tariff Rule*, Philippine Peasant Institute, p. 44, Tableより.
タイについては，Office of Sugarcane and Sugar Board, 資料より.

セス枠内の税率を五〇パーセント、枠外の税率を当初一〇〇パーセント、二〇〇四年には五〇パーセントに引き下げることになった。また、AFTA協定においても、砂糖については、アセアン域内における関税率を当初の一〇〇パーセントから最終年度には五パーセントに引き下げる計画である。これらの関税障壁は、いずれも競争力の強いタイに比べて低く設定されており、砂糖産業への自由化圧力の高まりを反映している（表6参照）。

このような情勢のなかで早急な自由化対応が必要であるにもかかわらず、砂糖の生産割当制度（"Quedan System"）、製糖業者と砂糖きび生産者との間の収益分配システム、これらの制度を遂行するための国内の砂糖行政システムは、戦前からの制度と基本的に変わっていないのが現状である。

## 三　タイ砂糖産業の発展過程と砂糖政策(9)

### 1　シェアリング・システム以前（一九八二年まで）

タイ政府は、国内生産の拡大により国内需要を充たすべく、高率の輸入関税を課したり、タイ国砂糖公社（Thailand Sugar Corporation）を設立し、輸入業務を独占するなどの国内産業保護政策を、一九五九年まで継続した。その結果、生産量は、一九五九／六〇年度に初めて国内消費量を充足するまでに増大した。その後、世界的な砂糖生産の拡大にともない、国際価格が低下したため、輸入関税を課しても国内の砂糖生産費を償えない程に国内価格が低下し、過剰生産が表面化するに到った。

このような生産過剰状態に対応し、タイ政府は、一九六一年、国内生産者の保護と生産性の向上、および余剰砂糖の輸出を目的とした、砂糖産業法（Sugar Industry Act）を制定した。具体的には、砂糖生産に課税し、この税収を砂糖の輸出奨励金、生産性向上のための補助金に充当した。

この制度の実施により、砂糖の輸出は、六二年から六五年にかけて大幅に増加したが、製糖工場の生産水準を正確にモニターすることが困難であったため充分な税収が得られない一方で、輸出量の増加が輸出奨励金への財政支出を増大させたため、財政的に行き詰まることとなった。また、一連の生産者保護政策は、国内砂糖生産の生産性向上を遅らせ、砂糖生産への課税は砂糖の生産費を圧迫した。こうした状況のなかで、六五年に国際価格が暴落し、六一年法の下での制度は破綻することになる。

一九六六年には、六一年法を廃止し、六八年には、新砂糖法を制定し、砂糖事務所（Sugar Office）を設置することにより、工業大臣に対して砂糖工場の生産能力拡大ならびに新設備を制限する権限と手段とを与えた。

一九六九年には、砂糖の国際価格が上昇するが、これに対して製糖業界は過剰に増産したため、在庫が膨張した。この過剰在庫を処理するために、製糖業界は政府に政治的圧力をかけ、従来加盟していなかった国際砂糖機構（International Sugar Organization: ＩＳＯ）に加盟し、七〇年における国際砂糖協定（ＩＳＡ）による輸出割当を得ることとなった。しかし、七〇／七一年度には再び国際価格の上昇に対して過剰に生産を拡大させたため、過剰在庫が発生し、ＩＳＡの割当やアメリカ向けクォータだけでは消化しきれなくなり、再び製糖業界が政府に圧力をかけ、ＩＳＯを脱退、ＩＳＯ非加盟国に過剰在庫を輸出した。

一九七二／七三年度には、第一次オイルショックにより砂糖の国際価格が高騰し、政府の指導にもかかわらず、国内市場向けの砂糖まで輸出される事態となり、砂糖不足が社会問題にまで発展した。このような事態に対する責任を、六〇年代末頃から政治的発言力を高めてきた砂糖きび農民組織や砂糖不足を契機として発言力を増大させた消費者により問われた政府は、六八年法を改正し、工場の生産規模拡大・新設の禁止を解除した。そして、ブームにより巨額の利益を得つつあった製糖業者は、設備を拡張し、砂糖きび農民は規模を拡大した。

このように、ブームを背景に政治的圧力団体としての力を強化した砂糖産業は、政府に輸出の自由化を促し、七五年には砂糖輸出業務の原則自由化が認められ、それまで砂糖輸出業務を独占していた砂糖輸出公社に加えて、民間の輸出会社であるタイ国砂糖輸出会社（Thailand Sugar Trading Company）の設立が認可された。

第一次オイルショック後の砂糖ブームは、一九七五年中頃までに鎮静化し、砂糖の国際価格は下落し、七六年―七七年には過剰問題が再燃する。このため、七七年には再び、一時的にではあるが工場の新増設を禁止した。七九年の第二次オイルショックの際には、砂糖きび生産が旱魃で激減し、世界的にも砂糖価格が高騰し、国内の砂糖不足が生じたが、八〇／八一年度、八一／八二年度には一転して砂糖きび生産が急回復し、八二年、八三年と国際価格も暴落することになる。このような七〇年代後半から八〇年代初めに生じた価格低下、過剰在庫の累積という事態に対応して、製糖業界、砂糖きび農民組織は、政府に圧力をかけ、公的補助金を拠出させたり、売上税の減免を実施させた。こうして、タイ砂糖産業は、国際価格の暴騰に続く大量の過剰在庫の発生に対して、生産の大幅削減という対応策をとるのではなく、在庫を極力輸出に振り向けるという方法で対処したのである。

この点で、七〇年代から八〇年代初めの時期におけるフィリピン政府の砂糖政策、砂糖産業の対応と対照的であった。

## 2　シェアリング・システムの時代（一九八二年以降）

七〇年代後半から八〇年代初めにかけて、砂糖価格の安定化に失敗したタイ政府は製糖業界や農民団体から批判され、国内生産者の利益を維持しつつ国内消費用砂糖を確保するために、シェアリング・システムを中心とする一連の砂糖生産統制政策をスタートさせた。

これらの政策は、八二／八三年度に初めて試験的に実施され、八四年、「砂糖きび・砂糖法（Sugarcane and Sugar Act）」として正式に法制化された[10]。

この新しい砂糖政策の具体的内容は、以下のとおりである。

(1)砂糖の国内生産については、政府が各製糖工場に生産量を割当て、工場はこの割当量にもとづき、農民の代表であるクォータ・ヘッド（Quota Head）を通じて砂糖きび農民からきびを集荷する。砂糖の生産割当ては、三つに分類される。クォータ（Quota）Aは、国内消費向け生産量で、工業省の砂糖きび・砂糖ボード（Sugarcane and Sugar Board）のなかに設けられた砂糖委員会（Sugar Committee）が毎年生産量と価格（小売価格、工場売渡し価格）を決定し、流通業者、加工業者への販売統制は、現在、政府と砂糖きび農民団体、製糖業者団体が共同出資して設立された、タイ砂糖きび・砂糖公社（Thai Cane and Sugar Corp.）が行っている。クォータBは、輸出向けの生産割当てで、毎年八〇万トン＋一五パーセントをタイ砂糖きび・砂糖公社に供与することが義務づけられている。輸出価格は、公社が貿易相手国の輸入業者と交渉し、決定されるが、具体的な輸出業務は民間の輸出会社によって行われている。クォータCは、政府が決める毎年の砂糖生産量から上記のクォータA、Bへの割当量を差し引いた残りの部分であり、民間輸出会社に過去の実績に応じて割当てられる。

図3は、以上のような政策のもとでのタイ国における砂糖市場の状態をいくつかの仮定のもとでモデル化し図示したものである。ここで、タイ国は、フィリピンと異なり砂糖の大輸出国であるので、世界市場においてDw—Dwという右下がりの需要曲線に直面していると仮定し、輸送費を無視する。

S曲線は、国内の総供給曲線であり、Dd—Dd曲線は国内の砂糖需要曲線である。

タイの砂糖政策のもとでは、国内の砂糖価格および供給量は政府が需給を一致させるように決定し、それを各生

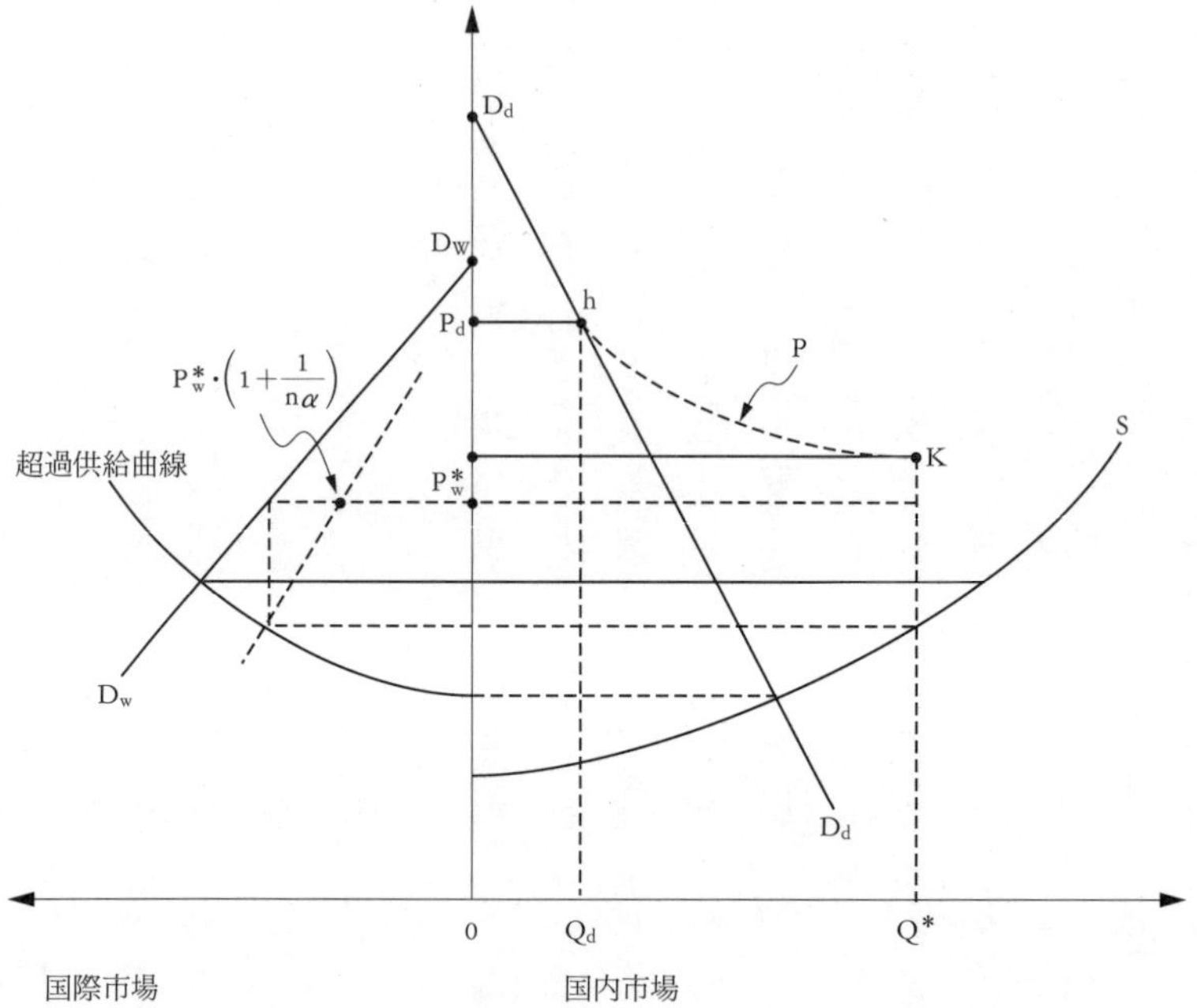


図 3　タイ砂糖政策下における市場均衡
（出所）福井，オラピン〔1997〕，図 2 より．

産者に割り当てることになるが、輸出量は実質的に各生産者が自らの裁量で決定できる仕組みになっている。したがって、フィリピンのように政府の政策変数の決定が生産者の生産量の決定に影響を及ぼすことはないのである。したがって、各生産者は、国内市場と国際市場で販売された砂糖の加重平均価格曲線hkに直面するが、国内市場における価格と販売量は政策により固定されているので、平均価格ではなく、国際市場の限界収益を基準に最適な生産水準を決定するものと考えられる。この点を説明するために、本章では、タイの現状を考慮して、国際市場で、少数のタイ砂糖生産者（輸出業者、製糖業者がインテグレートされていると仮定）が、自己の戦略に対して競争相手が供給量を変化させないと予測し競争を行なう、クールノー型寡占市場を仮定する。

この場合、生産者 i の国内消費向け割当量をQdとすると、総国内消費向け割当量Qd（＝ΣQd）が過不足なくすべて消費されるために必要な国内砂糖価格はPdとなる。そして、Qdを越える供給量に関しては、国際市場において販売される。国際市場における生産者iの均衡条件は、限界費用をC（すべてのiについて同じ）とすると、

$$\mathrm{Pw}\cdot\left(1+\frac{1}{\alpha}\cdot\frac{\mathrm{Qwi}}{\mathrm{Qw}}\right)-\mathrm{C}=0,$$

（i＝1…n）となる。ここで、$\alpha$は国際市場におけるタイ産砂糖に対する需要の価格弾力性、Qwiは、生産者iの国際市場における供給量、Qwは国際市場におけるタイ産砂糖産業の総供給量を、それぞれ示す。

この式をすべての生産者について辺々加えると、

$$\mathrm{Pw}\cdot\left(1+\frac{1}{n\alpha}\right)=\mathrm{C},$$ が得られる。

つまり、国際市場における総供給量は、生産者の平均的限界収益と平均的限界費用が一致するような水準に決定される（図3参照）。

このとき、砂糖生産者が受け取る平均砂糖価格は、次のような、Pdと国際価格Pwとの加重平均で表わされる。

$$\mathrm{P}=\frac{\mathrm{Pd}\cdot\mathrm{Qd}+\mathrm{Pw}\cdot(\mathrm{Q}^{*}-\mathrm{Qd})}{\mathrm{Q}^{*}}$$

(2)シェアリング・システムとは、上記の割当制度により獲得された利益を砂糖きび農民七〇パーセント、精糖工場三〇パーセントに一律に分与し、従来砂糖きび農民団体と精糖業界の代表との交渉に委ねられていた砂糖きび価格を、以下のような公式にしたがって決定するシステムを指す。

ここで、

$$砂糖きび工場引渡し価格=\frac{0.7\times(R_1+R_2)}{工場へ出荷された砂糖きび生産量}$$

$R_1$：クォータAから得られる粗収益から砂糖きび買入れ費用以外の諸経費を差し引いた利益

$R_2$：クォータBおよびCから得られる粗収益から砂糖きび買入れ費用以外の諸経費を差し引いた利益

その後、一九八七／八八年度より、きびの重量に加えて副産物であるモラスの収益分がトン当たり一〇バーツ砂糖きび代金に加算されることになり、九二／九三年度からは、砂糖きびの支払いが重量単位から糖分（CCS）単位に変更され、九四／九五年度からは、モラス収益分の支払い方法が砂糖収益の分与比率と同じ割合で分益され、砂糖の保管費用ならびに運送費も収益の分配比率と同じ割合で分担されるシステムに変更されている。いずれも、生産の効率性、生産性を高め、きび農民に不利にならないような方向への制度変更である。

(3)上記の公式により決定された砂糖きびの代金は、農民側からすれば、砂糖きび受け渡し時に支払われるのが望ましい。しかし、実際には支払いが遅れることが一般的であり、こうした問題を回避するために、砂糖きび代金の前払いが実施されている。具体的には、砂糖きびの工場引渡し時に、政府・砂糖きび農民団体・精糖業者団体の代表によって構成される砂糖基金委員会（Sugar Fund Committee）が事前に決める「暫定価格」の八〇パーセントを工場側が砂糖きび生産者に前払いする、というものである。そして、実現価格がこの水準を上回る場合には、事後的に工場側が不足分を生産者に支払い、逆の場合には、きび生産者が差額を工場に返還することになっている。しかし現実には、この「暫定価格」が生産者側の圧力により政治的に高めに決定される傾向がある上、この制度がスタートした頃には、砂糖の国際価格が前払い価格を下回ることが一般的であった。そして、農民は、通常、差額を返還しないため、政府が代わりに、「砂糖きび・砂糖基金（Sugarcane and Sugar Fund）」から原料購入補助金として工場側にそれを支払ったのである。(11)

この法律は、砂糖の生産割当と、砂糖産業全体が獲得した利益を製糖業者と砂糖きび農民の間に一定割合で分与するという制度であり、この制度のもとでは製糖業界と砂糖きび農民の利害が一致し、協調的行動を取る誘因が生まれる。

このように、タイ国は六〇年代に砂糖輸出国に転じ、以後、年々の変動はあるものの、趨勢的には生産量、輸出量ともに大幅に増大させてきた。その結果、第一次石油ショックのブームの時期には、生産量二〇〇万トン、輸出量一〇〇万トン水準を達成し、八〇年代に砂糖の国際価格が低迷するなかでも、シェアリング・システムなどを導入し、着々と生産量・輸出量を増加させ、九〇年代には生産量四五〇万トン、輸出量三〇〇万トンの水準にまで達している（図1参照）。

このように、タイ砂糖産業が輸出志向型の発展を遂げるに当って、政府による一連の砂糖産業政策は、はたしてどの程度貢献したのであろうか。

すでに述べたように、六一年法の下での政府による生産統制は、破綻をきたした。また、六八年法の時代も、二度にわたる石油ショック後のブームにより、製糖業界が自主的に生産能力を大幅に拡大したのであり、政府の役割は過剰に転じた際のダメージを最小限にとどめることに限定された、とみるべきであろう。

一方、八〇年代に国際価格が低迷するなかで政府が実施した、シェアリング・システムを中心とする一連の政策は、砂糖産業の発展に貢献したのだろうか。

まず、シェアリング・システム導入前の一九七二／七三—八一／八二年度と、導入後の八二／八三—九一／九二

表7　シェアリング・システム導入前後における砂糖きび・砂糖の生産性比較

| | 砂糖きび収量 (t/rai) | 砂糖きび1t当たり砂糖収量(kg) | CCS* |
|---|---|---|---|
| 1972/73-1981/82 平均 | 6.91 | 83.48 | 9.87 |
| 1982/83-1991/92 平均 | 7.19 | 99.63 | 10.54 |

(出所) TDRI［1993］Ch7, 資料より筆者試算.
注) CCSは砂糖きびの糖度の指標.

表8　シェアリング・システム導入前後における砂糖きび・砂糖価格変動の比較

| | 変異係数 | | |
|---|---|---|---|
| | 砂糖きび価格 | 砂糖輸出価格 | 砂糖国内価格 |
| 1973-82 | 17.87 | 1119.08 | 87.09 |
| 1983-92 | 5.93 | 581.2 | 27.59 |

(出所) 表7に同じ.

年度における砂糖きび・砂糖の生産性をTDRI［1994］により比較する。表7によると、砂糖きびの単位面積当り収量は、導入前の時期にライ当り六・九一トンであったが、導入後には七・一九トンに上昇している。また、砂糖きび一トン当りの砂糖の収量は、同じ期間に八三・四八キログラムから九九・六三キログラムに増加しており、砂糖の糖度を表わす指標であるCCSも、九・八七から一〇・五四に上昇している。期間がそれぞれ九年と短いので、統計学的な検定はできないが、平均値で比較する限り、シェアリング・システム導入後の砂糖きびおよび砂糖の生産性は上昇した、といえそうである。

次に、表8はTDRI（1994）にもとづき砂糖きびおよび砂糖の価格変動の変化を変異係数により比較したものである。これによると、砂糖きび価格、砂糖国内価格、輸出価格とともにシェアリング・システム導入後は、変動が小さくなり、設備投資の拡大に正の効果を与えた可能性がある。

このように、砂糖きび、砂糖の物的生産性、および価格変動という指標で見る限り、シェアリング・システム導入後は生産性が向上し価格が安定化したといえそうである。

このように、シェアリング・システムの導入は、精糖業者と農民との間の利害を一致させることにより、砂糖きび価格の交渉や生産計画にかかわる取引費用やリスクを軽減し、投入要素を最適な水準により近い水準に投入することにより、生産効率を高める効果をもつと理論的には考えられる。

八〇年代に砂糖の国際価格が低迷するなかでも、以上のような新しい砂糖政策を導入し、着々と生産量・輸出量を増加させ、九〇年代には生産量四五〇万トン、輸出量三〇〇万トンの水準にまで達している。

## 四　フィリピン砂糖産業停滞の要因

もともと、フィリピンの製糖業界、糖業資本家、砂糖きび農園主は、植民地時代からの米国への特恵貿易協定と生産割当制度のもとで保護され、既得権益を守ることによって自らの利益を確保するという性向が強く、企業家的精神に欠けていた。

また、多くの糖業資本家は戦後の輸入代替工業化の時期にこれらの事業に参入したり、不動産、金融、商業分野の事業に進出し、砂糖産業以外の産業資本家を兼ねている。

したがって、砂糖産業の収益性が悪化しても、リスクをおかして生産性を高めたり経営の合理化を押し進めるために投資をするより、政府の保護や寡占的な産業構造ゆえに比較的収益性の高い他の事業に資金を投入する傾向が強かった。

砂糖産業の停滞は、以上の、歴史的に形成されたフィリピンの社会経済構造と糖業資本家の経済行動様式がその基底にあるものと思われる。

しかし、このような要因が依然として根強く残存していても、砂糖産業の収益性が高まるという期待があるなら、投資、経営効率化への誘因が働くはずであり、砂糖産業停滞の要因を探るには、収益性を停滞させた要因、あるいは収益性の改善を阻む要因を検討する必要がある。

ここで注目せねばならないのは、フィリピン砂糖産業の生産性（収益性に密接に関連）が相対的に低下するのは、八〇年代の砂糖不況以後であるという事実である。

たとえば、タイや諸外国の砂糖、砂糖きびの生産費と比較しても、八〇年代半ばの砂糖不況以前の時期において、フィリピン砂糖産業の生産性が低いという証拠は見いだせないのである（表9、図4）。

表9　フィリピン，タイにおける砂糖きびの生産性比較

| 年 | 砂糖きびの生産性 | | | |
|---|---|---|---|---|
| | 砂糖きび収量 (t/ha) | | 砂糖きび単位当砂糖生産量(kg/t) | |
| | フィリピン | タ　イ | フィリピン | タ　イ |
| 1975–79 | 51.56 | 45.34 | 99.54 | 84.02 |
| 1990–97 | 59.21 | 47.52 | 84.91 | 101.91 |

| フィリピン砂糖きびの DRC (Domestic Resource Cost) | |
|---|---|
| 北部・中部ルソン | ネグロス |
| 0.65 | 1.12 |

（出所）砂糖きびの生産性；
フィリピンは，Sugar Reguratry Administration, *Annual Synoposis of Philippine Raw Sugar Farmers' Production and Performance Data*, 各年．タイは，Office of Sugarcane and Sugar Board, 資料．
砂糖きびの DRC；
Inter Agency Committee on Sugar Industry Study, *Sugar Industry Study*, NEDA, 1985, February, p. 138, Table 1–20.

八〇年代中頃以降におけるフィリピン砂糖産業停滞の要因としては以下の点が重要である。

まず第一に、八〇年代初めの砂糖産業の政治力の低下、砂糖行政における政府の失敗および砂糖きび生産構造の硬直性が、砂糖不況をより一層深刻なものにし、その後の砂糖産業の発展に甚大な影響を与えたと考えられる。

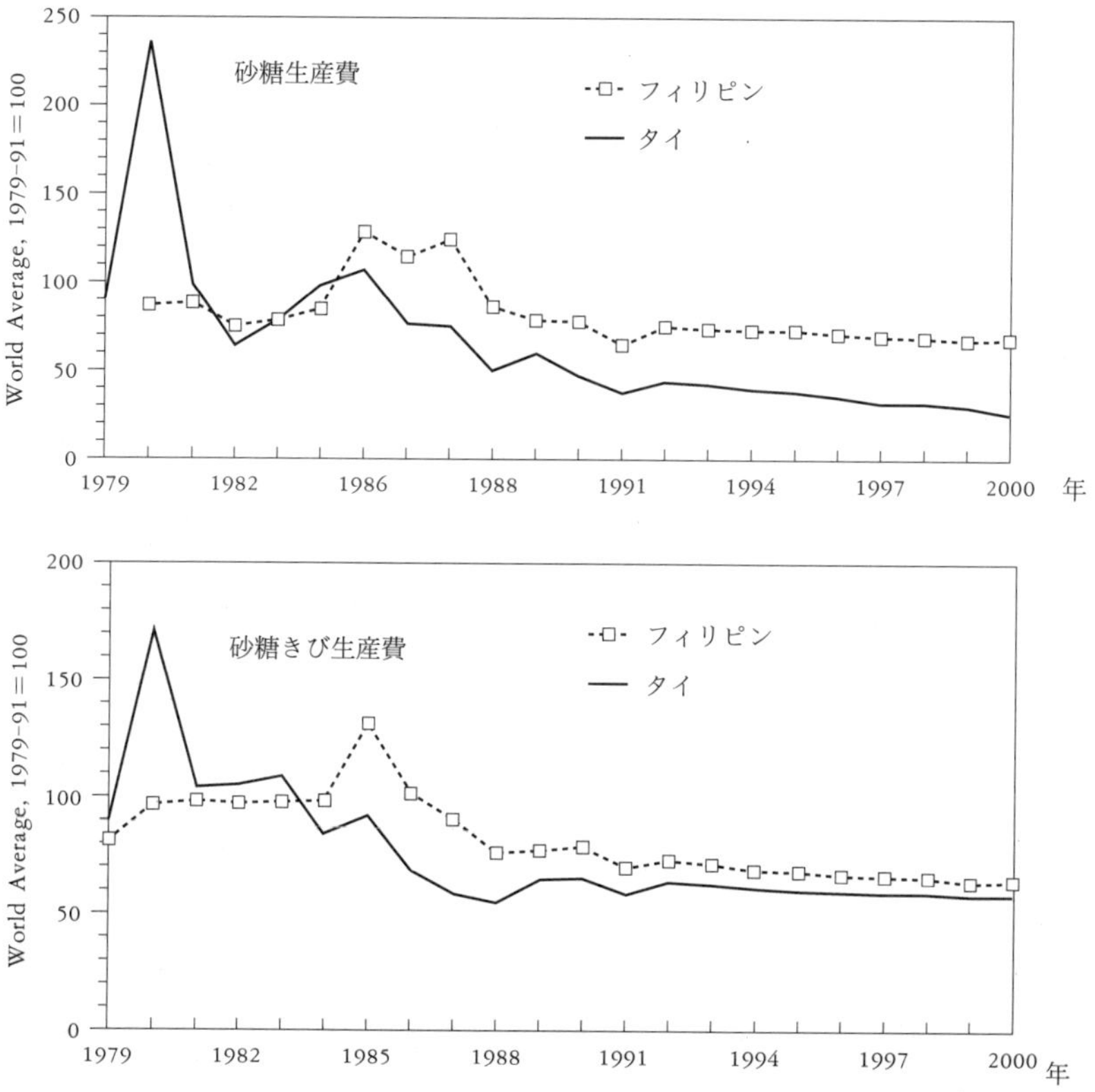


図4　フィリピン，タイにおける砂糖および砂糖きび生産費の時系列的変化（1979–2000）

（出所）Mitrphon Sugar Corp. LTD., President's Office, 資料.

原資料は，Landell Mills Commodities Company, 資料.

注）いずれも，1979–91 年の間における世界の平均生産費を 100 として，フィリピン，タイにおける各年の生産費を指数化したもの．1992 年以降は予測値．

すでに述べたように、マルコス政権下では、砂糖の生産・流通・貿易の国家管理体制の確立と製糖工場の新設とにより、旧砂糖権益グループの寡占構造の切り崩しが行われ、「砂糖ブロック」の政治力が低下した。一方で、中央集権化による国家管理体制を担ったマルコス・クローニーによる砂糖統制機関の恣意的運営は、砂糖産業の発展を阻害し、不況の際の経営破綻を加速化した。また、効率を無視した製糖工場の新設は産業全体の生産効率を悪化させ、砂糖不況のなかで産業全体の経営合理化を遅らせることになった。さらに、砂糖きびの生産が大農園制度に大きく依存していたため、金利の高騰と砂糖きび価格の暴落に対して柔軟に対応できなかった点も、この時期における砂糖生産の減少をもたらした大きな要因であったであろう（永野 1990: 252–254）。

タイの場合、フィリピンのように国際砂糖市場のブームの時期に政府統制機関が砂糖産業を〝食い物にする〟ということはなく、産業側は多大の利益を得、これを設備投資に振り向けることができた。また、タイ砂糖産業は、フィリピンとは対照的にブームの時期に得た巨額の利益をもとでに政治的発言力を高めていった。一方、国際市場価格が暴落した場合は、産業側が政治的圧力をかけて政府に補助金の拠出や売上税の減免措置を実施させ、このことが製糖業者による在庫処理を容易にさせる効果をもった。また、タイの砂糖きび生産はフィリピンと異なり中小の砂糖きび農家による栽培が主体であり、価格の低下に対して家族労働力を利用して柔軟に対応できたことも、生産が比較的安定していた理由の一つである。

第二に、いわゆる「食糧問題」とインフレのなかでのペソの過大評価、経済自由化政策が、砂糖の実質価格、砂糖産業の収益性を急激に低下させ、生産停滞の一因となった。

マルコス政権末期においては、砂糖の国際市況が暴落し国内の物価水準が高騰したにもかかわらず、砂糖の国内価格は「食糧問題」への配慮から十分には引き上げられず、生産者の実質受取価格は急落した。

アキノ政権以降、旧砂糖権益グループも復権を果たし砂糖産業保護のために政治力を行使することが可能になり、フィリピン政府も砂糖産業復興のため、産業保護や生産性向上のための諸施策を講じていた。たとえば、自由化政策の一環として関税率の引き下げが図られるなか、一九九一年に制定された小農大憲章（The Magna Carta of the Small

Farmers）は、国内生産と競合する農産物輸入を規制する包括的な権限を政府に与え、これにもとづいて、砂糖に輸入数量規制が課されることになった。その結果、砂糖の名目価格が上昇し、国際市況も回復し、インフレも沈静化したため、工業化や対外債務返済問題のためペソの過大評価にもかかわらず、砂糖の実質価格は堅調に推移した。しかし、ラモス政権下では、国際市況が再び低迷した上、生産性の低下とペソの過大評価による国際競争力の低下で米国以外の国際市場への輸出が不振であったため、国内生産が回復したにもかかわらず、国内市場における需給が緩和された。経済自由化の推進が回避し難い状況となったラモス政権下では、政府が砂糖の国内価格を支持することは困難で、国内価格も下落した。その結果、物価上昇率はほぼ一〇パーセント以内に抑えられていたにもかかわらず、九五年の異常気象による不作時を除いて、実質価格は低下傾向にある。

タイの場合には、八〇年代の国際価格が暴落した時期に砂糖産業を保護するために、国内価格を大幅に値上げし、シェアリング・システムを導入したわけであるが、その後は、国内価格をほぼ固定しているため、物価水準の上昇にともなって実質生産者価格は趨勢的に下落しているが、物価の上昇がフィリピンより穏やかに推移したため、低下の程度は緩やかである（表4）。

第三に、アキノ政権期に民主化、貧困対策の象徴として施行された包括的農地改革法（CARP）は、砂糖きび農業の生産性向上を阻害している。

CARPはマルコス政権下の農地改革法を農地改革の対象を砂糖きび農地などコメ・トウモロコシ以外の農地にも拡大した、より包括的な内容となっている。ラモス、エストラーダ両政権下でも、法律の実効性はともかく、貧困問題への対策として重視されてきた。

永野（1990: 298–301）の指摘するように包括的農地改革法は地主による抜け道が多く骨抜きにされたとはいえ、経営合理化のための投資の障害になっていることは否定できない。

たとえば、農地を抵当に資金を借入し返済不能に陥った場合に、抵当流れになった農地は、農地改革法の規定により、政府が唯一の買い手となり、買い値も政府が決定することになる。このため、貸し手にとって、そのような農地の担保価値は低下することになる。したがって、砂糖きび農園主が銀行などから融資を受ける際の農地の担保価値は農地改革法の存在によって減少し、信用へのアクセスが困難になる。その結果、農園主は、生産性を向上させるための投資（土壌消毒、灌漑整備、機械化など）に消極的にならざるを得ない（Llanto and Estanisiao 1993）。とりわけ、灌漑整備により砂糖きびの収量は六〇—七〇パーセント増加するといわれており、砂糖きび農地の灌漑率が一〇パーセントと低い現状では、灌漑投資へのインセンティブが阻害されることは、砂糖きび生産の生産性向上にとっては大きな障害となる。実際、Clarete（1992）の推計によると、農地改革法により農地の担保価値は一〇パーセント減少しており、その結果、農業生産性は四・七パーセント低下する。

最後に、一九五〇年代に生産割当のため制定された現行の、“Quedan System”とシェアリング・システムは、製糖業者による生産性向上への誘因を抑制する性格をもつ。

“Quedan System”のもとでは、砂糖生産者の生産量のうち国内市場、米国市場、それ以外の国際市場に割当てる“割合”が予め決まっている。砂糖生産者は自己の全生産量にそれぞれの市場価格をこの“割合”で加重平均した平均価格を受け取る仕組みになっている。したがって、この制度のもとでは、マーケット・シェアが大きく効率的生産が可能な大規模製糖業者は、国内市場の需要の価格弾力性が低いため（Intal and Power（1990: 89）によると、$\eta=-$〇・三八一九）、生産拡大によって平均受取価格を低下させてしまい、生産増加による限界収入は急激に低下する。それゆえ、限界収入と限界費用が一致する水準まで生産が行われ、このような制度が無い場合（国際価格に限界費用が等し

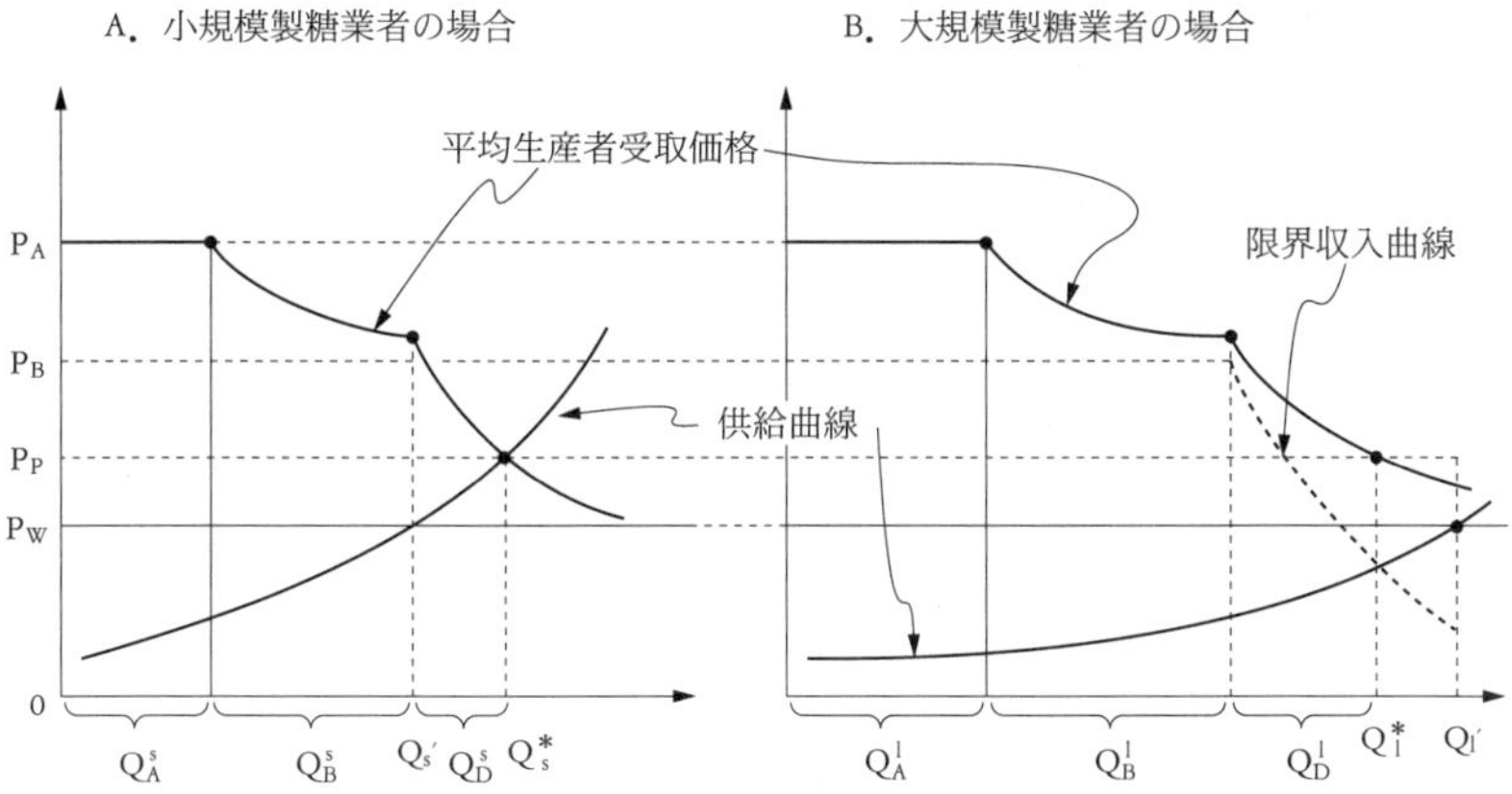


$Q_A^i$：米国への輸出量，$Q_B^i$：国内販売量，$Q_D^i$：米国以外への国への輸出量
$Q_i^*$：i の総生産量，$Q_i'$：“Quedan Systam”が無い場合の i の総生産量
$P_A$：$Q_A$の輸出価格，$P_B$：$Q_B$の価格，$P_P$：生産者受取価格
$P_W$：国際価格，
ここで，i＝s，l．

図5　“Quedan System”の非効率性
（出所）筆者作成．

くなる生産水準が達成される）に比べて過小生産となる。これに対して、小規模で非効率な製糖業者は、生産量の増減が平均受取価格に影響を与えないため、平均受取価格を所与としてこの価格と限界費用が一致するまで生産を行う。その結果、平均受取価格は国際価格より高いので、小規模製糖業者の生産量はこのような制度が無い場合に比べて過剰生産となる。このようにして、現行制度は、砂糖産業の生産性の向上を阻害しているのである（図5参照）[12]。

前節で説明したタイの生産割当制度の場合は、各製糖工場の国内市場への〝割当量〟が固定されており、なおかつ、国際市場向け割当量には実質的に制限がない。したがって、製糖業者が直面する限界収益は常に需要の価格弾力性の高い国際市場のそれであり、国際価格に大きな変化がなければ生産拡大により収益が減少するということは起こりにくいため、製糖業者の生産拡大意欲を阻害する可能性は低いのである。実際、以下のような国際価格Pと輸出量Xとの推計式から計算した、一九八二年以降における国際市場におけるタイ産砂糖に対する需要の価格弾力性は、マイナス〇・二三〜マイナス〇・六八であり、砂糖工場は四六あるので、各工場にとっての弾力性は生産拡大により収益が増加すると予想するに十分高いものと考えられる。

$$X = 724.892 - 82.5468 * LN(P)$$
$$(7.5201) \quad (-2.3361)$$

$R^2 = 0.1539$、ここで、括弧内はt値を示す。

また、フィリピンの製糖業者と砂糖きび生産者との間の収益分配制度は、砂糖の販売から得られる粗収益を一定比率で分配するという制度であるため、砂糖きび購入費以外の製糖費用は製糖業者がすべて負担せねばならない。その結果、製糖業者は砂糖きび以外の製糖費用が粗収益と同じ割合で分担される場合と比べて、生産を抑制し資源配分の非効率化を招くことになる。[13] さらに、この制度のもとでは、製糖業者が、砂糖きびからの砂糖の抽出率を高めたり、規模拡大によって粗収益を高めても、投資費用はすべて負担せねばならない一方、収益の増加分の多くを砂糖きび生産者に与えねばならないため、生産性を向上させるための投資インセンティブを阻害することになる。

これに対して、前節で説明したように、タイのシェアリング・システムの場合は、粗収益を一定割合で分配するのではなく、砂糖産業全体の純収益（粗収益から砂糖きび販売価格を差し引いた収益）を一定比率で分配する。したがって、粗収益も費用も同じ割合で分担されるため、限界収益と限界費用が一致し静学的資源配分の非効率は生じない。また、生産性を向上させるための投資を抑制する効果をもたないため動学的資源配分の効率性も損なわれないのである。

さらに、フィリピンのシェアリング・システムは表1で示したように、製糖工場の規模が大きいほど、製糖工場

側に不利に設定されている。したがって、製糖工場による規模拡大への誘因を阻害する効果をもつ。(14)

タイの場合は規模に関係なく一定割合であるため、このようなことにはならない。

以上のように、生産の非効率を招き、生産者の生産拡大誘因を妨げる効果をもつ伝統的な砂糖統制システムが改善されず残存しているという事実は、砂糖産業も政府も産業発展への意欲を欠いていることを如実に示しているのではないか。

## 五　おわりに

一般に、国家や地域の経済成長の違いは、行政機構の質や社会・経済・政治の構造とそれらの相互連関のしかたに大きく依存するといわれる（原 1992：3章）、Yoshiwara（1994：ch. 1）。本章は、このような見解を産業レベルで検証したものといえる。

前節で考察したように、フィリピンの砂糖産業が経済自由化のなかでも依然停滞しているという事実については、様々な理由が考えられる。とりわけ、タイとの比較から比較優位が必ずしも停滞の要因ではないという事実は、比較優位原則のみによって産業発展のパターンが決まるのではなく、政府の質や地域固有の社会経済構造などが重要な役割を演じるという点を示して興味深い。

マルコス政権末期の政府の経済運営の失敗、戒厳令布告以後における砂糖産業統制政策（とくにマルコス・クローニーによる国家統制機関の恣意的運営）の失敗によるダメージは、その後の砂糖産業発展の足枷となったであろう。また、産業の停滞にともない長期的に砂糖産業の政治力が低下するなかで、マクロの経済政策の失敗によるインフレの昂進と輸入代替政策・対外債務対策のための通貨の過大評価とは、マルコス政権末期における砂糖の実質価格の大幅低下をもたらし砂糖産業の収益性を低下させた。砂糖の実質価格は、ラモス政権下の経済自由化政策の進展のもとでさらに低下した。アキノ政権下で制定された包括的農地改革法の存在は、砂糖きび農園主の投資意欲を阻み、生産の効率化、拡大の制約条件となっている。さらに、その制度的枠組みが生産性向上の足枷となっている旧来の"Quedan System"と収益分配制度は改善されないまま依然として残存しており、業界も政府もこれを改善する意欲を失っているかに見える。

このように、政府の経済政策・産業政策の失敗や伝統的な砂糖生産・流通・貿易システムとそこで形成されてきた糖業資本家の企業家としての性格が、砂糖産業発展に対する種々の障壁を築き上げ、産業側も政府もこの障壁を突き崩す意欲を喪失してしまっているのである。

ところで、八〇年代中頃からＩＭＦ、世銀からの融資と見返りに実施されてきた構造調整、経済自由化政策のもとでは、政財界のエリートも競争原理を基本とする経済運営のグローバル・スタンダードを拒否できない状況に置かれてきた[15]。しかし、経済も回復基調にあり、エストラーダ政権になってからはＩＭＦの監視が緩められ、マルコス・クローニーの復権やロビー・キャピタリズムの浮上が取りざたされるなど[16]、地場資本の保護政策に対する政治的価値が高まる兆しが見受けられる。

また、ＡＦＴＡ協定にしたがって、二〇〇五年から関税が引き下げられ、アセアン地域における各国の間の競争が激化すると予想される他、中国の元引き下げの可能性も取りざたされるようになった。現在のまま品質や生産性の向上がなければ、国際競争によりフィリピン資本系産業の収益性は低下することになろう。

九〇年代に入り国際競争環境への適応を余儀なくされてきたとはいえ、政府による保護のもとでレント＝シーキング的な経済活動に長年慣れ親しんできた地場産業資本家（とくに製造業）はより厳しい競争環境を選好せず、製造業からの撤退か保護戦略への政治的働きかけを選好するかもしれない。一方、ＩＭＦの監視が緩和されるなかで地場産業資本保護の政治的価値が高まれば、政府も地場産業資本の国際競争への適応を促すような戦略を回避することになろう。

その結果、多くの産業において、アジア通貨危機以降、ペソの大幅減価、インフレ率の安定などの要因により産業の国際競争力が確実に高まっているはずであるにもかかわらず、依然として輸出指向型への転換が進まないという可能性は十分にある。

砂糖産業の場合、一般の地場資本産業と同じ状況に置かれている上、砂糖の実質価格がすでに大きく低下し、基本食料としての性格上大幅な価格引き上げは困難であること、農地改革法や"Quedan System"、収益分配制度など生産性向上の制約となる制度が存在することなど、輸出指向型産業への転換にとってより一層の困難が付きまとう。すでに述べたように、業界も政府も産業の国際競争力を向上させるための制度的改革を実施し輸出指向型産業へ転換しようという意欲は薄いようである。一方、ＷＴＯ、ＡＦＴＡ-ＣＥＰＴ体制のもとでは、よりリベラルな貿易体制のもとに置かれることが予想される。したがって、フィリピン砂糖産業が衰退の方向を選択せず、再生の道を模索するとしても、その前途は極めて険しいものにならざるを得ないと言えよう。

## 註

(1) フィリピン系資本の産業がいまだ輸入代替段階にあり輸出競争力のある分野は限られている点については、福井（1999: 373）参照。
(2) 直接的要因については、高坂（1991: 235–236）を、低生産性の要因については、江橋（1991: 264–267）、原（1993: 346–347）などを参照。
(3) 戦略的補完性、代替性に関しては、坂井（1998: 189–194）を参照。
(4) フィリピンとタイの砂糖産業の比較についての先行研究としては、野沢（1989）がある。
(5) この節の記述については、福井（1995: 143–147）およびそこで引用した文献を参照。
(6)「砂糖ブロック」については、永野（1990: 204）、Hawes（1987: ch. 3）などを参照。
(7) Intal and Power（1990: 190–194）参照。
(8) 永野（1990: 298–301）参照。
(9) この節の記述については、福井・オラピン（1997: 3–10）、および、そこで引用した文献を参照。
(10) この法律について、より詳しくは、福井・オラピン（前掲論文：5–10）、山本（1998: 244–263）などを参照。
(11) 当初は、基金の財源は政府の負債によって賄われていたが、その後、実現価格が暫定価格を下回ることもあまりなく、基金が背負った負債はすべて返済されているということである。
(12) この点については、Borrell, Quirke, de la Pena and Noveno（1994: 39–43）参照。
(13) この点についても、Borrell, Quirke, de la Pena and Noveno（前掲書：44–46）参照。
(14) Borrell, Quirke, de la Pena and Noveno（前掲書：47–49）参照。
(15) フィリピンの産業政策が経済自由化の過程で変貌しつつある点については、坂井前掲論文参照。
(16) 日本経済新聞、一九九九年六月二八日朝刊。

## 引用文献

≪邦文≫

江橋正彦（1991）「東南アジアの工業化」吉原久仁夫編『講座東南アジア学　東南アジアの経済』、弘文堂、二四二―二七四頁。

高阪章（1991）「東南アジアの対外債務」吉原編、前掲書、二一一―二四一頁。

坂井秀吉（1998）「フィリピンの産業政策と電器・電子産業組織（日系企業調査に依拠した分析）」アジア経済研究所『国別通商政策研究事業報告者』、一八八―二一五頁。

永野善子（1990）『砂糖アシエンダと貧困』勁草書房。

野沢勝美（1989）「生産規模と輸出市場」平島成望編『一次産品問題の新展開―情報化と需要変化への対応』アジア経済研究所、一八一―二二八頁。

原洋之介（1992）『東南アジアの経済発展』東京大学東洋文化研究所。

――――（1994）『アジア経済論の構図』リブロポート。

福井清一（1995）「開発における「政府の失敗」とＮＧＯ活動の限界」嘉田良平他『開発援助の光と影』農文協、第五章。

――――（1999）「フィリピン―〈エリートによる分権的支配への挑戦〉―」原洋之介編『アジア経済論』ＮＴＴ出版。

福井清一、ソンポン・オラピン（1997）「産業発展と利益集団・政府の役割」『アジア経済』三八巻四号、二―一八頁。

山本博史（1998）『タイ糖業史』御茶の水書房。

《英文》
Borrell B., Quirke D., de la Pena B. and Noveno L. (1994) *Philippine Sugar An Industry Finding Its Feet, A report on collaborative ACIAR project no. 8903*, Center for International Economics, Canberra, Australia.
Clarete, R. L. (1992) *An Economic Analysis of Selected Policy Reforms in the Agribusiness Sector: the Agribusiness Systems Assistance Program*, ASAP Policy Team, Quezon City, Philippines (mimeo).
Hawes, G. (1987) *The Phillipine State and the Markos Regime: The Politics of Export*, Ithaca & London: Cornell University Press.
Intal, P. S. and Power, J. H, Trade (1990) *Exchange Rate, and Agricultural Pricing Policies in the Philippines*, Washington, D. C. : World Bank.
Llanto, G. M. and Estanislao, B. (1993) *The Comprehensive Agrarian Land Reform and the Collateral Value of the Agricultural Lands*, ASAP Policy Stidies 93-01, Quezon City, Philippines.
TDRI (1993) *Research Report on the Future of Sugarcane and Sugar Industry of Thailand* (*in Thai*), Bangkok, Thailand.
Yoshiwara K (1994) *The Nation and Economic Growth The Philippines and Thailand*, Oxford University Press.

# 第6章

# 地方産業の発展

## ――タイ国ヤソトン県の三角枕の事例(1)

池本幸生

地域発展の固有性を考える事例として、タイ国ヤソトン県における三角枕生産の発展過程を取り上げる。ここで三角枕と呼ぶのは、正三角柱の形をしたクッションのことであり、正三角形は一辺が約三〇センチメートル、三角柱の高さは約五〇センチメートルのものが一般的である（図1参照）。背もたれ・肘かけ・飾りとして用いられる。タイのお寺に行けば見られるものであり、日本でもタイ・レストランに置かれていたりする。三角枕は、東北タイのヤソトン県のシータン村を中心に作られており、その全国に占めるシェアは九〇パーセントを超しているのではないかと思われる。(2) どのようにしてシータン村が三角枕生産の中心地になったのかを見ることを通して、地域発展の固有性を考える材料としたい。

タイは目覚ましい経済発展を遂げてきたが、同時に所得格差も急速に拡大してきた。タイの場合、経済発展を主導してきた第二次および第三次産業はバンコクおよびその周辺に集中しているために、所得格差の拡大はバンコクと地方との間の格差の拡大として現れる。地方の中でも最も所得水準の低いのが東北部である。一人当たり地域総生産（Gross Regional Product）で測ると、バンコクと東北部の格差は一〇倍に達する。世帯所得で測ると格差はこれほど大きくはないにしても、他の国では見られないほどの大きな格差を示す。経済発展から取り残された地域という東北タイのイメージによって、八〇年代後半以降の急激な経済発展が東北部になんら便益をもたらさなかったとまで主張する人もいる。しかし、バンコクを中心とする経済発展は実際には様々なチャンネルを通して農村部にも利益をもたらしてきた。そのようなチャンネルには、地方からバンコクへの出稼ぎによる送金、中央政府から地方政府への移転支出および工場の地方分散など様々である。本章で取り上げる三角枕生産といった農村家内工業の発展もそのひとつである。経済成長の恩恵を受け三角枕に対する需要が急増し、それに対応するために生産を周辺地域に拡大し、村落間分業が形成されてきた。このような農村家内工業は政府の奨励措置を受け、またNGOのサポートを得て各地で様々な試みが行われている。三角枕作りに挑戦している村もあるが、多くの場合、成功しているわけではない。シータン村の優位性が確立してしまっていて、新規参入が困難になっているからである。その理由としてはいろいろ挙げることができよう。「規模の経済」が存在する場合には、それを生かしている既存の生産者に有利である。また、オープンな市場で販売するのであれば容易に参入できるとしても、実際には個人的な関係に基づく既存の流通ルートが確立している場合には、そこに割り込むことは容易ではないだろう。「何に特化し、どのような発展経路を辿っていくか」に関しては、歴史的時間の中でどのような位置を占めているかが重要であり、これが地域の発展パターンに固有性をもたらすひとつの要因である。

## 一　三角枕の歴史と用途

現在、タイで広く見られる三角枕は側面が正三角形をしている。しかし、古い時代には二等辺三角形だった。ラオスや北タイの博物館に展示されている三角枕は二等辺三角形をしており、その二等辺三角形の部分には豪華な刺繡が施されている[3]。その見事さは、刺繡部分のみが額に飾られ売られているほどである。かつての三角枕は一般庶民が普段用いるというよりも、宮廷や寺院などで用いられる特別な品であった。

図1　タイの三角枕（女性の背に接しているもの）．背もたれや肘かけ，飾りとして用いられる．

昔は、寺に寄進したり客に贈るために作られていたのであり、一般庶民が自分で使うことはあまりなかった。三角枕を作るのには技能を必要とし、誰にでも作れるというものではなかった。「いい三角枕を作れることがいい嫁の条件であった」という話は、このことを物語っている。「どの村でも昔は三角枕を作れる女性がいた」という説もあるが、実際にはそうではなく、作れる人から買う、あるいは物々交換で手に入れるということが行われていたと考えられる。この意味で、ローカルな市場が存在していた。

現在、三角枕の中心的生産地となったシータン村での三角枕作りの歴史は浅く、一九七〇年頃に始まる。当時、この村の男がバンコクに出かけて行ったとき、ある寺で綺麗な三角枕を見つけ、その美しさに感動し、村に帰ってから自分の村で作らせるようになったというのが三角枕作りの直接的な契機であったと言われている。初め、彼は自分の妻に同じようなものを作るように頼むが、彼女は作ることができず、近所で作れる人を探し、頼んで作ってもらう。このことは、当時、シータン村では三角枕が作られていなかったということ、それを作るだけの技能を持った人は多くはなかったということを示している。三角枕を作るのは決して簡単なことではなかった。(4) このようにシータン村が三角枕作りの大生産地となる出発点には二つの偶然が重なっていた。つまり、バンコクで三角枕を見つけ、それを自分のところでも作りたいと熱心に思い、実際に行動する人がいたということであり、さらにシータン村にそれを作れる技能をもった人がいたということである。この偶然がきっかけとなって、シータン村の農村工業の発展が開始することになる。(5)

このようにして作られた三角枕は村の寺に寄進されたが、このままであれば需要は小さく、発展は望めなかった。発展していくためには市場の拡大が必要であり、さらにそのためには三角枕の市場性に気付くきっかけが必要であった。様々なきっかけがあった。受動的なきっかけとしては、他の村の人がシータン村の寺を訪れ、そこに飾られていた三角枕を欲しいと思い、シータン村の人に頼んで作ってもらったというようなことがあった。欲しいと思っ

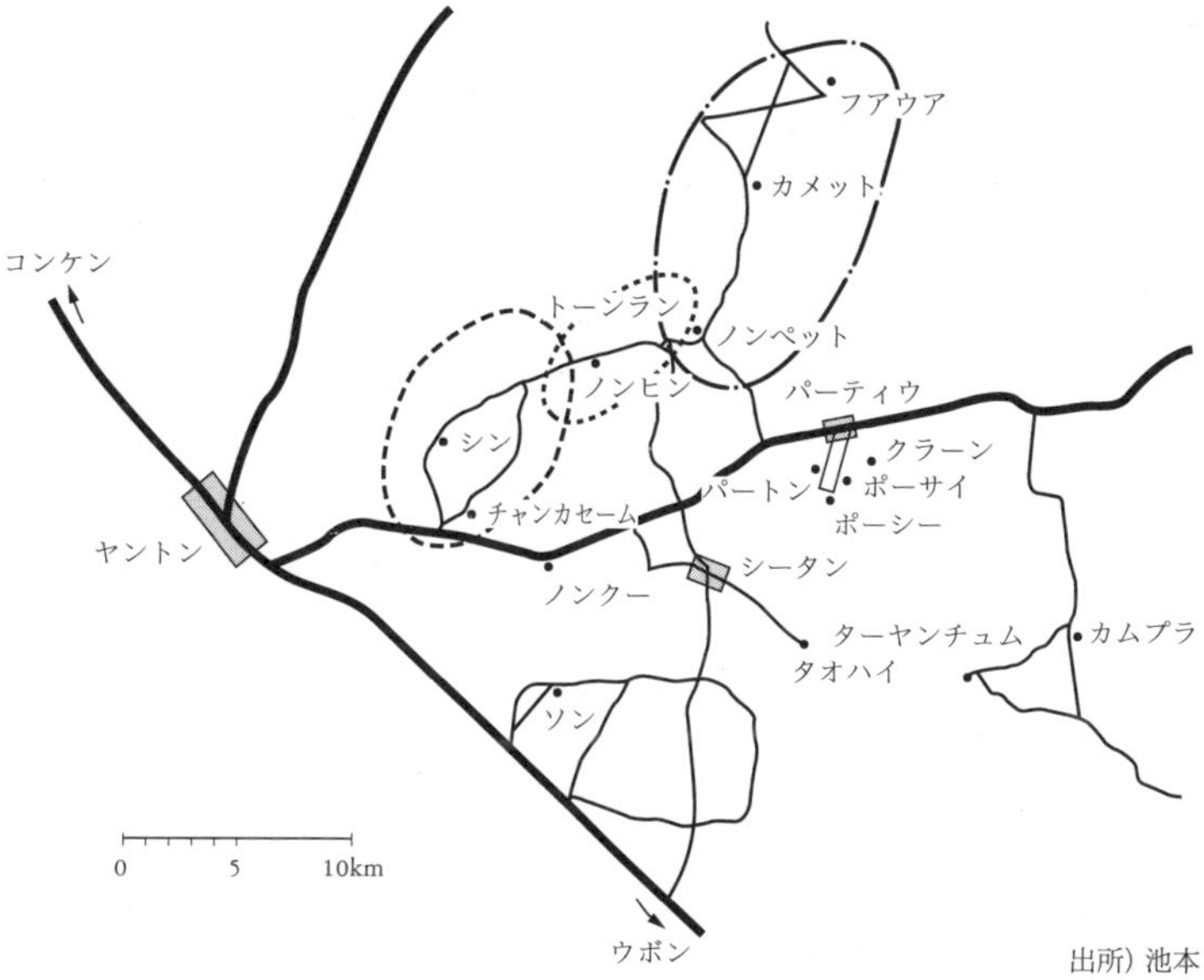


出所）池本（1995）

図 2　シータン村周辺

たのはバンコクで三角枕を見つけたシータン村の人も同じであった。違ったのは、自分の村に帰って作ろうとしたかどうかである。シータン村の人がバンコクで三角枕を見つけた時、バンコクで三角枕を作れる人を見出すのは困難だったであろう。それに対し、シータン村で三角枕を見つけた人はシータン村に作れる人を見出すことができたという条件の差が背景にあった。何でも自分で作ろうとするのではなく、交換によって手に入れようとする習慣があったことも重要な要素であった。このようにしてシータン村の三角枕の噂が徐々に周辺の村に広まり、シータン村で三角枕を作ってもらうよう頼みに来る人が増えてくる。最初は、作ってもらう人が材料を集め、それをシータン村に持って来て三角枕を作ってもらっていた。この段階では、シータン村の人たちは、あくまで頼まれて作るという受け身の立場であった。変化は、三角枕作りが商売になるということに気が付いて起ることになる。

市場性に気付く能動的なきっかけとしては、シータン村の人が他の村に住む親戚のところに遊びに行ったとき、三角枕をお土産として持って行ったところ非常に喜ばれたことが挙げられる。それがきっかけとなって枕が売れることを知り、後に売り歩くようになるケースが現れる。

一旦、三角枕作りが商売として成り立つことが分かると、材料を持ってきてもらうという受け身の態度を止め、自分たちで材料を集めて三角枕を作り、それを売っていくという能動的な態度に変わっていく。さらに、それが儲かるということになると、シータン村に住む他の人たちも同じように三角枕を作って売ろうとし始める。三角枕作りを一人で独占するという態度は、村というコミュニティに調和的に住んでいこうとする限り、とりにくい。従って、三角枕作りの技術はシータン村の中で広まっていく。しかし、村の外に対しては、技術の普及を進めようとするインセンティブには欠ける[6]。このようにして、シータン村の三角枕作りの技術的優位が確立されていく。この技術的優位をさらに推し進めたのは、技術が村内に普及していく過程で起こった技術の改良であった。技術を普及させていくためには、規格化されて教えやすい技術に変わっていく必要がある。最初に作り始めた人が器用な人であって、それを器用さの劣る人に伝えていくためには、器用さに頼る部分を少なくして器用でない人でも作れるように変えていく必要があった。また、新しいデザインを試みるなどの「革新」が行われ、「シータン村の三角枕」の形が確立していった。

需要の小さい段階で、このようなプロセスを後押しした点で政府の役割は重要であった。一九七〇年代中頃から農村の貧困を解消するために政府は農村開発政策に力を入れるようになり、農村工業が注目されるようになる。農村工業を振興するために全国各県から各地の「特産品」を集めてきて展示し、奨励の意味を込めて優れた品に対して賞を贈るということが行われるようになる。各県はそのために各県の「自慢の品」を出品することになり、ヤソトン県ではシータン村の三角枕を出すことになる。この時点では、三角枕の生産規模は小さく、特に「県の自慢の品」というほどでもなかっただろう。しかし、一旦、「特産品」として取り上げられ、全国規模の展示会で展示されると、ヤソトンの三角枕が全国に知れ渡っていくことになる。同様の展示会はしばしば開催され、そのたびに三角枕を出品する。それは単に惰性であったかもしれないが、それがさらにヤソトンの三角枕を有名にしていく。

一九七〇年代半ば、シータン村には三角枕を取り扱う「商人」[7]は三軒あり、村の約半数の家で三角枕を作るほどになっていた。販売は商人だけでなく、村人たちの作った生産組合も行っていた。物産展のおかげで徐々にシータンの名が全国的に知られていくようになるにつれて販売量も伸び、一九八四年頃になるとほぼ全戸で三角枕を作るようになっていく。一九八〇年代後半以降、タイ経済が目覚しい成長を遂げると三角枕に対する需要も急増し、シータン村のみでの生産では需要に追いつかなくなる。需要に応じるために、一九八九年頃から「パーキット」と呼ばれる伝統的な織物を周辺の村に委託して織らせることが始まり、一九九一年頃にはシータン村でパーキットを織ることを止めてしまい、他の工程に特化していく。ここに農村間で三角枕の分業体制が形成される。次節では、この様子を詳しく見ていくことにする。

## 二　三角枕の生産工程

三角枕生産の分業関係を示すために、三角枕の製造工程を①機織り、②縫製、③仕上げの三段階に分けて説明する。

図3　パーキットを織る女性

①機織り

三角枕にタイの伝統的な雰囲気を与えているのは「パーキット」と呼ばれる伝統織物である。この布はラオス、東北タイ等で古くから織られてきた。この布は三角枕の胴の部分に用いられ、タイらしい雰囲気を醸し出すという点で重要な役割を果たしている。象や鳥などの模様が織り込まれている。

模様を織り込んでいくための紋綜絖があ

り、複雑な模様を出すためには多くの紋綜絖を必要とする。それを準備するには熟練を必要とするが、一旦、セットしてしまえば織ることにそれほどの熟練を必要とするわけではない。時間がかかる割には収入は高くなく、労働集約的な工程である。シータン村内の労働力で対応できなくなったとき、もっとも労働集約的な工程が周辺の村に下請けに出されることになる。

一般的に布を織るのは女性の仕事であり、パーキットを織っているのは年輩の女性である。これは、パーキットを織るのに熟練が必要であって、その技能を持っているからというわけではない。また、若い人が技能を修得しないために将来消えていくものであるということを示しているのでもない。織りの技術自体は難しいものでもなく、また織りの技術は復活が容易なものである。織り手に年輩の女性が多いのは、若い人たちには人気のない仕事であり、町に働きに出かける方がよっぽど魅力的なためである。逆に言えば、生産性が高く、十分な収入をあげることができれば、機織りであっても若い女性にとって魅力的な仕事である。

機織りに用いられる機は、木の枠に関してはどこでも手に入れられるような材木であり、コストはほとんどかからない。(8) 筬《おさ》については町で買ってくるが、七五バーツ（一九九四年頃）という安いものである。機織りでもっともコストのかかるのは糸である。機織りが下請けに出される場合、糸はシータン村の「商人」が持ってきて貸し与えるという形をとる。織り手にとっては機自体に投資をそれほど必要としないこと、技術的にもそれほど困難ではないこと、指示されたデザインのものを織ればよいこと、などの理由により、町に出稼ぎに行くなど別の収入源を持たない人たちにとっては悪くない内職となっている。一方、下請けに出す方は、労働集約的工程であってシータン村の労働力だけでは対応できず三角枕作りのボトルネックとなっており、周辺の村に下請けに出す誘因を持つことになる。

図4　藁と綿を詰めた状態

②縫製

織り上がった布を中心にして三角枕の形に縫い上げていくのが、この工程である。三角枕は、もたれても形が崩れないように、その内部は小さな三角形に区切られ補強されている。例えば、一辺三〇センチメートルの標準的なものであれば、その内部は一辺約八センチメートルの正三角形を組み合わせるような形に縫い合わされている。普通の大きさのものなら十個、小さめのものなら六個、大きめのものなら十五個組み合わされる。この数によって三角枕のサイズを指定できる。この三角形をさらに組み合わせることにより、もっと大きなものも作ることができる。[9] 内部に用いる布はパーキットではなく、網のような目の粗いものである。この段階まで完成したものは町でも売られている。

これらの布を縫い合わせていくという工程は複雑であり、熟練を要する。また、この段階ではミシンを必要とし、投資資金が必要となる。電動ミシンは足踏み式のものより値段が高いが生産性も高い。この工程は電動化と熟練によって生産性を伸ばすことができ、今の段階では需要の拡大に対してもシータン村内の労働で十分対応ができている。その結果、この工程はシータン村で独占されることになる。見方を変えれば、この工程をシータン村が独占していることが、三角枕の生産自体を独占し続けている要因である。

③綿詰め、仕上げ

この工程では、②の工程で縫い上がったものに藁を芯として詰め、その周りにカポックの綿を棒で押し込む。そして側面に当たる正三角形の部分を約八センチメートルの小三角形ごとに手で縫いながら蓋をしていく。この工程の道具は、綿を詰め込むための竹の棒と蓋を縫い付けるための針だけである。作業自体は簡単なので、子供が手伝ったりしている。

シータン村では型崩れしないように、またコスト削減のために藁を芯にしている。一方、シータンの製品とは差別化し、高級品として高く売るために、カポックだけを詰めていることを売り物にしているところもある。

## 三　三角枕の村落間分業

三角枕に対する需要規模が小さい間は分業関係はシータン村内部に留まっていたが、需要が増大するにつれて村内で対応できなくなると、シータン村とその周辺の村の間で分業関係が生まれてくる。ここでは村落間分業について見ていくことにする。この分業関係の中心にあるのはシータン村であり、三角枕の生産工程②③はシータン村によってほぼ独占されている。[10] シータン村が工程②③に特化することになった経緯はすでに述べた通り、一九八〇年代後半からの高度成長に伴って三角枕に対する需要も急増し、その需要に対応するためにシータン村の商人達はパーキットの供給を村外に求めたということである。

では、なぜシータン村の商人達は村内では工程②③に特化し、工程①を周辺の村に委託するという形ができてきたのだろうか。まず、技術的制約として考えられることは工程②に関しては修得に時間がかかるということである。需要の急激な増加に対して工程②の技術を他の村に移転しようとしても、習得に時間がかかるために間に合わない。また、ミシンに対する投資も必要であり、周辺のそれほど豊かではない村の人たちにとって負担は大きい。このような条件があるので工程②を他の村に委託するということは技術的に容易ではない。

工程③に関しては、この技術は他の村に移転すること自体は容易であり、周辺の村で行えないわけではない。しかし、工程①を周辺の村で行った後で工程②を行うためにシータン村に布を運び、さらに工程②を終えた後でもう一度周辺の村に持っていくのでは輸送コストも時間もかかることになり、不利である。また、シータン村の内部で労働力が不足しているといっても工程②を行う技能を持たない人もおり、そのような人たちに所得機会を提供するという機能を果たすことになる。すなわち、シータン村内部での所得再分配機能を果たしていることになる。この工程は子供たちの「アルバイト」としても行われていた。子供が学校から帰ってきてからや、学校が休みの時などに親の手伝いとして行われていた。小学校を卒業した後、中学に進学しない場合には、町に出稼ぎに行く一五才くらいになるまで工程③の作業を手伝うということが行われていた。しかし、この数年の間に中学の進学率が一〇〇パーセントに近いところまで上昇してくると、このような、子どもが手伝うという姿は見られなくなってきている。(11)

このような技術的条件の他に、村間分業の条件としてシータン村の人々の利益を図るという「商人」の行動を挙げることができよう。三角枕の生産を組織しているのはシータン村に住む「商人」たちであるが、彼女らが村の中で活動していくためには、村人たちとの協力的関係を維持しておくことが重要であり、村人の協力を得るためには他の村の人たちと比べて少なくとも不利にならないという条件で村人達に仕事を与えることが村人からは期待されている。シータン村で行われている工程②は最も収入のいい工程であるが、このような高収入はシータン村でこの工程を独占することによって維持できる。外部の者が参入してきて競争が生じれば、その収入は減少するからである。また、工程③も工程①に比べれば有利である。両者とも一日の稼ぎとして平均的には八〇〜一〇〇バーツ程度になる。しかし、作業の内容やその熟練・技能ということを考えた場合、工程①の方がより高い収入になっても不思議ではないが、そうはなっていない。これは工程①を広い範囲で委託することから潜在的な競争にさらされており、労賃が引き下げられているからと考えられる。一方、工程③はシータン村で独占されているので労賃は下がらない。このように工程③の方が優遇されており、シータン村の人たちには有利な条件が与えられていると考えられる。村人にとって「なぜシータン村では機織りを止めてしまったのか」という問いに対する答えは、「儲けがよくないから」「時間がないから」であり、たくさん作らなければならなくなったときに最も効率の悪い部分（労働に対して儲けの悪い部分）を最初に止めていったことを示している。[12] その一方で商人たちはパーキットを織れる人たちを探していったということである。

シータン村の人たちが工程②③を有利な仕事であると見なしているという点は、例外的にシータン村が工程②③の下請けをさせているニコム村を検討することによって確かめることができる。ニコム村はシータン村から幹線道路に出る所にある。この村にはシータン村の人々と親戚関係にある者が多く住み、シータン村の人からは兄弟（親子）関係にある村と見なされている。従って、シータン村の商人がニコム村の村人の利益も優遇すると解釈することにより、この例外も理解することができる。

このような自分の村の利益を優先するという行動は村落間の経済格差を拡大する方向に作用するが、そもそも仕事がないところに仕事を提供しているという点では生活水準の向上に貢献している。また、他の村では宝石研磨などの別の家内工業に特化していたり、バンコクに出稼ぎに行くなどの収入源を持っていたりするので、シータン村以外の村は貧しいというように単純に割り切ることはできない。三角枕作りが村落間の所得格差を説明するのはごく一部である。にもかかわらず、シータン村の三角枕作りはヤソトン県における農村工業としては突出していることは確かである。タイの農村部にはこのような農村部でポツンと工業の発展した村がところどころに見られる。これらの村の発展のメカニズムはシータン村の発展と似通った要素を持っている。

シータン村の三角枕作りの生産面での波及効果は、工程①の空間的広がりによって見ることができる。機織りを行う村は、ヤソトン県中部の広い範囲に見られる。このような地域が形成されたのはシータン村の「商人」がパーキットの不足を補うためにパーキットを織れる人を周辺の各村を回って探し歩いた結果である。「商人」は町で買ってきた綿糸を織り手のところに届け、織り手はパーキット単位当たりいくらという条件で織る。そして「商人」は織り上がった布を回収すると同時に織り賃を支払う。このような織り手のいる村の例としてポーサイ村、ポーシー村、クラン村、タオハイ村、ノーンクー村、シン村、ノンヒン村、ノンペット村などがある。[13]タイの農村では縁故を頼って移動するということが昔から頻繁に行われていたので、このような織り手を探す「商人」の行動もこのような縁故を頼って行われる。その結果、特定の村との結びつきが強くなっていく。縁故による結びつきは空間的距離とは関係がない。たとえすぐ隣の村であっても、縁故による結びつきがなければ仕事をもらえるとは限らない。この意味で、農村工業の普及は距離的に近いところから遠いところへとジワジワと広がっていくのではなく、縁故のような関係のある村へとジャンプしながら広がっていく。

## 四　「商人」の役割

「商人」は三角枕の生産を組織するという重要な機能を果たしている。ここで言う「商人」とは、シータン村で三角枕の生産を組織し、それを販売している人々を指す。その多くは女性であり、それはもともと布を織り三角枕を作るという作業は女性の仕事であったためであろう。三角枕を販売目的で生産を開始した当初は、組合（職業グループ）を作って組合が三角枕作りを組織し、組合単位で町に売りに行くという形をとることが多かった。ところが、彼女らの中から資本を蓄えたものが「商人」となり、自ら生産を管理し、バンコク等の町の商人たちと取引を開始するようになった。従って、三角枕を作る者からそれを売る者まで女性であるということになった。今でも三角枕作りをするのは女性の仕事であると考えられ、男は農業を行う者であるという意識が強い。ただし、バンコクなどの工場で働いてきた者の中には町の工場で働くのと同様の感覚で三角枕の縫製段階を手伝う者もいるが、それは少数である。

「商人」の強みは、販売のネットワークを持っていたり、下請けを依頼する相手とのネットワークを持っていたりすることである。このようなネットワークの形成は古い村の方が有利である。結婚や出稼ぎを通したネットワークの蓄積があるからである。実際、シータン村や後述のシン村、ポーシー村、ポーサイ村、クラン村は、マラリアによって消滅したティン村から派生した比較的古い村である。古いということはネットワークの形成には重要な要素ではあるが、それ自体は「商人」が発生するための必要条件でもなければ十分条件でもない。むしろ村に活発に動き回る活動的な人がどれくらいいるかの確率の問題である。

「商人」は単に販売に専念するわけではなく、生産にも関わっているという点で企業家の役割を果たし、また資金を提供するという点で資本家の役割も果たしている。すなわち、彼女らは自らの資金で買ってきた綿糸を周辺の村に持って行き布を織らせ、その布をシータン村の人々のところに運んで縫わせ、さらにカポックのわたも調達してきて仕上げさせる。

ところが、このような役割が未分化な状態は、「商人」は資本を蓄積するとともに前貸しを行わない純粋な商人となる状態へと転化していく。この転化のプロセスは次のようにして生じる。「商人」は三角枕の販路を次第に全国に広げるなどして取扱量が増えてくると、規模の拡大した生産を自ら管理することは困難になってくる。一方、これまでこの「商人」の下で生産を請け負っていた人たちの中に資本を蓄積し「商人」的活動を行う人たちが出現してくる。すると、「商人」は生産活動から手を引き、生産はすべて新興の「商人」に任せてしまい、自らは流通に特化していくことになる。新興の「商人」達もまた将来は生産活動から手を引き流通に特化することを望んでいる。その理由は、生産活動に伴うリスクを回避できるからである。

商人にとって三角枕の流通ルートを握っていることが大きな財産となる。長年の取引によって築き上げられた信頼関係は、新規参入者が容易に割り込むことはできない。さらに、シータン村の三角枕の場合には、分業体制に基づく大量生産によってコストを削減していることも強みとなっており、新規参入しようと思えばシータン村の大量生産型の低価格品とは違う特徴を打ち出していかなければならない。この点は、次節で取り上げる。

このような「企業家精神」を持った人たちはシータン村に限られるのではなく、タイの農村部において広く見出すことができる。例えば、同じヤソトン県の別の村での四角枕生産のケースである。この村の「商人」は、眠るときに用いる四角枕を町で買ってきて、それを自分の村や周辺の村で売っていたが、町で買ってくるよりも自分のところで作る方が安く上がると判断して、自らそれを作って売り始めた。四角枕が三角枕と異なるのは、生産工程が三角枕に比べて単純であること、日用品であるので需要規模が大きいことであり、このことが四角枕生産への参入を容易にしている。このケースでも、シータン村の村落間分業と同じように周辺の村に委託して布を織らせるという分業が成立している。シータン村の三角枕の生産が拡大すると、シータン村周辺の機織り地帯にも「商人」が現れ、彼女らは自分の村や周辺の村で布を織らせ、それをシータン村に売りに行くという活動を行っている。このようなシータン村周辺で商人のいる村の名前を挙げると、シン村、ノンヒン村、ノンペット村などである（図2参照）。この図ではシン村などのテリトリーを点線で示しているが、この点線内の村のすべてが中心となる村の下請けとして機織りをしていることを示しているのではなく、それらの村のいくつかで機織りをしているにすぎない。均質的に広がっているのではなく、機織りが盛んな村がその領域内に点在しているというイメージである。また、下請けが縁故を通して行われるため、この領域を飛び出していくことも多い。

「商人」たちは、シータン村の「商人」と同様に自分の村の人たちが周辺の村に比べて不利にならないように配慮しながら仕事を依頼していく。コミュニティ内でコミュニティの協力を得ながら活動していくためには、このような配慮は必要である。しかし、利益優先的に活動してコミュニティの反感を買う者もいないわけではない。そのような者は、コミュニティ内で居心地が悪い分、コミュニティを飛び出し、活路を外に求め、活動範囲を全国にまで広げているものもいる(14)。

## 五　シータン村以外での三角枕作り

かつては三角枕を作る条件はどこでも同じであったが、シータン村で「技術革新」が進み、大量生産と分業の効果でコストの削減に成功し、流通ネットワークを確立し、広い意味でのインフラを整えていくと、シータン村以外がシータン村と同じような形で新規に参入していくことは困難となる。分業のメリットを生かすような大量生産での新規参入は、市場規模が限られているために、シータン村の三角枕作りを駆逐してしまうような形でしか起こり得ないように思われるが、それはありそうにないことである。シータン村の優位性が確立してしまっているからである。一旦、特定の産業に特化してしまうと、その後の発展経路は特化した産業に規定されることになり、三角枕に対する需要が低下すれば、それに応じてシータン村の三角枕作りも衰退していくというリスクを負うことになる。「負のロックイン効果」と呼ばれるものである。[15] シータン村が三角枕作りから、別の新しい産業に重心を移していくというような「雁行形態論」として論じられる新しい産業への移行が次々に起こるということは村のような小さなレベルではありそうにない。[16]

タイ政府は農村の貧困を解消するために農村工業の奨励も行い、そのひとつとして三角枕の生産を試みている村がある。しかし、シータン村が優位性を確立した後では新規参入が困難である。シータン村のような大量生産型の低価格品で新規参入していくことは困難であるので、より精巧なもの、より美しいものといった「高級品」市場で参入していくことになる。以下ではふたつの例を取り上げる。

パートン村とポーシー村（図2参照）は村の成立に関しても、また三角枕作りに関してもシータン村と同じくらいの歴史を持っている。すなわち、シータン村が三角枕作りを始めた頃、これらの村はシータン村の潜在的な競争相手であった。しかし、その後のシータン村の発展は、これらの村がキャッチアップできないところまで進んでしまった。それは、シータン村が情報や流通まで含めた広い意味でのインフラを集積することに成功し、それとまともに競争することは不可能になってしまったからである。そして、まともに競争することは避け、より「高級な三角枕」という「隙間市場」へと特化していくことになる。[17] これらの村では、シータン村のものに比べてパーキットの模様をより特徴的で複雑で精巧なものにし、また三角枕の芯にシータン村のように藁を詰めたりせず、カポックの綿だけを使うなどより手の込んだものを作っている。その分、値段も高くなり需要量も少なく、生産量も小さい水準に止まっている。経営形態の発展段階論に即して言えば、シータン村の問屋制家内工業に対し、それ以前の段階である注文生産による手工業経営に止まっているということになろう。従って、シータン村のような「商人」はおらず、生産組合が商人の役割を果たすことになる。しかし、生産組合の中で中心的な役割を担っている人には「商人」的な要素を持った人たちがおり、その将来はこうした人たちの活躍にかかっていると言えるだろう。

もうひとつの例はカムプラ村である（図2参照）。カムプラ村はヤソトン県隣のアムナーチャルン県にあるが、地理的にはシータン村から近い距離にある。この村はパートン村やポーシー村に比べて村の成立は新しく、また三角枕作りを始めたのも遅い。この村の三角枕の特徴は天然染料を用いているところにある。シータン村などが化学染料を用い、黄色や赤などの派手な色をしているのに対し、カムプラ村の製品は草木染めの地味な色をしている。天然染料ブームにのってバンコクやチェンマイなどのデパートでも売られるようになってきている。天然染料の技術は村に古くからあったものではあるが、それを復活させるために政府やＮＧＯが重要な役割を果たしてきた。この村にＮＧＯが入ることになったのは、この村が基礎的な条件をそろえていたからではあるが、同様に条件のそろった村の中からＮＧＯがカムプラ村を選んだのは偶然であった。村の人たちはＮＧＯの指導や工業省での研修を通して天然染料の技術を身につけていくが、天然染料は化学染料に比べて手間がかかるものの、それだけ高く売ることができる。ここでも高級品の小量生産によって参入しようとする戦略がとられた。また、三角枕の芯に藁を詰めず、カポックのみを使っていることも差別化の方策であった。この村も生産規模がまだまだ小さいために「商人」は出てきていないが、「女性グループ」がその役割を果たしている。

もの作りは技術を習得することによって可能となるが、それを売っていくルートを見つけることは容易ではない。カンプラ村で三角枕を作り始めた当初の主要な顧客は県の役人であった。この村は県の奨励を受けて三角枕を作っていたが、県の産業を奨励するために役人は進んで購入し、県の産業奨励策の成果を誇示するためにも、彼らは三角枕を買って飾っておく必要があった[18]。しかし、販路が県の役人に限られていると成長は望むことはできない。カンプラ村が販路を開拓する上で大きな貢献をしたのはＮＧＯであった。ＮＧＯは天然染料を用いることを勧めたのみならず、完成品をバンコク、ウボン、コンケンなどのデパートや土産物屋で売ってもらうよう頼んで回り、自ら販路を開拓していった。一旦、カンプラ村の天然染料の三角枕が人々の目につくようになると市場がひとりでに開けていった。

しかし、三角枕だけでは需要が限られているので、天然染料で染めた布を使って多角化が行われている。例えば、天然染料で染めた布を使った鞄がある。この村からバンコクに出稼ぎに出る場合、バンコクのある鞄工場に行くというルートが出来上がっており、多くの人がこの鞄工場に出かけていく[19]。バンコクへの出稼ぎから帰ってきて村に落ち着いた男の中には、バンコクで習得した鞄作りの技術を生かして村で鞄作りを再開するものが出てきている。出稼ぎによって技術が地方に普及するというケースは鞄作りに限らず、広く見られる。タイの場合、地方の道路もよく整備されているために、このような形態によって地方の低賃金労働を活用する目的で行なわれている。

これまでは、三角枕作りに参入しようとして、ある程度成功している例を見てきた。しかし、政府の奨励を受けても三角枕作りを産業として独り立ちさせることに成功していない村も多い。三角枕を作る技術は工業省などが行っている研修を受けることによって習得することができる。また、村人を組織して三角枕を作っていくことも少々リーダーシップを発揮できる人がいれば可能である。困難なのは、利益のあがる商売として製品を売っていくという段階に移行することである。中国系ではなく、タイ系の農民が主体となって組織される生産組合のような団体にとって、製品を売っていくというのはあまり経験のないことであり、ここでつまずいてしまう。政府も市場開拓のため各地に展示場を設けて、それぞれの地方の物産を展示している。しかし、これはあくまで受け身の態度、お客が来てくれるのを待つという態度であり、よほど幸運でない限り展望が開ける可能性は小さい。外に向かって飛び出し自ら市場を開拓するのでなければ、やはりこの障害を乗り越えることは難しい。

## 六　地域発展の固有性

本章ではシータン村の三角枕作りをひとつの産業の発展の過程として捉え、その様子を見てきた。また、三角枕作りに参入しようとする村々が直面している困難についても見てきた。最後に、本書の主題である「地域発展の固有性」について本章の分析から何が言えるのかについて考えてみたい。

「地域発展の固有性」はふたつの異なった面に見ることができよう。ひとつは、各地域の発展経路がそれぞれ異なっているという見方であり、もうひとつはたとえ発展経路は同じであっても、その発展をもたらしているメカニズムや経済原則が地域によって異なっているという見方である。ここでは前者について考えてみたい。

地域を村というレベルで見た場合、シータン村のケースは、三角枕が主導する発展は他の地域では困難であり、シータン村固有の発展パターンと言うことができるかもしれない。このような形になるのは、三角枕の市場がタイやラオスなどの小さな地域に限られていること、その市場が小さく、それを満たすためにはシータン村の生産で十分なこと、しかもその生産においては分業によって大量生産のメリットを生かしているという条件がある。これらの条件は、タイの国内で三角枕を大量生産する村は一ヵ所でよいということを示している。大量生産のメリットをシータン村が独り占めしているために他の村が追随することは困難となる。このことは、規模の経済が働く産業では企業数はひとつでよいということから容易に想像がつく。規模の経済性が働かなければ、小さな規模の企業があちこちにできる可能性があるからである。もしタイのどこかの地域が低賃金を武器に参入してくれば、シータン村の優位性は破れるかもしれないが、それはありそうなことではない。可能性があるとしても、周辺の低賃金国（例えばラオス）で作られた製品に取って代わられるということであろうが、それも容易ではないだろう。

この議論は地域のレベルを変えても上述の条件が満たされている限り応用可能である。例えば、自動車産業や電機電子産業のように「集積の経済性」が働いてアセアン域内で集積地は一ヵ所で十分なケースが考えられる。国の産業保護政策が十分に効果を発揮している限り、このような産業は各国に存続可能であるが、アセアン自由貿易地域（ＡＦＴＡ）のような形で域内が自由化されると集積が促進され、特定の国に特定の産業が集積するという分業体制ができるというシナリオが考えられる。例えば、自動車産業に特化した国、電子産業に特化した国、というような分業体制である。一旦、集積が始まれば「ロックイン効果」によってさらに集積が進むが、それは逆に「負のロックイン効果」をも持ち、そこから抜け出してさらに発展を続けることを困難にしてしまう可能性もある。産業にはそれぞれ技術の特性があり、現在の産業の技術特性とは異なった産業に飛び移って行けるわけではない。発展経路は、現在の技術の上に積み重なっていく「軌道」としてとらえることができる。このような「技術軌道」というものが重要な意味を持ち、それが各国に「固有の発展パターン」をもたらす。[20] 日本の後に続いてアジアＮＩＥＳが、さらにその後をアセアンが続いて発展していくというタイプの雁行形態論は、このような効果と、どの程度の多様な産業を抱え込めるかという経済の規模とを無視した議論と言えよう。現実には、各国の「技術軌道」に従って変化していくのであって、その時、産業構造は段階的に変化するのではなく、あるものはスキップしていくという「馬跳び（leapfrog）型」[21] に見えるかもしれない。もしそうであるとすれば、発展経路はどの国も同じ経路を辿るとする単線型成長論ではなく、各国固有の経路を辿るということになろう。

註

（１）本章は、池本（1995, 96）に基づき、加筆したものである。ただし、その後の研究における成果を取り入れ、解釈を訂正しているところがある。

（２）このことを示す統計はないが、デザインや柄でどこの産地かを知ることができ、見当を付けることができる。後述するように「高級品」の新規参入はあっても、大量生産のものはほぼヤソトン産に限られているように思われる。

（３）逆に、現在、一般的な三角枕では、三角形の部分は工場製の無地の布が用いられている。

（４）北タイのプレー県には、ティンチョク織りの織り手として有名なプラノーンという人がいる。彼女は三角枕を見よう見まねで作り始め、いまではティンチョク織りを使った三角枕を作って賞を取るほどになっている。しかし、彼女の初期の作品は形が歪んでおり、器用な人であっても三角枕作りはそれほど簡単なものではないことを窺わせる。

(5) 産業立地の偶然性については、多くの例が報告されている。例えば、アメリカのレース産業である。偶然性が重要なのは、比較優位のように有利さが事前に存在しているわけではなく、事後的に形成されることになる場合である。この場合には、優位性は自ら作り出せるのであり、単線的な経路にそって発展していくのではないことになる。ある地域がどのような経路を辿るかは、この偶然性に左右されるところがあり、それが地域の発展パターンの固有性を生み出す。

(6) 他の村の人から教えを請われたときに、わざわざその村に出かけていって教えてあげるということが現在では行われているし、かつてもそうであっただろう。しかし、後に論じるように、単に物を作る技術を持っているということと、それを商売として売っていくということの間には、越えなければいけない大きなステップがある。

(7) ここで言う「商人」は資本家でもあり、生産者でもあるという役割の未分化な状態にある。その役割については後に詳しく取り上げる。

(8) タイでは機に木を使うことが森林破壊につながるとして、鉄製の機を導入することが検討され、実際に導入しているところがある。鉄製の機に代えていくことがどれだけ森林保護に役立つかは分からないが、生産コストを高めることにはなろう。

(9) 三角形を積み上げれば容易に分かるように、段が増えるに連れて三角形の数は一、三、六、一〇、一五、二一……と増えていく。特別に大きなものは、正三角形の一辺が一メートルくらいのものも作られる。有名なお寺に寄進するために作られたりする。

(10) シータン村に隣接するニコム村でも工程②③は行われているが、シータン村とは条件が異なるので後に取り上げる。

(11) 一九九七年以降の経済危機によって、職を失った人や中学校に行けなくなった人がやるというケースが出てきているかもしれない。

(12) ここまでの議論は、先進国に途上国からの低価格品が流入し、労働集約的産業に働く人たちの賃金を引下げ、あるいは職を失わせることになり、所得分配を悪化させていったという議論を思い起こさせる。シータン村内部で労働集約的工程から高賃金の工程へと移ることによって村内の所得分配の悪化を避けることに成功したと見ることができよう。

(13) 機織りの村の地理的広がりについては河野・永田［1992］図8参照。

(14) この点は、グローバル化の波に乗ってコミュニティの秩序を破壊しながら世界に飛躍していく企業と、コミュニティの秩序を大事にして国内に留まるという現象と対比させることができるだろう。

(15) 「ロックイン効果」を特定産業の集積の形成を例に説明すると次のようになる。ある特定の地点に、ある産業の集積が始まると、「集積の経済性」が働いて、同種の企業が集まってくる。このような集積が進むと、そこに立地する企業はそこから逃れることは不利になり、さらに企業の集積が進む。このような状況が「ロックイン」した状況である。

一旦、特定の産業にロックインしてしまうと、同じ場所で別の産業に発展していくことは困難になる。既存の企業集積がそれを押しとどめるからである。これが「負のロックイン効果」である。藤田・久武（1998）参照。

（16）このことは、このようなタイプの「雁行形態論」が暗黙の内に前提とする経済のサイズがあるように思われる。すなわち、日本程度の規模があれば、日本のどこかで次の産業を担う地域が現れて、あたかも次から次へと新しい産業が生まれてくるように見えるだろうが、もっと規模の小さな国では特定の産業をスキップして次の産業に移るという形になるだろう。例えば、シンガポールはいくつかの段階をスキップしてハイテクの分野に進んでいると言えよう。このような特定の産業を跳び超えて新しい産業に移行するという「馬跳び（leap-frog）型」の発展は「負のロックイン効果」が働くために生じる（藤田・久武 1998）。

（17）このように大衆向けの大量生産の品と小規模生産の高級品の棲み分けは、伝統産業の生き残り策としてしばしば見られるところである。伝統産業の製品が近代工業の低廉な製品との競争に打ち勝っていく方策は、伝統産業においても機械を導入し、伝統産業自体を近代化していく方向と伝統産業の良さを芸術性に求め、それを高めていくという方向がある。この両者が生き残った場合には棲み分けの現象が生じる。インドネシアのバティックはその例である。

（18）県の役人が購入するという例は、伝統織物の場合にも見られる。特定の曜日に地元で織られた布で作った服を着るということが行われている。

（19）バンコクに出稼ぎに行くとき、特定の村が特定の職種と結びつくというケースがしばしば見られる。例えば、ある村の多くの人がバンコクの日本料理屋でコックやウェートレスとして働くという具合である。

（20）「技術軌道」については進化経済学会編（1998）を参照されたい。

（21）藤田・久武（1998）参照。

## 引用文献


Ikemoto, Yukio (1996) "Expansion of Cottage Industry in Northeast Thailand: The Case of Triangular Pillows in Yasothon Province"『東南アジア研究』第三三巻　第四号。

――（1993）, "Income Distribution and Malnutrition in Thailand," *Chulalongkorn Journal of Economics* Vol. 5 No. 2 May 1993.

池本幸生（1995）「タイの経済発展と農村間分業の形成：ヤソトン県の三角枕の事例」『総合的地域研究』第九号。

クルーグマン・P『自己組織化の経済学』東洋経済新報社。

河野泰之・永田好克（1992）「タイ国東北部農村の生業構造に基づく村落類型：ヤソトン県を対象として」『東南アジア研究』第三〇巻三号。

進化経済学会編（1998）『進化経済学とは何か』有斐閣。

ヒックス・J・R（1969）『経済史の理論』講談社。

藤田昌久・久武昌人（1998）「日本と東アジアにおける地域経済システムの変容：新しい空間経済学からの分析」京都大学経済研究所 Discussion Paper No. 9803.

# 第7章 タイの都市と農村
## ――新たなる複雑性とその論争

パスク・ポンパイチット
クリス・ベーカー
（大石久美子訳）

都市と農村の大きな経済的格差は、タイを発展途上国の中で最も経済的に分裂した国の一つとしている。さらに、この経済格差は主要な文化の違いと重なりあっている。農村部の文化は、過去一世紀にわたる開拓農民のより遠いフロンティアへの拡張の歴史により形成されてきた。一方、都市部の文化は、中国南部からの移住者の習慣や態度と、その移住者らが溶け込もうとした貴族的なタイ文化との混合で成り立っている。

タイが一九九〇年代中期に急速な都市化と産業化に傾斜して以来、農村社会の将来の役割と運命は、熱心に議論されてきた。特に二つの問題が中心的に論じられてきた。第一は、産業化という文脈において農村社会がどうなっていくのかという問題だ。第二は、富と経済成長は都市に集中しているが、投票権をもつ大部分の人々が地方に住んでいるという状況下で、地方の政治的影響はどのようなものであるか、という問題である。第一の問題に関する議論は、都市部の個人主義と農村共同体原理の重要性を強調している。第二については、農民という存在（peasantry）を打ち壊したり変質させることなく、タイは民主主義を達成できるのかどうかという点が問われている。

経済危機は、これらの議論に更なる複雑な要素を付加した。この危機は、都市部の成長に対する信用をいくぶん失わせるとともに、農村部の保全と発展を支持する人々の確固たる確信を助長した。また経済危機は、都市部の経済崩壊が生み出した社会的負担に対する衝撃吸収剤としての農村の社会的・政治的価値をあらためて強く認識させた。更に重要なことには、経済危機の発端において、国王は農村のこれらの二つの要素を認め、非常に高い評価を与えた。これらの背景により、農村の地位はわずかしか上がらないにしろ、農村を評価しようという言説は、再び力強く述べはじめられた。

農村の相対的な大きさ、それ自体も議論の一部になっている。農村の重要性を誇張したいか軽視したいかによって、様々な数字が用いられている。以下はその一例である。――一九九五年には、人口五九五〇万人の二〇パーセントにあたるわずか一二〇〇万人が、都市部と定義される地域に住んでいた。労働力に関しては、およそ一五〇〇―一六〇〇万人、すなわち全労働人口の半分の人々が、主要な職業として「農業」を挙げているが、この数字はバブル時に落ち込み、経済危機前には四六パーセントあたりで落ち着いていた。さらにこの「農業」労働力は、農業生産活動からは農村所得全体の三〇パーセント程度しか稼ぎ出していない。残りは、賃金労働、商業所得と送金からなっている。農業生産から所得を稼いでいるものは、乾期においては労働人口全体の三〇パーセントにあたる九〇〇万人で、雨期においては四四パーセントにあたる一四五〇万人である。云々……

## 一　都市モダニストの挑戦

一九八〇年代を通して、タイ政治の欠点は、代表制民主主義の多くの機構や手続きが軍事的規則の文化や慣例と共存している「半民主主義」的なことに起因するとされてきた。こういう認識があったため、一九九二年五月は、タイの分岐点としてとらえられた。事変が軍の政界進出を打ち破った後、多くの改革主義者は楽観していた。一九七三年当時の学生リーダーであり、後に「政治評論家」になったティーラユット Thirayuth Boonmee は、これを世紀に一度という規模の「転換点」である、と主張した本を書いている。軍の権力衰退により、正式な民主主義のなかで、中産階級の指導権によって有益な変化が生じる時期を、彼は予測した。

彼は次のように言う。

これは、国家から社会へ……、官僚層から実業家やテクノクラート、そして中産階級へと、権力と正統性が移行するのを導くであろう。社会は閉鎖社会からオープンな社会へ、保守的思想から一層広い視野へ、狭い国家主義から国際主義や地域主義を広く受け入れる方向へ、そして中央集権から地方分権へと変化していくこととなろう（Thirayuth, 1993, 56)。

この考えは圧倒的に、都市的なものであった。この希望的見解を支える中心的担い手は「実業家、テクノクラート、中産階級」である。この書の中で、ティーラユットは、殆ど農村社会に対して目を向けていない。

制度学派的視野に立つ政治学者、アネーク Anek Laothamatas (1995) が都市モダニストの議論におけるこのギャップを埋めた。彼はティーラユットと同様に、タイは軍部支配の崩壊と都市の経済・社会の強化が起こした主要な転換点にいる、と判断することから議論を始めている。しかし、アネークはティーラユットを超えて、大きく残存している農村社会こそが都市モダニストの見地からすると大きな問題であることを認識していた。タイの新たな民主主義政治は未だ基本的に不安定であると彼は述べている。多くの内閣は選挙投票権で優位を占める農村人口によって創設された。しかし、それら全ては、メディアと個人的ネットワークを通して都市部の人々により倒された。その結果として、両者にフラストレーションが募っていった。その上、農村の有権者は各地方ごとのラポップ・ウパタム (rabop uptham) といわれるパトロン－クライアント制に組み込まれており、自らの投票権を地方のパトロンや支配者に譲らざるをえない。それゆえに、農村の大多数の人々はその代表を直接には国会に送れず、彼らの利益は政策アジェンダには決して反映されない。この疎外が政治への無関心を生み出し、それがまた疎外を強める。これは地方の政治家が、有権者から課される制裁から比較的自由であることを示している。政治家は、選挙区に国家資金をある程度流しさえすれば、商業的財産としての政治的地位を自由に探求することができた。

短期的な解決策として、アネークは制度的調整を提案している。それは、選挙区を調整し、都市人口の比重を高めるために比例代表制を導入する提案である。しかし、大多数の農村の人々が除外されている事態を克服するためには、農村の利害が政策アジェンダに反映されるようにしなければならない。そして、政治業の商業化と戦うためには、より強い制裁が課されなければならない。長期の動きとして、アネークは経済的・社会的変化に注目している。ラポップ・ウパタムは、従来の軍部独裁制の主要な基盤の一つであり、もし改革されなければ、将来的にはより複雑な形のファシズムとなる可能性をはらんでいる。したがって、長期的プロジェクトとして、経済的繁栄と教育を組み合わせて、農民を近代化させ、パトロン制度を衰えさせる必要がある、とアネークは述べている。

我々は、不平等で不自由な関係にある「弱い人々」を、「力のある人々」や「パトロン」から解放して、彼らが都市やその他の現代的な階級の人々のように「独立した個人」となれるように……そして、彼らが「市民社会」のような自由な連合に共に加われるように、まずパトロン関係を破壊せねばならない。「市民社会」だけが、国家を監視し、官僚制を真に管理し改革することが出来るので、「市民社会」は、自由主義の観点から見て民主化する上で避けられない条件を作り出す（Anek, 1995, 91–2; Anek et al, 1995, 75）。

タイの農村社会が変容せねばならないというアネークの議論は、アメリカの政治経済学者ムーア Barrington Moore (1967) の考えに基づいている。主として一九世紀の歴史に基づいて、ムーアは、大規模な農民社会を保持した国においては、民主主義が根付かないと述べている。そのような社会の将来は、都市部の発展段階に応じて、二つ考えられる。もし、都市社会の発展度合が弱ければ、中国モデルのような農村革命の影響を受け易い。もう一つは都市に、商業エリートと連合したり、あるいは自身を商業エリートへと変容させているような貴族が生れてくると、極右的な独裁制を生み出すことが予想される。これら二つの選択肢のうち、アネークは明らかに後者の方を懸念している。それはつまり、軍部勢力、ビジネス階層、そして暗黙の（あるいは編成された）農村の支持に基づく独裁制である。

このような考えは、単に学問的追求の中にだけにとどまってはいない。以下では、そうした議論のうちより広い重要性を示す三つの例を挙げたい。第一に、一九九七年の憲法草稿作成において最も重要な役割を果たした進歩派の人物ボウオンサク Bowornsak Uwanno は、アネークの議論に言及することで、草案の裏にある意図を説明した。(‘Political culture vs CDA charter’, *Bangkok Post*, 26 September 1997 参照)。第二に、民主党は党原理の一部として、「主体ある個人主義」を支持する公式な決議を採択した。タイの政党が、このような哲学的問題を考慮した党議を決定したことは極めて稀なことである。第三に、一九九〇年代後半におけるタイ政党の主要な特徴の一つとして、「市民社会」の旗印の下で都市部の直接的参加を強化する運動がなされてきたことである。この動きは、タイの民主主義は「実業家やテクノクラート、中産階級」による積極的な参加が促されることでのみ生き残れるであろうという主張に具体的な表現を与えた。この運動に関する多くの価値あるエッセイが公刊されたが、農村に焦点を当てているのは一つだけであった。その論文の結論は以下の通りである。「最後に、この小論は、私の心に常にあった問題に答えようとしている。それはすなわち、東北タイの小規模農民の集まりと、貧困層の集まりという形態による村人の連合が、「市民社会」という形での連盟を結成するという目的を達成するかどうかということである。簡潔に答えるとするのならば、それは「否」である」(Sophot, 1999, 282)。この結論の背景にある考えについては説明されていないが、それを想像してみることは容易であろう。

## 二　農村防御としての共同体文化

農村社会を強化することを扱った（以上とは）まったく異なる論説が、一九七〇年代後半に現れた。これは農村開発に関心のあるＮＧＯの運動の中から発展し、経済学と政治学の両方の分野において現れ、農村社会がますます辺境化してゆくことに対する反発を如実に示したものとなっている。一九八〇年代後半までには、この論文は「共同体の文化」（ワタナタム・チュンチョン「wattahanatham chumchon」）という題名の下で広まった。この二つの単語が重大な意味を含んでいたわけだ。この言説は、価値の源泉と政治的構成体という双方の意味で、共同体に中心的役割をあたえることになった。この論文は、共同体と国家や資本主義のような外部勢力との間の係争に関して、経済・政治面よりも文化に焦点をあてている。チャティップ Chatthip Nartuspha（1989, 1991）の論文レビューからの二つの引用は、この学派の主要な特色を明らかにしてくれている。まず、彼はバムルン Bamrung Bunpanya を、次にプラウェー Prawase Wasi を要約している。

村の文化は、中流階級や上流階級の文化からは独立している。自然と親密に触れ合い、肉体労働に依存する、生活スタイルと関係している。それは、血縁社会であり、村落社会である。それは、「社会の最も古い形態」なのである。外部環境がどのように変わってきたにせよ、経済的・社会的・文化的独立性という、村あるいは共同体の本質は数百年間にわたり維持されてきた。それゆえに村の共同体は、独立した信用制度と発展方法を備えている。しかしながら、タイが現在進めている経済開発政策は、タイの国家権力と連結する、持ち込まれた考えである。これは、西洋人のニーズを満たすことに適応させた資本主義的な開発方式であるのだ。我々は、このような開発方式では不利な立場におかれてしまう。開発が進む程、我々はより貧困におちいるのである。西洋人を除いて、わずかながらも富を蓄える者は、西洋人に仕える人々である。過去に行ってきたように再び村人が自身に依存できるよう、開発の方向性を変えるべきである。村人は自立し、自身のアイデンティティを自覚し始めなければならない。

農村社会は、複合的な農業生産方式を強化しなければならない。それは具体的に、経済的自己依存、外部依存の根絶、共同体的生活、家族と仏教寺院といった制度、相互助け合いの共通文化を強めることである。「土地の知恵」と呼ばれる独自の知識を基盤として、農村社会は知恵と専門的知識を発展させ、それを国際的な知識と結合させていく。道徳的・倫理的基礎がなければ、人々のための真の開発はあり得ないであろう。なぜならば、人間というのは、知恵と美徳に影を投げかけることとなる、我がままで、悪徳（キーレサ kilesa）と欲望（ターンハ tanha）を持つ生き物になってしまうからである。

## 三　農村共同体論に対する反発

一九九〇年代になって、都市モダニストは、共同体文化論を批判する論文を書きはじめた。一九九五年にアネークは、タイの政治の中心にある都市－農村問題の議論を、共同体文化論に対する丁寧ながらも完全な批判で結んだ。その後数年にわたって、そのような批判の声色は変化した。バンハーン Banharn Silpa-archa（一九九四－六）とチャワリット Chavalit Yongchaiyudh（一九九六－七）の政府は、アネークの指摘を劇的かつ破滅的に例証した。これらの政府は農村票によって興り、危機に向かって落ち込んでいく都市部の経済を運営する能力に全く欠けていた。一九九八年にカムチャイ Kamchai Laisamit は、アネークの議論の真髄を繰り返し述べたが、それはより激しく感情的であった。彼は共同体文化論を、「主流」でも「過激」でもなく、「絶望的」であるとした。

地方主義論における前提や論理的不一致への攻撃に加えて、四つの重要な点が論じられた。

第一に、道徳的価値の源泉としての地方共同体という考え方は、絶望的な理想化であるという主張である。この形態にあてはまる地方共同体というものは現実には全く存在していなかった。村は過去一世紀における都市部の資本主義との接近により、確実に変容したのである。現代の現実という文脈の中では、地方共同体は決して発明されたり再発明されることはない。

第二に、農村社会を支配している現実とは、平等主義でも協力的な社会ではなく、不平等と経済的搾取と政治的独占に特徴づけられるパトロン制度である。そして、このパトロン制度こそが、農村経済発展を抑制し、さらに重大なことには民主主義に対するタイの進歩を弱めているのである。農村の支配者は、国会（や他の代表団体）を占有し、その運営を誤らせている。世界の他地域と同様に、民主主義は、遅れた農民社会の中では効果的に機能していないのである。

第三に、タイの経済的・政治的進展のためには、村は現状維持ではなく変容されるべきである。農民はより効果的に競争力を付けられるように、土地の知恵を復活するのではなく、より良い資本主義者になるべきである。農民は市民社会と民主主義の基礎となる自由連合に再結合できるように、地方共同体を保持するのではなく、そこから脱して自由な個人主義へ移行するべきである。

第四に、地方主義論は、空想的社会改革主義者と保守的国家主義者双方に支えられた保守的な力であり、それは進歩の歩みをとめ都市近代が達成させたものをこわしてしまう危険性がある。カムチャイは以下のように述べる。

資本主義より弱くて、過去に既に崩壊している共同体文化というものを、なぜ、国家レベルでの経済危機に対抗する方針として思い起こさなければならないのだろうか？　共同体のみがめちゃくちゃになるだけでは今回は済まない。国で最も発展している要素である都市をも完全な崩壊に導いてしまうであろう（Kamchai 1998, IV: 6）。

# 四　パトロン制度に関する論争

モダニストの議論は、農村社会におけるパトロン制度の性質と、その政治に与える影響を中心的課題としている。モダニストは、パトロン制度こそが選挙制度における失敗の原因であり、その制度は農村社会の内部に定着した構造的な要素であると主張している。アネーク（Anek 1995, 25）は以下のように述べている。「人種や宗教、カースト、言語や党の所属によって得票が決まる第三世界の他の国々と異なり、タイでは、投票者は、パトロンや報酬を与える（投票権の買収）人々の指示で投票を行う傾向にある」と。パトロンとの強い関係ゆえに、投票者はこれらの指示を受けてしまっているというわけだ。

農民の大多数にとって議会制民主主義は、ただ自らやその共同体を、彼等から利益をひきだす受益者である「支配者」や「パトロン」へと結びつける手段にすぎない。総選挙において、農民がどの政治家を支持するかは、その政治家が過去に彼ら・その親戚・あるいはその友人に利益となることをしたかどうか、また将来、その政治家からどのような利益を期待できるかどうか、ということに基づいている。農民は、政治と個人的忠誠とを区別できる自由人であると自らを認識していないし、投票権の買収を収賄だとも思っていないのである（Anek, 1995, 8）。

アネークはこの問題を解決するための二つの方法を述べている。第一は、政治システムを改め、都市部の投票権――特に都市中産階級の投票権――を全体の結果に、より多く反映させることである。第二としては、農民が資本主義的農民になるか、あるいは農場を離れて都市労働者になるか、そのいずれかを誘引しうるような経済的・社会的変化を通して農民階級の変化を起こすことである。これらの変化は、自由に考えることができ、かつ産業化した社会の一部として統合された個人、あるいは資本主義者へと彼らを変えることであろう。そしてはじめて、彼らは民主主義の基礎となって、自由人として投票し、パトロンの影響力から自立できることになろう (Anek, 1995, 7)。

モダニストに反対する論者は、この論議に対して多くの疑問をなげかけている。第一、選挙制度の操作は、農村地域に限ったことではない。支配者や投票権の買収は、田舎と同様に都市部においても行われているのである。サムット・プラカン Samut Prakan (Bangkok の衛星都市) における近年の地方選挙では、大規模な投票権買収と不正投票がみられた (Nation 29 May 1999 参照、Samut Prakan の有権者は、一票当たり約三〇〇バーツの支払いを要求した)。

さらに、ニティ Nithi Eoseewong は、投票権買収は、農村社会に古くからあるパトロン制度の結果ではなく、むしろ商業化の結果であるとしている。

いわゆるパトロン—クライアント関係というのは表面的なものである。自らの投票権を売る者は報酬額の違いによって、政治家を選択している。つまり、投票権は、パトロン—クライアント制度の下ではなく、市場において売られているのである。パトロン—クライアント制度は忠義心で結ばれた関係である。それは小事ではなく大事なのである。村人は自らの投票権を買う政党に対しては忠誠心を持っていない。彼らは金額の量を見ているだけである。彼らは、選挙開票後に政治家からもらう見返りを見ているだけである。この決定は忠義心からの結果ではなく、利益の計算に基づいている。つまり、パトロン—クライアント関係の忠義心やイデオロギーも、みせかけである。それは本当のものではない。私が思うにパトロン—クライアント関係は今の時代には生き残れないのだ……。しかし、人々の交換や投票権の交換といった、市場において通常売られていないものをも正当化したいがために、我々はこれをパトロン―クライアント関係と呼んでいるのである。パトロン―クライアント制度における投票権の交換というのは、なんのことはない――「あなたの生活をずっと面倒をみてあげたのだから、私に投票してさえくれればいいんだよ」――このような投票を行うことで、日頃の感謝の意を表すわけである。いたって当を得たことなのだ。公正な市場下では、これは不正である。しかしながら、パトロン―クライアント制度の下では、これはありうること、かつ実際に受け入れられていることなのだ（Chuchai と Yuwadi に引用された Nithi, 1997, 61–3）。

パトロン―クライアント関係は、農村社会に限られたものではなく、権力の中央集権的独占の結果なのであるという主張もある。アキン Akin Rabibhadhana は一八世紀におけるパトロン―クライアント関係を、王と貴族による権力の中央集権化の反映であると分析した。彼は続けて、パトロン―クライアントの繋がりの強さは、現代の政治家、官僚とその同盟者である地方で力を握る実業家や暴力団員による、継続的な権力の集権化による結果であると述べている（Akin 1999）。

ニティとアキンの議論の中では、農民を近代化していくことが選挙問題を解決することにはならないとしている。むしろ問題の根源は、引き続く権力の中央集権化と政治の商業化にあるとされている。

## 五　危機の後で

一九九七年中頃の危機の始まりは、タイの将来が産業化と都市化に向けて真っ直ぐに前進しているというモダニストの信念を揺るがした。それはまた、「危機はタイの都市重視かつ外向的な開発戦略が失敗であることを証明している」と主張する農村ロビーの声を高めた。特に、プラウェーPrawase Wasiは、過去の発展は、全体というよりもごく一部に焦点が絞られた「コンパートメンタライズされた思考」に特徴づけられる、と述べた。とりわけ、今迄の思考は人間性よりも富の発展、社会安定よりも商業利益に光を当てるものに過ぎなかった。開発に対するこのコンパートメンタライズされたアプローチは、不均衡で非持続的な結果を生み出した。プラウェーは、財政と大規模な商業といった「上層部の経済」でバブルが崩壊した一方、農業や小規模な商取引といった「低層部の経済」はさほど影響を受けていないことを指摘している。これは、「上層部の経済が偽物で、下層部経済こそが本物であるからである」(*Bangkok Post* 一九九七年一二月二八日)というわけだ。より広く言えば、開発の従来の方法は、文化的基盤になじまず、特に地域共同体の経済との間でそぐわないものであった。この不釣合いが、農業を軽視し、貧富の差を広げ、環境を破壊し、倫理観の喪失を招いたのである。解決策は、自給、自己依存を導く「モラル経済」に更に一層の配慮をしてコミュニティを基盤として開発を再定義することにある。

危機はまた、農業と農村の社会的・政治的重要性の再評価を引き起こした。比較的大規模で、かつ社会的強度を備える農村社会は、都市部の経済崩壊による圧力に対する衝撃吸収剤の役割を果たし得るであろう。この考えは、一九九七年一二月に国王により述べられたために、多大なる影響力を持った。

トラでいることはさほど重要ではない。大切なことは、十分に食べ、生きていくためのものを持ち得るか、十分な食糧と生活を与えてくれる経済を備えているかということなのである。十分な食糧と生活を持つとは、自分で自分を満足に扶養できるかということを意味する。

今迄いく度がくりかえし話してきたが、この自給性とは、各々の世帯が食べ物を自ら作り、着る物を自ら織るといったことを意味するのではない。それでは、行き過ぎなのである。しかし、村や地区内では、ある種の自給性は存在している。運送費を最小限にするために、遠隔地へは運ばないとしても、地元のニーズ以上に生産されたものは販売にまわされる。

もし我々が完全にではないにしろ、半分にも満たなくてもいや四分の一でも、かつての自給性の経済に戻ることができるのならば、我々は生き残ることができるであろう。

しかし、近代経済を好む者は、これに反対することだろう。それは運河による輸送時代へと逆戻りしているようなものであるからだ。しかし、慎重に生活し、複雑でもなく、また精巧で高価な装備を要することもない生活に戻らなくてはならない。我々は前進するために退行する必要がある。この退行を覚悟しなくては、危機からの脱出は困難である。

## 六　道徳的思想としての共同体の再陳述

危機の状況下で、共同体の観念はサネーSaneh Chamarikによって、もっとも巧妙にかつ、もっとも効果的に展開された。彼は、学問の世界から村へ引退した後、自らの理論の実践化に繋げるべく学校建設やプロジェクトの基金を出したため、影響力の強い存在である。そのため、彼の議論は大きな反響をよんだ。

危機の状況下で、サネーは幾つかの重要な点において、共同体論を発展させた。第一に、彼はグローバリゼーションの破壊的圧力に対抗するための基盤をタイ国内に見出すことの重要性を、強調している。真の危機は、短期的な財政の爆発ではなく、タイ経済が世界の巨大なる経済力のなすがままになってしまっている、西洋寄りの輸出重視の成長に長期的に取り組んできたことにあるというわけだ。財政危機は、長期間の誤った方針のせいで起こった現象にすぎないのだ。今迄の国家戦略がもたらした大きな社会費用は、環境破壊や農業の軽視、社会分裂の拡大や人的問題の増加などを見ても明らかである。さらに、彼は「タイ社会のみでなく、世界社会における今日の問題は、人類、人間や社会の価値というものが、経済の破壊的支配の影響を受けている」ということだと主張している（Saneh 1999: 28）。さらに、ケインズKeynesまでは依然として社会的価値と関係していた経済学は、近年、いかなる社会的要素をも除外するように、専ら効率性と商業利益の概念にだけ焦点を絞ってきたが、これも大きな問題であるともいっている。

第二に、それゆえに共同体の概念は、経済学による非人間化に対抗して、人間と社会的ニーズの考えに再び言及するための基盤と位置づけられたのである。この意味において、共同体は物理的というよりは道徳的な概念によって定義されている。それは、政府の定義する物理的な場所としてのコミュニティや村という概念ではなく、むしろ人間のニーズに関して述べられている。「人類や人間の価値、社会を破壊的に脅かす世界経済秩序から脱する為に、我々はこの観点で——社会の新秩序構築に対する戦略あるいは答えとして——共同体を見なければならない」(Saneh, 1999: 35)。言い換えれば、共同体が存在したかとか、想像するほど良いものかどうか、といったことは問題ではない。市場原理の視野の限界をはるかに超えた人間的価値の定義や原理として、共同体を創出する、あるいは再創出することが、いま重要なことなのである。最終的な目標は、「社会が経済に仕えるというよりは、経済が社会に仕えるというかたちの新社会秩序を作り上げる」ことなのである (Saneh, 1999: 37)。

第三に、この再創出された共同体は、グローバリゼーションと近代性からの回避手段——破壊的圧力から人々が隠れることができたネズミ穴——だけではない。それ以上に、共同体戦略は、グローバリゼーションの一要素である周辺化に対抗して、国民的・国際的経済へボトムアップして全ての人々を統合させていく長期的方法を提供するものである。共同体は、自らの知恵と資源によって作り上げられなければならないが、それは固定的でも孤立してもいけない。土地の知恵というものは、近代の観念や技術を採用することで発展されるべきものである。共同体経済の第一目的は、自己依存と安全性である。次なる段階は、余剰の成長、銀行や産業を含むローカル経済制度の高度化、対外経済関係の段階的拡大を図り、最終的には強い力を土台にして共同体経済を国民経済や国際経済に統合させていくことである (Saneh, 1998; Pitaya 1998b, 78–81)。これはもちろん、長期的な過程となるであろう。「私はこれを一〇年や二〇年といった長期計画と呼びたくはない。しかし、この種の計画だけでなく、開発戦略全体を再構築しなければならないことだけは確かである」(Saneh, 1999: 37)。

## 七　農業の復活

農村社会の再評価は、さらに農業の役割にも及んでいる。タイとインドネシアにおける危機の影響にみられた対照性は、国家の食糧自給の重要性をあらためて強調することとなった。通貨価値が急落したため、インドネシアにおいて輸入食糧の値は高騰し、食糧騒動と貧困の蔓延という結果に至った。タイにおいては、食糧価格——殆ど全てが国内で生産されているが——は安定していた。また、貨幣価値の下落により、食糧輸出でバーツ稼ぎが強まり、危機の影響に対して農村経済はクッションの役割を果たした。

この新たな焦点は、改めて過去二〇年間にいかに農業セクターが軽視されてきたかということを明らかにした。都市部の経済が急速に成長している時には、農業セクターは単に無意味なものとして衰退していくことが当たり前のこととされていた。成長というものは、農業の生産性や効率性を改良するよりも、人々を農業から都市部のセクターへ移すことで、より容易に達成できると信じられてきた。しかしながら危機は、農業セクターの経済的重要性、そして更にはその社会的・政治的重要性を改めて明らかにしたのだ。

サネーのような農村支持論者は再興したこの関心を歓迎しているが、同時に農村セクターを都市部経済の不安定性に対する衝撃吸収剤としてだけ見ることには強く反対している。もっと正確に言えば、彼は、農村経済はそれ自体で重要であり、その重要性が近い将来、地球的規模で増大していくであろうと指摘しているのである。

なぜそのような重要性が地方にあるのか？　それは、タイの田舎が、イギリスやヨーロッパや冷涼な国々とは異なっているからである。タイの田舎は、世界の中で、資源や生物多様性に恵まれた熱帯の一部なのである。熱帯は、世界の表面の七パーセントしか覆っていないにもかかわらず、生物多様性の六〇―七〇パーセントを占め、食品産業やその他の、人類にとって重要な主要産業において大切なのだ。薬品の七〇―八〇パーセントは熱帯のバイオマスから製造されている。さらに、外国の科学者は村人の土地の知恵から学ぼうともしている。この統計は非常に意味深く、熱帯の潜在力を示している。そして、この潜在力こそが将来、タイの経済、社会、政治を発展させうるのである（Saneh, 1999, 35–6)。

この共同体文化アプローチ確立にかつて貢献したチャティップは、共同体論の重大な失敗が、経済学の欠如にあったことを認めている。彼は、このアプローチの強さは、農民の世界観と生存維持の強調にあると再言及して、以下のように記している。

共同体文化アプローチは生存維持の概念から始まる。生産における農民の権利は、生存に対する道徳的権利に起因する。経済と社会の組織は、生存維持を保証するために作られている。そのアプローチは、農民社会を、その外にある他の社会と全く同じ資格で存在する、社会の一形態であると説明している。それは、農民社会の主な四つの特質に焦点を当てている。それは、共同体文化、農民の世界観、混合農業生産、自己依存である［Chatthip et al, 1998, 特に最終章。

これらの引用は、So Ko Wo のために用意された英語の要約からとられている」。

しかしながら、チャテイプは、共同体アプローチは文化に重きを置きすぎ、経済にはあまりにも注目してこなかったことを認めている。このため、農業経済も、都市経済を分析する理論的道具や視点のなかで分析される結果がもたらされた。

農業経済学は、農場を資本主義企業として分析する傾向があった。タイ農民経済の中心となっている家族の生産組織を研究するよりも、むしろ異なる農産物の市場と価値に注目した。また、農民の経済ネットワークや、国民経済における他の経済セクターと農民経済との関係に関する研究も殆どなされてこなかった (Chatthip et al, 1998)。

チャティップのグループは、チャヤノフ学派の視点と方法論を、現代タイの政治的・経済的現実性に適応させた「農民家族の生産組織の理論」こそが必要とされていると提唱した。

さらに、サネーのアプローチと同様に、その目的は、自給的かつ孤立したものとして村落経済を位置付けることを表現したり、促進することを意図してはいなかった。むしろ、「地域共同体の経済の繁栄に基づく国民の繁栄を最終的目的として、地域経済と国民経済の関係についての研究がなされるべきである」としている。サネーと同様に、その目標は、農村経済の生産能力を増加させ、また、それをより平等な条件で国民・国際経済と結び付けうる適切な制度策を見つけることであるのだ。

# 八　〈都市―農村関係〉はどこへいくのか？

社会、経済、文化といった諸側面に関して複雑かつ過渡的な状態にある農村は、多くの議論を引き起こした。これらの議論は、タイ社会における自然、将来、そして農村部の適切な大きさといった問題にまでかかわっている。さらに、これらの議論は大きな感情論を呼び起こした。政治的に右よりであれ左寄りであれ、都市部主導の近代化を支持する者は、田舎の消滅を望んでいた。彼らは、時に農村部が都市の論理に従うのを拒否したりすることに、理性を失うまでに立腹した。農村保持派は、都市が経済的・文化的指導権を握るのに抵抗するために様々な戦略と取り組んできた。

一九九〇年代初め以来、都市モダニストらは、タイの伝統的な農村社会を変容するか消滅させなければならないと述べてきた。彼らの意見は、伝統的農村社会は、独裁制やポプリズムの支持を促す、という理論に基づいている。彼らは、時に、日本の近代史における農村部の保守性と軍国主義のつながりを警告する日本の学者の議論を援用している（Kirahara, 1996）。彼らはまた、革命段階へ前進する必要前提条件として、農民の都市部労働階級への移行を考えるマルクス―レーニン主義者らとも協力している（Ji, 1999）。これらの全てのグループは、共同体に基づく思考を非論理的で危険なものとして捉えている。彼らは、共同体重視の考えは変化に抵抗する――既成社会的エリートの利益を維持しよう――という保守的な試みであると述べている。

共同体支持者は、モダニストと左翼の人々は、古い政治経済学――(ムーアのような)一九世紀の農民に対する概念や、(マルクス―レーニン主義の)一九世紀の政治発展計画、一九世紀の国民国家のモデル――に基づいているのだと反論する。現代の農民は、もはや後進性や孤立、先天的保守性といった一九世紀モデルには適合しない。過去二〇年において、都市と農村の経済はより強く絡み合ってきた。これは商品取引というよりはむしろ、人々の移動によって生じてきたのである。人々は、現代の交通の簡便化に助けられて、都市部と農村部の就業機会の間を頻繁に往復している。都市は、農村部の労働力供給に依存し、農村は都市からの収入に依存している。これらの経済交換は、社会的、政治的、文化的交換と平行している。つまり、夜行バスとバイク、そして、最も影響のある全国共通のテレビが、物理的・精神的距離の溝を埋めたのだ。

共同体支持者はまた、モダニストと左翼の人々が、資本主義が農民社会を都市部社会へと変容させる力があると信じていると批判している。しかしながら、近代のグローバル資本主義は、ある地域や社会的グループをその内にとりこむことなく排除したり、またそれをとりこむにしても非常に限定的な形でしか行わない傾向を示している。タイの資本集約的な都市部の発展は、比較的ゆっくりと、かつ非常に不完全にしか労働力を吸収していない。これは、グローバル資本主義が示す一般的傾向を示してくれている。都市部の経済は、農村の若年労働力を吸収するが、長期的な保障や社会保険は供給せず、文化的にもある限られた範囲内でしか人々に受け入れられていない。タイ農村の人々の中で、働き盛りの時期に金を稼ぐ場として都市部の経済を見る人はますます増えているが、彼らも長期的な社会的保障や文化的支えとしては村との繋がりを保持している。自己依存と自己補充という概念は、近代の都市化の中へ不完全ながらにも統合されたこれらの人々の中で、直ちに支持を得た。それらの概念は、辺境化と排除に対するゲリラ的抵抗形態の一つとなっている。

最後に、共同体の支持者は、タイのような国々における産業発展が不可避的にもたらす、社会的分割と環境破壊に対する解決策について、モダニストらは全く何んらの解決策を述べていないと論じている。サネーのような思想家は、これが新自由主義の理論的欠陥に起因するものであると述べ、人間の価値を社会科学と開発戦略の中にとり戻すための基礎として、共同体の概念を提供している。

タイ農村社会の規模は大きく、都市の労働力吸収が比較的ゆっくりとしているために、農村社会が、人口統計的にみて過小となるようには短期的にはなりえないだろう。しかしながら、タイの間接民主主義の将来を創り出すために、この農村社会は、資本主義に基づく個人主義の社会へと変容しなければならないのだろうか？ それとも、農村社会は現代の国際的資本主義とグローバリゼーションが引き起こす非人間化に抗するための、人文主義的価値の泉として保存されるべきなのだろうか？ 危機はこの（重要かつ答えを与えがたい）議論を、より鋭角的、感情的かつ緊急なものにしてしまったのである。

## 引用文献


Akin Rabibhadhana (1999), 'Pabop uppatham nai sangkhom thai lasamai laew rue chanai' [Is the patronage system outdated in Thai society?], in Niphon Puapongsakorn (ed.), *Jak wikrit setthakit su pracha sangkhom* [From economic crisis to civil society], a volume in commemoration of Ammar Siamwalla's 60th Birthday, Bangkok: Faculty of Economics, Thammasat University.

Anek Laothamatas (1995), *Song nakara prachathipathai: naew thang patirup kan muang setthakit peu prachathipathai* [Two cities of democracy: directions for reform in politics and economy for democracy], Bangkok: Matichon.

Anek Laothamatas, Seksan Prasertkun, Anan Kanchanaphan and Direk Pathamasiriwat (1995), *Wiphak sangkhom thai* [Critique of Thai society], Bangkok: Amarin, 1995

Aphichai Phantasen (1996), *Khwam wang thang ook lae thang leuk mai* [Hopes, exits, and new options] Bangkok: Munnithi phumipanya.

Chatthip Nartsupha (1991), 'The "community culture" school of thought' in Manas Chitkasem and Andrew Turton (eds), *Thai Constructions of Knowledge*,

London: SOAS.

Chatthip Nartsupha, Chinasak Suwan-Achariya, Apichat Thongyou, Voravidh Charoenloet, and Maniemai Thongyou (1998), *Tissadi lae naewkit sethakit chumchon chaona* [Theories and approaches to the economics of the peasant community], Bangkok: Vithithat local wisdom series 7.

Chuchai Suphawong and Yuwadi Katganglai (eds), (1997), *Pracha sangkhom: tassana nak kit nai sangkhom thai* [Civil society: a thinker's view in Thai society], Bangkok: Matichon.

Ji Ungpakorn (1999), *Thailand: class struggle in an era of economic crisis*, Bangkok, Democracy, Book Club.

Kamchai Laisamit (1998), *Wichan neung nak setthasat* [One vision of an economist], Bangkok.

Kitahara, Atsushi (1996), *The Thai Rural Community Reconsidered: historical community formation and contemporary development movements*, Bangkok, Political Economy Center, Chulalongkorn University.

Moore, Barrington (1967), *Social Origins of Dictatorship and Democracy: lord and peasant in the making of the modern world*, London, Penguin.

Narong Petprasoet, ed. (1999), *1999: jut plian haeng yuk samai* [1999: turning part of the era], Bangkok: Sethasat kan muang (peu chumchon) 8.

Praphat Pintobtaeng, 1998, *Kan muang bon thong thanon: 99 wan samachcha khon jon* [Politics on the street: 99 days of the Assembly of the Poor], Bangkok: Krirk University.

Prawase Wasi (1998), 'Watthanatham kan phatthana [The culture of development]', in Pitaya (1998c)

Saneh Chamarik (1998), *Than kit su thang leuk mai khong sankhom thai* [Foundations of thought for new options for Thai society], Bangkok: Vithithat local wisdom series 3.

——— (1999), '1999 jut plian haeng yuk samai: chak lokaphiwat..su..chumchon' [1999: turning point of the era: from globalisation to community], in Narong (1999).

Sophot Sirilai, (1999). 'Bon senthang su khwam pen prachasangkhom khong chao ban: chak samatcha kasetkon rai yoi phak isan su samatcha khpn jon' [On the route to a civil society of the villager: from the Assembly of the Smallscale Farmers of the Northeast to the Assembly of the Poor]. In *Khabuankan pracha sang khom thai: khwam khleuan wai phak ponlamuang* [Thai civil society: the making of Thai citizens], ed. Anuchat Phuangsamli and Kritaya Achawanitkun. Bangkok: Project on the Research and Development of Civil Society.

Thirayuth Boonmee, (1993), *Jut plian haeng yuk samai* [The turning point of the era], Bangkok: Winyuchon, 1993.

# 第8章　地域発展のかたち——カリマンタン

井上　真

# 一　はじめに

一九九八年二月、州都サマリンダの近郊にあるK村を再訪し、懐かしい村人たち（ケニァ人）と再会した。一九八〇年代後半に調査で滞在したときは村に道はなく、私が滞在したP翁のお宅の前には大木が茂っていた。しかし、今ではその大木はなく、かわりに未舗装の道路が村を横切る。家々は道路沿いに並び、ボルネオ鉄木の柿板に代わってトタンの屋根が目立つ。

P翁はサラワクへ行って木材伐採現場で二年ほど働き、一九九五年に村に戻ってきた。出稼ぎである。ケニァ人はこのような出稼ぎや旅のことをプスレイ（Peselai）という。アポ・カヤン地域の人々はもちろん、P翁のようにアポ・カヤンから下流域に移住した人々でも多くの場合は、パスポート取得の出費と煩雑な手続きを嫌い、パスポートなしで不法就労している。人々は、サラワクにいる同胞の村の住民として木材会社で働くのである。しかし、いわゆる不法就労であるから傷害時の保障は適用されない。そればかりか、警察の目を気にして怪我をしても病院にさえ行かない場合もあるという。

私が一九九五年九月にアポ・カヤンの飛行場で出会った若者は足を包帯で巻いていた。彼はサラワクの伐採現場で骨折した後、仲間の助けを借りて徒歩でアポ・カヤンに戻ってきた。診療所で応急処置を受け、医者に証書を書いてもらい優先的に飛行機（四人乗り）に乗せてもらってサマリンダへ行った。飛行場には、公務のある人、病人や

写真1　ココヤシ園開発の飛び火によって燃える住民の果樹園.（1998年2月, 著者撮影）

けが人、そして外国人は飛行機への搭乗が優先されることが明記されているのである。私もサラワクとの国境まで約一日の徒歩（はじめは沢歩きで、途中からは急坂登り）で行ったことがあるが、あの交易ルートを骨折した足で乗り切った彼と彼の友人たちには本当に驚いた。

話を元に戻そう。P翁は怪我をすることもなく、稼いだお金を手にして無事村に戻ってきた。自家発電機を購入し、冷蔵庫やテレビを購入した。プスレイの成果である。ささやかな努力の結晶なのである。彼は言った。「井上さんが以前ここに滞在したときは生活が不便だったけど、今ではだいぶ便利になってよかったよ。」

そんな話をしながら一息ついて汗がひく頃には、村までの一時間の徒歩で味わった爽快さはいっぺんに吹っ飛んでいた。話の中で生活の実態がかいまみえたからである。旱魃の影響で米が不足している。井戸も涸れ、残り少ない濁った水を飲んでいる。食べ物を買おうにも、物価上昇のためになかなか手がでない。おまけに、現金収入源であるコショウ畑や果樹園は、周囲からの飛び火のため燃えてしまったところもある。通常こういう場合は森林に頼ることができる。籐や香木を探して売ったり、果実やイノシシなどを食べたりするのである。しかし、森林火災のためこれらの森林産物がだいぶ少なくなってしまった。

その日の夕方、私も消火作業を手伝った。ココヤシ農園からの飛び火のため、果樹園が燃え始めたのであった。みんなタオルで目や口を押さえながら、小枝を使って火をたたき消そうとしていた。しかし、風にあおられた火の勢いはすさまじい。人々の消火作業は焼石に水だった。目の前で二〇年近くにおよぶ人々の努力の結晶が焼失してしまった……。

それでも、人々は何とか生計を維持する努力を続けている。かつての拠り所であった森の産物は火災のために失ってしまったので、砂金探しに出かける人が続出した。ソーシャルセフティーネットとしての相互扶助制度の存在も一役かっている。

経済危機と森林火災。このダブルパンチは、カリマンタンの森林地域で生活する人々にとって空前の危機である。どうして何の罪もない人々がこのような目にあわなければならないのであろうか。一見すると火災は自然災害のように見えるが、実は人災なのである。大規模な農園開発のために二次林が伐採されて火入れされる。その火が周囲に飛び火するのである。しかし、そもそも農園用地の多くは、地域に住む人々が焼畑用地として活用してきた土地である。

ともあれ、人々は火災の被害者なのである。被害者の救済と抜本的な消防対策が望まれる。同時に、火災の原因を考えると、国家の開発政策そして土地・森林の所有や利用のあり方などを見直して政策を転換することがどうしても必要である。

そのための条件や具体的な政策提言など、森林政策学に携わる者が関与すべき課題は多い。しかし、それは別の機会に譲ることにして、ここではカリマンタン（特に東カリマンタン）の特徴を明確にしたうえで、カリマンタンの人々をめぐる諸問題の背後にある構造を歴史的な時間軸を追って考えてみることにしたい。そのときそのときの出来事の底を一貫して流れる論理を探る作業を通して、カリマンタンにおける発展の論理を抽出してみたい。その先に今後の発展のかたちが見えたら幸いである。

## 二　カリマンタンの特徴

ボルネオ島の面積は七三万七〇〇〇平方キロメートルで、グリーンランド、ニューギニアに次ぐ世界で三番目に大きな島である。南部の七三パーセントがインドネシア領で、カリマンタンと呼ばれる。

ところで、東南アジア地域は大陸部・島嶼部ともに、商人たち自らのリスクと工夫で作り上げられた多様なネットワークによって外に開かれた小世界群から成り立っている（原 1999, 104–105）。そして、生態に着目するならば、東南アジアの基本的な構成は「森」と「海」によって成り立っているのである（高谷 1996, 270）。このようなネットワーク型の海域世界の中でカリマンタンがどのような位置付けにあるのかまず考えてみたい。

カリマンタンはボルネオ島のインドネシア領であるが、ここは現在でも東南アジアで最も人口密度の低い地域の一つである。

## 1　小人口世界

一九九八年におけるインドネシア全体の人口密度は平方キロメートル当たり一〇六人であるが、肥沃な土壌に支えられた水田エコシステムのもとで、人口分布は著しくジャワ島に偏っている。国全体の六〇パーセントの人口が面積でわずか七パーセントのジャワに集中し、九三八人と高い人口密度となっている。

バリ島の人口密度も五三五人と高いが、他の地域・島は人口が希薄である。スマトラが九〇人、スラウェシが七六人、カリマンタンが二〇人、バリを除くヌサ・テンガラが一〇四人、マルクが二八人、イリアン・ジャヤが五人である。もっとも、同じ島（地域）の中でも州により偏りは多い。例えば、スマトラ島のランプン州（一九七人）と北スマトラ州（一六四人）、スラウェシ島の南スラウェシ州（一二七人）には人口が集中しているが、ボルネオ島の東カリマンタンと中カリマンタンの人口密度はともに一一人と低い。

スマトラ島などでは早い時期に変質してしまった小人口世界の特質（坪内 1998, 13）が、カリマンタン（特に東カリマンタン）では現存するのである。東南アジアの小人口社会における家族やコミュニティーの構造に見いだされる特性は、（a）外縁的拡大性、（b）土地よりも労働力が重要であること、（c）双系的な親族構造の発展と維持、（d）集団形成における融通性、（e）圏的構造すなわち集団の認知における境界の不明瞭さ、である（坪内 1998, 57–58）。これらの特性は、私が主に関わってきた東カリマンタンで普通に見られることである。

## 2　卓越する森林文化

インドネシア統計年鑑によると、インドネシアの国土に占める林地面積の割合はおよそ六〇パーセントである。地域別にみると、カリマンタン、イリアン・ジャヤ、マルクは六八パーセントと高いが、ジャワはわずか二三パーセントにすぎない。

また、国全体の一人当り林地面積は〇・六ヘクタールであるが、地域的偏りが大きい。最も広いのはイリアン・ジャヤで一七・五ヘクタール、これに次ぐのが東カリマンタンで八・五ヘクタールである。カリマンタン全体では四・〇ヘクタールであり、マルク（二・七ヘクタール）、スラウェシ（一・〇ヘクタール）、スマトラ（〇・六ヘクタール）、ヌサ・テンガラ（〇・三ヘクタール）と比べて林地面積が広いのがわかる。ジャワの一人当り林地面積は限りなくゼロに近い。

カリマンタン（特に東カリマンタン）は世界第二位の熱帯林保有国であるインドネシアの中でもとりわけ森林が豊富な地域である。したがって、人々は森林と密接に結び付いた生活を営んできた。さまざまな森林産物（木材および非木材森林産物）が人々の生活を支え、また森林の存在が循環型の焼畑農業の持続性を保障した。森林産物の利用を媒介として、先住民たちは豊かな森林文化を育んできたのである。

例えば、ケニァ人の中心的居住域であるアポ・カヤン地域（サラワクと国境を接する高原地帯）では、焼畑用地以外のほとんどは森林で覆われており、狩猟の場として、あるいはロングハウスや丸木舟用の板、屋根の柿板、棺桶用の木、沈香、籐などさまざまな森林産物の採集場所として利用されてきた。このうち、大径木や非木材森林産物を比較的村の近くに残しておくため焼畑利用が禁じられている森林がある。それはケニァ語で、タナッ・ウレン（Tanaq Ulen）あるいはタナッ・ムレン（Tanaq Mulen）と呼ばれる。ウレン（ムレン）は直訳すると、「禁止／抑制／保護／保持」である。つまり、タナッ・ムレンは、「利用制限のある保護された土地」というような意味になろう。私はこれを「慣習的共有林」と呼んでいる（井上 1997, 21-22）。

アポ・カヤン地域では、各村とも、一～三か所の慣習的共有林を保有している。距離は主に徒歩で一～二時間という村が多いが、中心地の村では船外機付きカヌーで一時間以上かかる。村外者の利用は基本的に認められないが、許可を得れば小量の木材利用に限って認める村もある。村のメンバーによる利用に関しては、自由な利用を基本とする。実際には、多くの人は、板など木材を利用する場合、胴回りくらい以上の大径木を伐採対象としているが、規制があるわけではない。ただし、利用したい樹木を見つけた人は、対象木に山刀で目印を付けるか、あるいは対象木の脇に目印を立てる。この目印は、アテップ（Atep）あるいはティップ（Tip）と呼ばれ、身分階層により形状は異なる。他人の付けたアテップのある樹木を伐採してはいけないことになっている。このようにして資源利用をめぐる紛争を回避しつつ、一定の決まりを作って森林を利用・管理しているのである。

### 3　河川による交易ネットワークの発達

東南アジアはインドと中国という二つの大文明世界の狭間にある。したがって、東南アジアの全ての地域は、ベンガル湾～マラッカ海峡～南シナ海という巨大な海路との関係を持たざるをえない（桜井他 1993, 12）。カリマンタンの諸地域も、海路に沿った中心域から「大河川～支流の小河川～さらに支流」と遡るにつれて周辺化されつつも、七世紀までにはアジアの交易網に組み込まれていたのである（井上 1995, 32）。

東南アジアにおける交易の主たる担い手は、地域外から流入してきた中国商人、イスラーム商人、インド商人、あるいは地域内ではブギスを代表とする商人たちであった（原 1999, 104）。このように交易都市に住む多様なエスニシティ構成をもつ商人と、生態系の民（すなわち先住民たち）との自発的な接触によって形成されたネットワークによって、経済活動が営まれていたのである（原 1996, 166-167）。

カリマンタンにおいても、奥地までくまなく伸びる川は交通および居住の要として人々の生活と深く結び付いていた。実際のところ今でも交通手段として川がきわめて重要な役割を果たしている。東カリマンタンのマハカム川はサマリンダの下流でマカッサル海峡に注ぎ、カプアス川（西カリマンタン）、バリトー川（中カリマンタンおよび南カリマンタン）に次ぐ長さ第三位（七七五キロメートル）の川である。もちろん、この大河の支流である無数の小河川が熱帯多雨林の中を縦横に走っている。

そこでは、先住民族であるダヤック人（ケニァ人など）の小世界（生態系に根ざした森林文化の世界）を、中国系、アラブ系、ブギス系の商人たちが河川を通して相互に繋ぎ、さらに海路を通してアジアの交易網に接合したといえる。その意味でカリマンタンは典型的な海域世界なのである。

## 4　外的フロンティア空間の肥大化

フロンティアという言葉は単なる開拓前線を意味するだけでなく、社会文化的特徴まで含めた広い意味で使われている（田中 1999, 76）。すなわち、人口の流動性、投機的な経済活動、自由な社会構造など、開拓前線が有している社会的特性をフロンティアという語感に込めているのである。東南アジアでは、生態系の遷移帯すなわちエコトーン、および人口希薄地を対象としてフロンティアが形成されてきた（田中 1999, 82-91）。

フロンティアには二種類ある。地域の人々自身が切り開く「内的フロンティア」と、外部者によって開かれる「外的フロンティア」である（高谷 1999, 31-36）。

島嶼部東南アジアは、中国人、インド人、ヨーロッパ人といった外部者がやってきて、森林産物を採取し、プランテーションを開設するという意味で「外的フロンティア」である（高谷 1999, 303-330）。マレー半島、スマトラ、そして西カリマンタンはこれにあたるであろう。

しかし、東カリマンタンの低地（フタバガキ科林を原植生とする）は、一九六〇年代まではむしろ内的フロンティア空間であったといえる。奥地のアポ・カヤン地域などから移住してきた人々が人口希薄な低地の河川沿いに次々と新たな集落を形成した。しかし、その後の東カリマンタン低地は、次第に外的フロンティア化されてゆく。一九七〇年代から八〇年代にかけては商業的木材伐採、一九九〇年代になると産業造林事業および大規模農園事業（オイルパームなど）と、いずれも企業による経済活動に組み込まれてゆく。それにつれて、地域の人々にとっての内的フロンティア空間が稀少化したのである。

また、河川はかつては重要な交通路で、川沿いや川の合流点に集落や町が形成されていた。しかし、幹線道路が建設されて河川交通から陸上交通へ交通体系が大きく転換するにつれて、集落の移動や外部からの新たな移住者が幹線道路沿いに入ってくるという変化がおこっている（田中 1999, 90-91）。道路の整備という点で、西・中・南カリマンタンは東カリマンタンに先んじていた。東カリマンタンにおいても一九九〇年代になってから低地の道路網が急速に広がってきている。道路網の拡充とともに、オイルパームなどの農園開発に代表される外的フロンティアの形成がますます進展しつつあるのが現状である。

## 5　東南アジア海域世界の中のカリマンタン

「世界単位」とは、そこで住民が世界観を共有しているような地域範囲である。住民たちがこれこそ自分たちの同類が住む世界だと考えている範囲である（高谷 1996, 4）。別の言い方をすると、世界単位とは、生態・社会・文化が歴史的展開の中で、相互浸透しあって作り上げた一つの纏まりのある世界のことである（高谷 1999, 475）。

このような世界単位には三類型が想定されるという（高谷 1999, 474-482）。第一は「生態適応型の世界単位」である。ここでは、一つの生態の上に一つの生業が発達し、それに応ずるようなかたちで一つの社会が発達している。規模の小さな自形社会（自分自身の型を持っている社会）とも言える。第二は「ネットワーク型の世界単位」である。これは、港という点（異邦人によって構成された異質の場）を航路という線で結んで網状に広がっている。大小さまざまな自形社会の間を充填して存在している他形社会（相手の型に合わせて弾力的に対応していく社会）であるとも言える。第三は「大文明型の世界単位」である。これは、巨大な文明によって作られた規模の大きな自形社会である。

東南アジア島嶼部は、生態適応型の世界単位として独立しているジャワ世界を除き「東南アジア海域世界」というネットワーク型の世界単位として性格付けされる（高谷 1996, 13）。カリマンタンを含むボルネオ島はその一部として位置付けられている。

さらに、海を介したネットワークの観点から、ボルネオ島は三つの亜海区に分割される場合もある（桜井他 1993, 15‐26）。まず西部から北西部にかけての地域が含まれるのは南シナ海区である。中国など東アジア世界と東南アジア世界を結ぶ古来からの大幹線である。次は南部が含まれるジャワ海亜海区である。これは、東インドネシアの香料を運ぶ重要な支線として位置付けられる。そして、東部が含まれるのはスールー・スラウェシ・マカッサル亜海区である。ここには大船の泊地が少なく、マラッカ海峡を中心とする国際幹線から見ると辺境の地方水路である。ボルネオ島の中でもとりわけ東カリマンタンにおいて、外的フロンティアの展開が遅れたのは、内陸部にとって相対的な中心である海路自体が周辺地域にすぎなかったためなのである。

この議論は交易ネットワークおよびそれを担う小商人たちに焦点を絞ったものであり、交易の実態および小商人たちの世界観を前提とするならば、この海区という概念は東南アジア海域世界という世界単位の細区分として有効であろう。

しかし、私にはどうしても気にかかることがある。ボルネオ島の先住民たちの顔が見えてこないのである。ボルネオの森に生きる人々は、まるで外文明のために森林産物をあくせく採取する僕のように思えてしまう。これではボルネオ島の先住民族たちの立場がないではないか。その点、「社会を特徴づける規範は焼畑や漁労に現れる通過型の資源利用、森や海、川は個人の物でないという共的所有観、このふたつが際だっている」(古川 1999, 44) という見方は生態系の民に視線を向けていて温かい。

そこで、見方をちょっと変えてみたい。人々は海からの影響を受けつつも生態系に根ざした独自の文化の中で生活していることは疑いのない事実である。たしかに、一九七〇年代以降の外的フロンティア化の過程で東カリマンタンの低地はまさに草刈り場と化し、無法地帯の様相を呈してきている。しかし、そんな状況の中で先住民族は自らの生活を守るために必死なのである。政治的には微妙であるが、ボルネオ島の諸民族の間でダヤック人(つまりボルネオの民)としてのアイデンティティさえ芽生えつつある。

どうやら、ネットワーク型の世界単位である東南アジア海域世界を認識するさいに、小規模な生態適応型の世界単位の存在を交易ネットワークの基層として意識的に組み込むことが必要なようである。そうすれば、例外を除いてカリマンタンを一つの世界単位として措定する(心情的にはそうしたいのだが)必要はなくなる。私は、カリマンタンを「小規模でかつ散在する生態適応型の世界単位を覆うようにネットワーク型の世界単位が発達している東南アジア海域世界」の一部として位置付けたい。

## 6 世界単位としてのアポ・カヤン地域?

カリマンタンでの例外は、東カリマンタン奥地のアポ・カヤン地域である。緩やかな起伏が続く標高およそ八〇〇メートル以上のアポ・カヤン地域はケニァ人の中心的な居住域であり、うだるような暑さの低地とは別世界である。常識的に考えて、ネットワーク型の海域世界の中で、カリマンタンのアポ・カヤン地域が最辺境部であることは間違いないであろう。というのは、アポ・カヤン地域へのアクセスは非常に困難だからである。

地図を見てまず思い付く行程は、アポ・カヤン地域を最上流域とするカヤン川を、ブルガン県都のタンジュン・セロールから舟で遡るルートである(井上 1995, 159–160)。しかし、アポ・カヤン地域の北隣に位置するプジュガン郡から流れて来るバハウ川(カヤン川の支流)の合流点から上流の無人地帯は、激流が続くため航行が不可能となっている。したがって、戦後続いたアポ・カヤン脱出(後述)のときに、カヤン川の下流域へ移住していった人々は、カヤン川の支流を北上し、徒歩で山越えしてプジュガン郡に入り、そこからバハウ川を下ることにより激流地帯を迂回した。

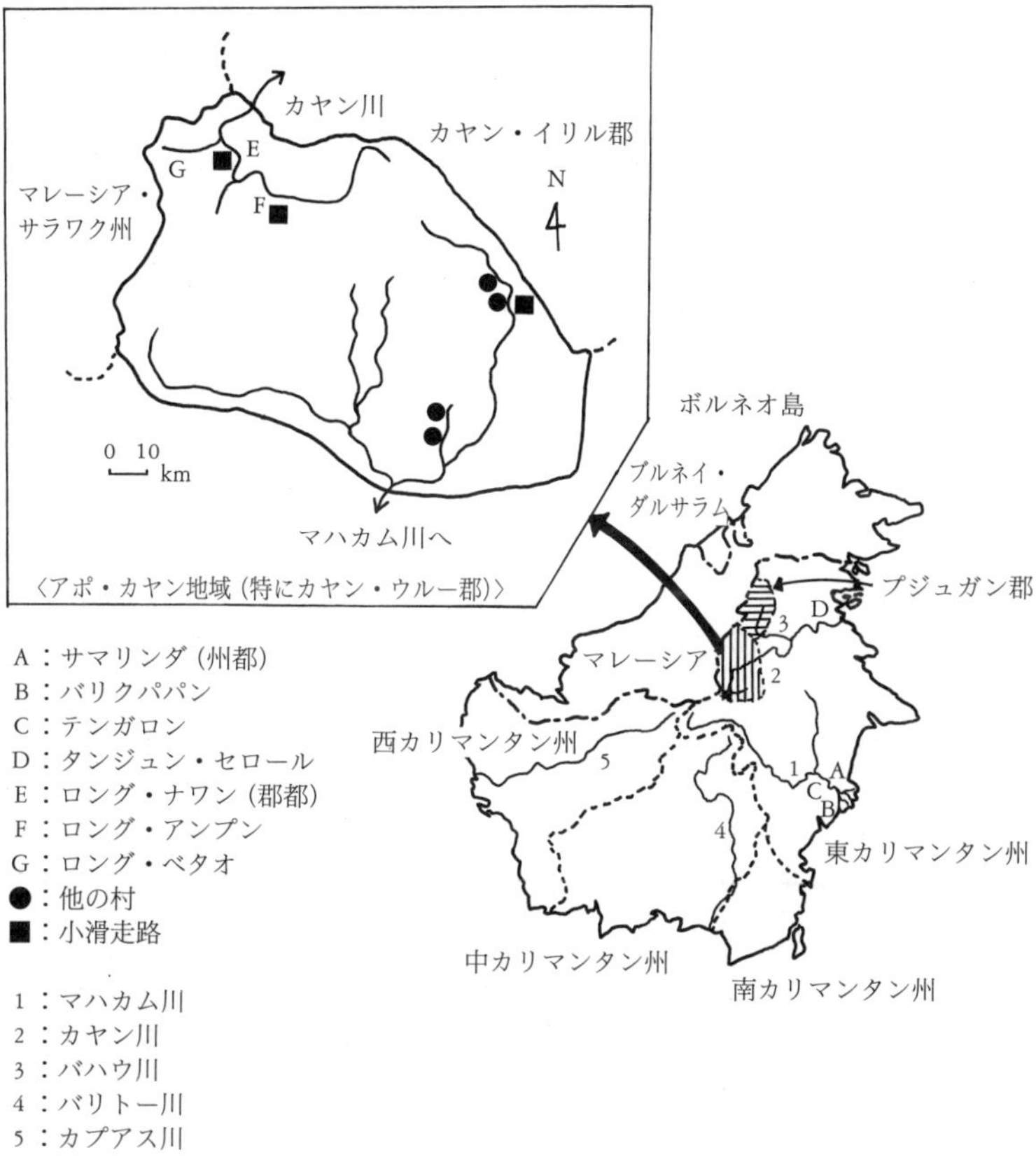


図1　ボルネオ島，カリマンタン，およびアポ・カヤン地域

一方、マハカム川流域へ移住した人々は、徒歩で山越えしてマハカム川の支流を下るルートをとった。しかし、カヤン川の激流地帯ほどではないにしろ、マハカム川支流の激流地帯で荷物を失い、あるいは家族を失った人々が続出したという。非常にアクセスが困難な地域であることがわかる。

現在、アポ・カヤン地域の人々は、ロング・アンプン村～サマリンダ市（州都）の間を定期的に就航している飛行機を使用している。飛行機の定期就航が開始されたのは一九八四年である。一九九七年現在、ＤＡＳ（Dirgantara Air Service）が四人乗りのセスナ機を週に四便就航させている。この他、便数は少ないがミッションのセスナ機もロング・ナワンなどの村に就航している。

さて、今では、アポ・カヤンの人々が陸路で下流域へ出かけることはあまりない。しかし、マハカム川支流域に位置する四村には、東方あるいは南方から迫りつつある商業伐採対象地を経由して、マハカム川流域へ出かける人もいるという。しかし、徒歩で一週間以上かかり容易ではない。

このように、アポ・カヤン地域はそのアクセスの困難さゆえに海域世界と切り離されていた。だからこそ、塩などの必需品を獲得するためケニァ人（特に男性）はプスレイ（出稼ぎ・旅）に出かけるのである。そして、数か月から数年後にどっさりとお土産を持って帰り、みんなに分け与える。これをニェランパッ（Nyelampaq）というが、この他にもさまざまな形態の相互扶助[1]がケニァ人の社会では存在している。私自身ある経験をした。一九九五年にアポ・カヤンを再訪したとき、一人の女性がパイナップルを一つ持ってきて「ウカン・メニャットをお願いします」と言ってきた。つまり、不等価物々交換を要請してきたのである。そこで、私は一つのパイナップルを一〇〇〇ルピアでウカン・メニャットしたのである（「物々」交換ではなかったが）。

私が言いたいのは、アポ・カヤン地域は東南アジア海域世界の最辺境として、きわめて純粋な生態適応型の社会が成立していたということである。それを生態適応型の世界単位として措定すれば、ごく小規模ではあるが「アポ・カヤン世界」ということになろう。

## 7　カリマンタン発展の歴史

次節以降では、この節で述べたカリマンタンの特徴を最も典型的に有する東カリマンタンに的を絞って発展の歴史を述べてみたい。その際、東カリマンタンを広大な低地部とアポ・カヤン地域とに分け、さらに外部からの影響すなわち外文明に留意する。外文明とは元来は個性的な特徴を持っていた地域社会を、同質化・共通化・普遍化させる力を持ったものである（原 1999, 105）。このような外文明を持ち込むのは小商人、企業、政府、宣教師などであるが、ここで具体的なアクターとして登場させるのはケニァ人やバハウ人などのダヤック人に限定する。ダヤック人の立場からするとこうなるであろう、と私が考えた時代区分にもとづいて発展の歴史を追ってみよう。

# 三　緩やかな市場経済化の時代

### 1　植民地時代までの低地(2)

すでに述べたように、七世紀までには中国や他の東南アジア諸国とボルネオとの交易がだいぶ盛んになっていたらしい。ボルネオ島の先住民たちは、中国系などの商人を通して生活に必要な品物を入手していた。その第一は鉄製品である。中でも重要なのは山刀で、材木を作るための樹木、吹き矢の毒をとるための蔓、食用のサゴヤシ、籐、そして動物の肉などを切るために使用され、さらにスンピット（吹き矢の吹管）や槍の先にくくり付けるナイフにも使われた。塩も重要である。ボルネオ奥地の人々はどうしても塩分摂取が欠乏しやすいが、それを交易で得た塩によって補っていた。その他、真鍮製のドラ、大きな陶磁器の壷、石やガラス玉でできているネックレスやブレスレット、イヤリング、入墨用の針、なども交易によって獲得された。

逆に、ボルネオ島から海を渡ったのは、籐、樹脂、沈香、犀の角、ベゾアー・ストーン（胃石）などさまざまな森林産物であった。胃石には、サルの胆石と、ヤマアラシの外傷部の周囲に形成される結石が含まれる。この他、石灰岩の洞穴に作られるツバメの巣、あるいは砂金なども交易された。

ジャワ人も九世紀頃からダヤック人と接触し始めた。特にヒンズー王国マジャパイト全盛期の一四～一五世紀には、ボルネオの東岸、南岸、西岸はマジャパイト王国の支配を受けた。そして、一六世紀初頭にマジャパイト王国が滅亡し、ジャワのイスラム化が進展するのとほぼ同じ時期に、ボルネオ島の沿岸部にもイスラム教が伝わった。ボルネオ沿岸部に散在した支配者（スルタン）たちは交易ルートを支配し、内陸部からの森林産物を独占した。

一六世紀末にインドネシアに進出し、一七世紀初頭にはモルッカ諸島の香料貿易を独占したオランダは、一六六九年に南スラウェシの国際的に有名な港町マカッサルを攻略し占拠した。その後オランダの策略によって王国間の内戦が生じ、地位を失ったブギスの貴族層や経験豊かな兵士の中には、スラウェシを後にしてボルネオ島やマレー半島にまで遠征に出かけた人がいた。そのうちの一人が一七二六年にテンガロンを王都とする東カリマンタンのクタイ王国を征服し、スルタンとなった。以後、クタイ王族にブギス人の血が混じることになる。一七三〇年頃、ブギス人はテンガロンの少し下流、マハカム川の河口から六〇キロメートルほどに位置する場所に、貿易拠点となる町を建設した。これが、現在東カリマンタン州の州都となっているサマリンダである。間もなくボルネオ島の東海岸はすべてブギス人の支配下となった。

オランダは、当初はジャワの統治と開発にだけ力を入れ、外領にはほとんど干渉しない体制をとっていた。しかし、一九世紀中頃から外領への積極的介入を始めた。各地の王国に圧力をかけ、簡易誓約書へ署名させることによってオランダ支配を受け入れさせたのである。こうして、オランダは二〇世紀初頭までに外領のほとんどすべてに対して支配権を確立した。東カリマンタンのクタイ王国も、一八四四年に王侯自治領となった。そのきっかけは、クタイ王国に入った一隻の英国船が起こした、クタイ――ブギス連合軍との間の小戦闘であった。これを聞き付けたオランダは、海軍をクタイ王国に送った。英国からの報復を恐れるスルタンは、軍事的な保護を求めて簡易誓約書にサインしたのである。

これら王侯自治領の支配者たちは、オランダの武力を背景に、内陸部のダヤック人に対して干渉を始めた。それまで沿岸部の諸王侯からの支配を受けなかった自由なダヤックの中で、貢物を納め支配されるダヤックへと転落したグループが相次いだ。

## 2　植民地時代までのアポ・カヤン地域(3)

ダヤック人の中のカヤン・ケニァ群に属するケニァ人たちは、カヤン川の支流からサラワク州にかけての国境地帯（アポダタと呼ばれる）で焼畑農業を営んでいた。そこは原生林、二次林、叢林、草地、焼畑、集落がモザイク状に広がる高原地帯であり、人々はサイクルの長い循環型の焼畑農業によって、陸稲を主要な作物としつつ他に野菜類、根菜類、雑穀類なども栽培していた。これら農作物以外に、さまざまな種類の川魚、イノシシ、シカ、サル、鳥などの動物、野生のドリアンなどの果実、山菜類などさまざまな森の産物が食料源となっていた。森はまた、彼らに薬も提供してくれた。

さて、隣接するサラワク側にはブルネイ王国や敵対するイバン人がおり、人口が増加してもそちらへ向かって領域を拡大することはできなかった。そのため、焼畑農業のサイクルが短くなり、森林が減少してアランアラン（イネ科チガヤ）の草原が出現するようになった。人口扶養力が限界に達したのである。

そこで、彼らはアポ・ダタを出ることにした。サラワク側へ行ったグループもあるが、イワン川を下って本流のカヤン川に出て、上流のアポ・カヤンへ向かったグループもあった。アポ・カヤンの中のカヤン川上流部は、本来はカヤン人の領域であったが、一八二〇～一八五〇年の間にケニァ人の到来とともに出ていったと言われている。

新天地アポ・カヤンでの人々の社会を組織化していたのは、世襲身分制度を基礎とした政治組織である。そこでは共同体を構成する上層階層の人々が、商人との交易権を独占して富を集中させるかわりに、人々を庇護していた。一方、土地は共同体全体のものであり、各個人は用益権を有していたにすぎない。したがって、土地は上層階層の私的な富の源泉とはならなかった。また、精神文化は鳥占いや治療儀礼を中心とし多くの禁忌をともなう民族宗教によって規定されていた。森の中にはさまざまな精霊が宿り、彼らの生活は森とともにあったといえる。

さて、一九〇〇年三月、アポ・カヤンのケニァ人たちはサラワクの王、ジェームス・ブルックに使節団を送り、二年前に首を狩ったイバンに対して科料を支払うことを条件として、敵対関係にあったイバン人との友好を約束した。ところが、アポ・カヤンへの帰り道で再びイバンといざこざを起こし、図らずもイバン人を何人か殺してしまった。ちょうどその直後、オランダ人がアポ・カヤンにたどり着いたのを契機に、イバンやブルックからの報復を恐れたケニア人は、すんなりとオランダの保護下に入ったのである。

結局、オランダは一九〇七年から一九四二年までの間、アポ・カヤンに小規模な部隊を駐屯させた。しかし、オランダの支配は、ケニア人の首狩りを禁止しただけであり、焼畑農業と狩猟採集を主体とする彼らの物質文化（技術文化）に与えた影響は微々たるものであった。

しかし、外文明としての植民地政策は、プロテスタント系ミッション進出によって人々の精神文化に対して大きな影響を与えた。一時期、キリスト教と元来の民族宗教とを融合させたブンガン教による対抗が試みられたが、結局はキリスト教によって代替えされた。これにより、森にいるさまざまな精霊の地位は墜ち、森に対する人々の認識が変化したことは否めまい。このような、精神文化におけるアノミー（これまでの基準が失われ意味のなくなった段階）は、独立後の人々の行動に大きな変化をもたらす伏線となったのである。

また、第二次世界大戦が終る頃にはアポカヤン地域の人口は土地の有する人口扶養力の限界に達しようとしていたと思われる。人口密度の上昇につれて、焼畑用地の保有形態が、一回の利用期間中だけの用益権から、休閑期（誰でも森林産物を採取することができる）を経た将来の利用期間中における用益権まで認められるように変化した。これがこの時期における制度文化（社会制度）の変容である。

ところで、マハカム川下流のクタイ王国とアポ・カヤンとの関係はどうだったのであろうか。年代は不詳であるが、アポカヤン地域に勢力を及ぼそうとしたクタイのスルタンは、アポカヤンに使者を送り、アポカヤン地域のリーダーとしてロング・ナワンの首長に王権を授けた。しかし、それ以後の関係を示唆する記録は一切存在せず、実際には王権の授与は何の意味も持たなかったとみてよい。

## 3　独立後の低地とアポ・カヤン地域

インドネシア共和国独立後の一九五七年一月一日、東カリマンタンはサマリンダを州都とする州として新たな一歩を歩み始めた。経済状況は若干変化しつつあったが、依然として「森と川」の州であった。八〇パーセント以上の面積が森林に覆われ、湿地が残りの大方を占めた。

東カリマンタンには、もともと焼畑民族であるさまざまなダヤック人と、わずかな人口ではあるが狩猟採集民族のプナン人が住んでいた。同時に、南カリマンタンからのバンジャル人、および南スラウェシからのブギス人の流入が目立つ。このほか、華人・華僑もかなり昔から金や森林産物などの交易を目当てに住みついている。さらに、一九五四年から中央政府によるトランスミグラシ（移住政策）が開始され、ジャワ人やバリ人の開拓村が順次出現した。

ところで、アポ・カヤン地域では、キリスト教による精神文化の変容、および長期にわたるゆっくりとした市場経済化が下地となり、社会文化生態力学（立本 1996, 40–47）は急速な変動局面を迎えることになる。

まず、キリスト教の平等精神が社会制度に影響を与え身分制度が表面的にはなくなった。同時に、市場経済化が進み人々が個人として森林産物を商人に販売することを通して、人々の個の自覚が促された。そして、ついに外文明に引き寄せられるようにして、大量の人口流出が生じたのである（後述）。

## 4　市場経済化と産業化の概念

本章では、市場経済化と産業化という概念を東カリマンタンの歴史を読み解く鍵として活用したい。何世紀かにわたって徐々に進行した「市場経済化」を、市場社会（市場ネットワークが普遍的に強大化しており市場交換が社会の全局面を支配している社会（栗本 1995, 44-45））としての性格が強まる過程と定義する。市場経済化は、生態系の差異を利用して商業利潤を得ようとした小商人たちによってリードされた。すでに述べたように、彼らの活動によってケニア人たちは、七世紀にはすでに東南アジアの交易ネットワークに組み込まれていたのである。

次に、市場経済化の最も近代の局面とされる「産業化」を、固定資本財が中心的地位を占め、学習効果の蓄積、分業の深化による生産効率の向上、集積立地による外部経済効果の累積などダイナミックな成長過程と定義する。この産業化は企業によって支配され、銀行による信用創造がきわめて重要な要因となる。

ところで、社会が産業化への高い適応能力を持つためには、労働、土地という生産要素の配分、利用に関する市場経済的様式の確立が必要である。すなわち、土地の私的所有権の設定と、労働力の自由な処分・使用権の確立が産業化に先立ってなされなければならない。商人の自由な経済活動だけでは土地・労働力といった生産要素の取引・配分をうまく行うことができないのである（原 1994, 115-127）。

いずれにせよ、独立後しばらくまでのカリマンタンは、緩やかな市場経済化の歴史を有していたのである。

## 四　不完全な産業化の時代（その一）——森林消失とダヤック人の周辺化

独立後の東南アジア諸国は、強力な外文明との接触をできるだけ国境で切断して、それぞれの個性ある政治経済システムの形成を通して独自の内世界の形成に向かった。しかし一九七〇年代以降は、アメリカを中核とした世界資本主義という外文明との接触の下にその経済を開発させる方向に進むことになった（原 1999, 105）。東カリマンタン、そしてダヤックの人々はその影響をもろに受けることになったのである。

### 1　一九七〇年代の石油革命と木材革命

一九七〇年を前後して、牧歌的な東カリマンタンも二つの「革命」を経験した。一九六八年からの「木材」革命と一九七三年からの「石油」革命である。

一九〇〇年頃、バリクパパン近郊でカリマンタンとしては初の油田が掘削された。一九二八年頃にはインドネシア全体の石油産出量の三分の二が、バリクパパンにあるロイヤルダッチシェルの設備からもたらされていた。シェルの精製所は第二次大戦中に破壊されたので戦後すぐに修復されたが、経営危機などにより一九六六年には国営石油公社（プルタミナ）の前身であるプルミナが買収して経営を引き継いだ。

一時期低迷していた東カリマンタンの石油産出量が大幅な増加に転じたのは、このプルタミナが一九七三年に海底油田を開発してからである。一九七三〜一九七八年の五年間に東カリマンタンの石油輸出量は四倍、輸出額は一六倍に増加した。国全体の石油輸出量に占める東カリマンタンのシェアは、一九七一年に〇・八パーセントであったのが一九七八年には二六パーセントにまで回復した。一九八〇年代に入って国際的な石油価格の低迷と石油増産の停止により、輸出量、輸出額共に下降線をたどったが、輸出額に占める東カリマンタンのシェアは依然として重要な位置を占めている。

次は木材革命である。インドネシアの場合、一九四六年の憲法によって森林は政府が所有することになっている。ただし、転換林に指定されたところに限り、正式な登記を通してインドネシア国民が所有権を取得することができる。通常、個人や企業に対する財産権の移転は二〇〜二五年の一時的なものであり、森林伐採のコンセッションはその典型的なものである。

インドネシアの製材・合板用の丸太生産量は、一九六〇年代の前半あたりまで年間二五〇万立方メートル程度のものであった。それが一九六七年に外国企業の投資に道が開かれて以来、数多くの内外の投資家が森林の伐採権を得、しかも所得税控除の恩恵まで付けられていたこともあって、森林開発は急速に進んだ。東カリマンタンでは、一九六二年に国営林業会社が活動を開始する。この会社が一九六三年に、日本のカリマンタン森林開発株式会社（FDC）から資金及び技術の援助を受け生産物で返済する取り決めがなされた。すなわち、生産分与方式による森林開発が決まったのである。そして、一九六七年には日本のバイヤーがサマリンダに事務所を開き、バンジルカップのチームから丸太を購入し始めた。バンジルカップとは、人力及び雨期の小川の増水を利用して伐採、集運材を行うシステムである。おりしも、日本では木材価格が急騰していたので輸出業者たちは盛んにバンジルカップのチームに融資を行うようになり、丸太生産量が大幅に伸びたのである。

森林開発のやり方自体の転機となったのは、バンジルカップの廃止である。これにより、森林開発は高度に資本集約的となった。つまり「チェーンソーによる立木伐採〜トラクターあるいはスキッダーによる集材（作業道）〜トレーラーによる運材（幅の広い林道）〜タグボートによる運材（川）」というシステムが急速に導入されたのである。ただし、一九七五年から森林伐採権は民族資本に限って付与されるようになっている。

東カリマンタンの「木材革命」は、直接的には外国企業の参入とバンジルカップ廃止によって引き起こされたということができる。この木材革命により、一九七〇年代を通して、インドネシアの丸太生産量の三分の一から二分の一を東カリマンタンが占めるようになった。特に顕著なのは、一九六八年には三〇万立方メートルであった東カリマンタンからの丸太輸出量が、翌一九六九年には一気に一四〇万立方メートルに急増し、以後年々増加を続けて一九七八年には七〇〇万立方メートルを超えたことである。主な輸出先が日本であったのも、重要な事実である。一九七九年の丸太輸出先をみてみると、日本が五六パーセント、韓国が二九パーセント、台湾が一二パーセントであった。

以上のような二つの「革命」を通して、東カリマンタンの国内総生産は急速に向上した。一九七五年から一九八二年の間に、石油を含む総生産は四倍、石油を除く総生産は二倍に増加した。同時に、東カリマンタンの人口は、一九七〇年代にはいってから急激に増加した。また、インドネシアの中で平均的であった年人口増加率（三パーセント弱）が、一九七〇年以降は六パーセント弱と突出している。東カリマンタンの内部を見てみると、人口の約半数は、都市部（サマリンダ、バリクパパン、タラカン）に集中し、これら都市部を除く人口密度は一九八七年でも平方キロメートル当り四・三人にすぎない。

## 2　一九八〇年代の合板革命

スハルト政権が成立し木材ブームが始まった直後の一九七〇年、政府は政令により森林事業権（Hak Pengusahaan Hutan: HPH）を保持する企業に対して、伐採開始後三～一〇年以内に合板工業などの林産物加工工場を設立することを義務付けた。そのため一九七三年から森林事業権保持企業による合板工場の建設が始まったが、当初はほとんどが国内市場向けの生産であった。

ところが、一九八〇年に森林政策が転換された。森林事業権保持企業に国内向けの丸太供給が義務付けられたのである。すなわち、丸太輸出は段階的に規制され、一九八五年からは全面禁止とされた。これに伴い、一九七九年以降合板産業は輸出産業として急速に発展した。一九七九年に約一二万立方メートルであった合板輸出量が、六年後の一九八五年には三〇倍の三五八万立方メートルに、また一九九三年には九六〇万立方メートル（うち日本向けは三六五万立方メートル）にまで増加している。

一九八五年に合板は、コーヒー、スズ、ゴム加工品、エビなどの伝統的な輸出産業を抜いて、石油と天然ガスに次ぐ第三の輸出品目の地位を固めた。ちなみに、一九九三年の輸出金額は、繊維類、石油、合板、天然ガスの順である。

合板産業の発展により接着剤製造業など関連産業が発展したが、この産業の国民経済への明白な貢献は雇用の増加である。一九七四年に七六二人にすぎなかった合板工業就業者が、一九七九年に一万四八〇〇人、一九八四年には一一万八〇〇〇人、そして一九九三年には四四万五六〇〇人へと爆発的に増加した。インドネシア製造業のうち大・中規模工業の就業者数でみると、合板工業は織布業、丁字煙草製造業と並び最も大きな雇用吸収力をもつ業種の一つとなったのである。

このような合板産業の中心地が、東カリマンタン州である。特に、サマリンダ郊外のマハカム川沿いは「世界の合板銀座」と呼ばれるくらい合板工場が多い。一九九三年には全国で一二一ある合板工場のうち、二七工場が東カリマンタンに集中していた。東カリマンタンに人々が集まり、一人当り国内総生産が高いのであるが、それは合板産業の発展によるところが大きいことが理解されよう。

## 3　低地での森林消失

これらの産業化により急激な経済発展を経験する一方で、豊富な森林資源は次第に蝕まれていった。それを示す具体的なデータは存在しない。しかし、少なくとも一九七〇年代初頭には熱帯多雨林で覆われていたサマリンダ（州都）およびバリクパパン（石油基地）周辺で、一九八〇年代後半の時点である程度の面的広がりを持つ熱帯多雨林らしきものが残っていたのはほんの限られた地域である。このような森林消失は、主に商業的な木材伐採および移民者による地力収奪的な土地利用に起因している。

ボルネオの低地フタバガキ科林は、樹高が七〇メートルにもなり世界で最大の森林であろうと言われてきた。そのうえ、早くからヨーロッパ列強に狙われたチークなどとは違って商業価値を持つのがずっと遅れ、比較的最近までほとんど手つかずのまま残っていた。カリマンタンの中でも、東カリマンタンのものは特に良質な材が多く、一九七〇年代に集中的な伐採が行われた。このことについてまず概観しよう。

インドネシア政府は、林地を、生物多様性の保全のための「保存林」、土壌侵食防止等の環境保全を意図した「保安林」、木材生産に供する「生産林」、そして農地などに転用する「転換林」に区分している。このうち、生産林には、皆伐を禁じ直径六〇センチメートル以上の樹木の択伐だけが認められる「制限生産林」と、直径五〇センチメートル以上の樹木の伐採が可能な「普通生産林」とがある。

主に生産林を対象とする森林事業権（ＨＰＨ）を取得した企業は、後継樹が育つように配慮するとか、三五年おいて次の伐採を行うといった規制に従うことが義務付けられていた。ところが、コンセッションの期間は通常二〇年である。延長が可能とはいえ、企業にとっては三五年先を考えて資源の持続的利用を行うよりも、限られた期間内になるべく多くの利潤を得ようとする動機の方が強く働くのは否めない。実際、巨大な機械類を持ち込んで、かなり乱暴なやり方で商品価値の高い林木が伐採されることが多かった。こうしたことが起こらないようにチェックするのが政府の役目だが、限られた職員で遠隔地の伐採現場を一つ一つ監視するのは不可能であるし、監督職員と伐採業者との不明朗な癒着があったことは周知の事実になっている。

たとえ規則を守って将来有望な林木を残したとしても盗伐される可能性が非常に大きい。これも伐採業者の行動様式に大きな影響を与えている。一九八〇年当時、東カリマンタンで約一〇〇のコンセッション保持者があったが、その他に政府からの許可を得ていない伐木チームが五〇～六〇組もあり、サマリンダとバリクパパンを結ぶ道路沿いを中心に、コンセッション保持者がいったん択伐したあとの森林に入り込んで伐り出していたといわれる。彼らの作業はだいたい四人一組で行われていた。すなわちチェーンソーのオペレーター一人とその助手が伐倒造材し、あとの二人の作業員が人力か水牛で木材を道路まで搬出する方式である。製材工場まではトラックで運ばれる。工場のある集落には親方がいて、材を引き取ると同時に伐木チームへの資金の手当、チェーンソーオペレーターの養成まで行っていたという。法律的には完全に違法な行為が、実に大々的に行われていたのである。

さて、このような伐採跡地は、次々に粗放な焼畑やコショウ畑に変わっていった。特に目立つのは、サマリンダ〜バリクパパンを結ぶ南北に走るメイン道路周辺のコショウ畑である。この大部分はスラウェシ島からきたブギス人の農民が作ったものである。ある集落では住民の大多数がスラウェシでは小作人かあるいはわずかな土地しか持っていなかった人の子息で、東カリマンタンに来て以来二〜一〇回移住しながら職を替え、最終的に現在の地に入植して収益の高いコショウ栽培を始めた。彼らが移住してきたのは一九七〇年代に入ってからである。

彼らは林道に沿って木材伐採跡の森林に入り、焼畑で陸稲を生産する。これが彼らの主食であり、米はほぼ自給していた。しかし、彼らが森林を伐採する最終的な目的はコショウ畑の造成である。コショウの苗が植えられた場所では、せいぜい二年間しか陸稲の生産ができないから、主食の陸稲を生産するため次々に既伐採林を焼畑に換えていく。火入れ開拓された畑にはボルネオ鉄木（ウリン）の支柱が立てられて、その脇にコショウの苗が植えられる。

こうして作られたコショウ畑は、丹念な除草を繰り返すことにより維持される。三年目から収穫が始まり、農民たちは現金収入を得ることができた。コショウ栽培で利益を得た農民は、メッカ巡礼を果してハジになる場合が多い。イスラム教徒であるブギスの集落において、ハジは尊敬の対象であるからだ。このほか、コショウ栽培のおかげで立派な家を建てたり、オートバイを購入したりする人も多い。

ところが、彼らのコショウ畑は一〇年ちょっとで生産量が減少するため放棄される。表土がむき出しのまま十数年間直射日光と雨に曝された畑の表層土はほとんど失われており、管理がなされなくなるとアランアラン（イネ科チガヤ）に覆われる。もっとも、一九八〇年代末からコショウの価格が暴落したため、まだ生産できるにもかかわらず放棄されたコショウ畑が多い。現在ではアランアランの草原があちこちに広がっている。

私はこのような「緑の砂漠」を結果的に拡大してしまったブギスの人々を責めようとは思わない。熱帯林の消失は、商業的用材伐採で始まり非伝統的焼畑農業（火入れ開拓）で終わる一連の森林消失プロセス（井上 1997, 211–212）によるものである。ブギスの人々は、産業化の荒波の中で図らずも森林消失プロセスの最終ランナーの役割を果たしてしまったにすぎないのである。見直すべきは、政府や企業が主導するこれまでの産業化のあり方なのである。

いずれにせよ、低地での伐採跡地の大部分が一九八三年の大森林火災になめられ、東カリマンタンの森林景観は、奥地を除いてたかだか二〇年ほどの間に文字どおり一変してしまったのである。

## 4 アポ・カヤンからの人口流出

ケニア人たちは、独立後一九五〇年代初頭から相次いでアポ・カヤン地域を後にして、マハカム川やカヤン川の流域に移住し始めた。アポ・カヤンにある二つの郡のうち、カヤン川上流に位置するカヤン・ウルー郡の人口推移をみてみよう。一九六六年には一万八〇八人であった人口が、一九七五年には五四六八人とわずか九年間に人口が半減し、その後も一九八一年が四八〇六人、一九八八年が四四四九人と減少し続けてきた。流行病や戦争による人口減少ではない。移住による人口流出である。

何故彼らはアポ・カヤン地域から移出したのであろうか。すぐに思い付くのは次のようなプロセスである。「土地に対する人口圧が高まって休閑期が短縮され、その結果土地が劣化する。そして、その土地で支えきれなくなった人々が移住を余儀なくされる。」

アポ・ダタからカヤン川最上流部に移住した原因が人口圧の上昇であったことを思い起こすと、少なくとも人口流出初期に対してはこの理由が最も説得力を持つ。しかし、それだけでは説明が不十分である。マハカム川の中・下流域に移住したケニア人に対する調査の結果、彼らが自覚している移住の理由は別の点にあったからである。

かつて、アポ・カヤン地域は今以上にアクセスが大変で、塩その他の生活必需品を得るのが非常に困難であった。彼らは生活必需品を得るために、数か月かかって下流の村やサラワク方面へ旅をしては戻るという生活を繰り返していた。旅から帰った男たちが持ち帰った商品や下流地域の情報は、徐々にではあるが彼らの考え方や生活様式を変えていったに違いない。

また一九三〇年代半ばに、はじめてプロテスタントのミッションがアポ・カヤン地域に入った。それまでの民族宗教は鳥占い、豊じょう儀礼、治療儀礼を中心とするもので、多くの禁忌が存在したため、簡潔でわかりやすいキリスト教に改宗する者も出てきた。これに対抗するかたちで旧来の儀礼的煩雑さを簡素化したブンガン教という改革宗教が一九四〇年代にケニア人自身によって創始されたものの、結局キリスト教の普及力にはかなわなかった。この理由の一つとして、一九六三〜一九六五年のマレーシアとの国境紛争でインドネシア国軍がアポ・カヤンに駐屯したとき、軍が人々にキリスト教への改宗を指導したことも挙げられる。ともあれ、キリスト教化によりケニア人固有の文化の変容が加速され、近代化志向が強められたことは確かであろう。

こうした背景のもと、彼らは生活必需品をもっとたやすく入手するため、および子供の教育機会を獲得するために、マハカム川中・下流域に向かって移住し始めたのである。

## 5　低地における焼畑システムの変容

　ケニア人たちは、焼畑跡地の植生をその遷移の段階に応じていくつかに区分し、命名している。アポ・カヤン地域はのある村では、陸稲の収穫直後を「ベカン」、まだ林内に多くの草が存在する叢林を「ジュエ・ドゥミット」、樹冠が閉じて草類が少なくなり樹木の幹が人間の太股以上の太さに回復した二次林を「ジュコゥ」、さらに木が大きくなり最初に生えた陽樹で枯死するものも出始める大きな二次林を「ジュコゥ・ラタッ」、そして見かけ上原生林と変わらない状態を「ウンパッ・チェン・ジュコゥ」と区分している。

　通常、彼らは一回だけ陸稲を収穫した後、畑を休耕させる。そして、自然の植生遷移に任せ、「ジュコゥ・ラタッ」になったら再び伐採し焼畑農業を行う。焼畑跡地の植生が、再利用できる大きさにまで回復する年数は、場所により異なる。だいたい十数年で再利用されることが多いようだが、筆者が調査した中には、ほぼ三〇年という長い休閑期の焼畑を行っている村もあった。重要なのは、彼ら自身が、休閑期つまり「年数」ではなく、「休閑期間における植生の回復状態」を焼畑農業のサイクルを決める基準としていることである。これによって、養分となる一定量のバイオマスが確保される。彼らの焼畑農業は、生態学的にとても合理的な土地利用方法なのである。

　ところが、現在彼らの循環利用は急速に変容しつつある。同じケニア人でも、河川の中・下流域の村では、まだ樹冠が閉鎖せず林床に雑草が繁茂している状態の叢林、すなわち「ジュエ・ドゥミット」を利用する人もでてきている。焼畑システムにおける循環利用は、脆くも崩れつつあるといえる（井上 1995）。

　変容が見られるのは焼畑システムの技術面ばかりではない。経済・社会面でも変容が進展している。アポ・カヤ

写真 2　アポ・カヤン地域の風景．集落，焼畑用地（畑と二次林），森林が広がる．（1995 年 9 月，著者撮影）

ン地域は、東南アジアにおいて現代世界システムの最周辺部に位置するであろうが、それでも人々の生活には商品経済がかなり浸透している。いくつかの村には小売店があり、周囲の村の人々はそこまで出てきてイノシシやシカの肉、籐で作った籠などを売り、すぐに生活必需品に代える。したがって、村には現金をあまり持ち帰らないことが多い。これに対して、中・下流域の村では貨幣を使用するのが当り前となっている。中流域の村では、木材会社で賃労働者として働く人がいる。しかし、伐採現場での熟練労働者はジャワから来た人に占められ、地元の人々の労働機会は想像以上に少ない。下流域の都市近郊となると、国際的な商品作物であるコショウ栽培が主な収入源となっている。

　また、アポ・カヤン地域では頻繁に行われている日常生活における相互扶助が、中・下流域では消滅している。例えば、アポ・カヤンのある村では、必需品の欠乏している人に対して自発的に物を贈与する「ナッ・トゥアッ」や、必需品の欠乏している人の要請にもとづき贈与する「ニャッ・トゥアッ」が、ほぼ毎日世帯間で行われている。各世帯間に家計の壁がなく、村全体で一つの家計を形成しているとみることもできる。これに対して、貨幣経済の浸透した中・下流域の村では、いくつかの相互扶助形態が廃れてしまっている。

## 6　不完全な産業化

この時代において一貫しているのは、ケニァ人など森林地域に住む人々が開発の恩恵をあまり受けていないか、あるいは不利益を被っているということである。ところで、先に述べたように、産業化のためには土地と労働力を事業主体（企業など）が有効に活用できなければならない。まず、人々の居住域がまるごと国有林として囲い込まれた。そして、その国有林のコンセッションを取得することによって企業は土地を得ることができた。このようにして、なかば強制的に産業化に向けた「土地の取引・配分の問題」がクリアーされたのである。

一方、木材の伐採現場や産業造林地域で働く労働者の大部分はジャワ人など他地域から来た人々であり、先住民の占める割合はごくわずかである。つまり、ジャワ島の余剰労働者を雇用することによって「労働力の取引・配分の問題」がクリアーされたといえる。

このような状況の中で、産業化への適応能力をもったのは、カリマンタンの民ではなく、国家の政策にバックアップされた企業とジャワの人々であった。このように対象地域の社会が適応能力を持たないままの産業化のことを私は「不完全な産業化」と定義している。不完全な産業化が進展するにつれて、かつて東カリマンタンの主役であった生態系の民（ケニァ人など）が次第に周辺化されていったのである。

## 五　不完全な産業化の時代（その二）——余儀なくされるライフスタイルの転換

### 1　一九九〇年代の造林革命

一九九〇年代に入ってから、インドネシア政府は産業造林（ＨＴＩ）を強力に推進している。産業造林とは、「産業造林事業権（ＨＰＨＴＩ）」を取得した事業体による生産林地における人工造林のことである。インドネシアの木材産業を強化すると共に、荒廃地を緑化し環境保全の推進を図ることを目的としている。

一九九七年末時点での産業造林地の面積は、一四一万ヘクタールである。州別に見ると東カリマンタンが第一で、全国の産業造林面積の二八パーセント（およそ四〇万ヘクタール）が東カリマンタンに集中している。外部フロンティア空間としての東カリマンタンの重要性がよくわかる。

ところで、造林対象地にはすでに多くの人々が居住し焼畑農業を営んでいる。この中にはケニァ人などのダヤックも含まれる。造林用地の収用方法は会社によりさまざまであろう。しかし、たとえ人々が現に耕作している場所に強制的造林が実施されることがなくても、畑の周囲が造林地で囲まれてしまえば、畑の地力が落ちる数年後には退去せざるをえなくなる。そのときすでに、近くの休閑林はきれいに伐採されて早生樹の造林地となっており、焼畑農業を行う場所はわずかとなっていよう。

このようなプロセスで土地を失うであろう人々は、想像を絶するライフスタイルの転換を強要されることになる。

もちろん、木材会社も一定の工夫はしている。例えば、人々が植えた永年生作物が造林対象地に含まれる場合に補償金を支払ったり、造林した樹木の管理と引き換えに造林後の一～二年の間樹木の列の間での農作物栽培（間作）を許可したり、生活に必要な樹木の造林技術を指導したりなどである。

しかし、基本的に産業造林地域の人々の平和的な選択肢は、主に造林労働者として働くことによって生計を維持するというライフスタイルをとるか、他の場所へ出て行くか以外にありえない。後者の場合、例えばケニア人ならばアポ・カヤンに戻るか、サマリンダあるいは各地域の中心地等の都市部に行くかであろうが、若者たちは後者を選択する可能性が高い。また前者の場合、会社による安定雇用が前提であり、もし会社が相当な人数のケニア人を継続して雇用するだけの力量がなければ、人々は結局後者の選択をすることになろう。もちろん、産業造林地内で造林木を不法伐採し、さらに燃やして焼畑農業を続けることも考えられるが、そうしたことは現実的ではなく、ケニア人自身にとっての負のコストを考えると、とても得策とはいえない。

森林政策は、自然林の伐採局面から造林局面へと展開しているのである。これは、択伐を主体とする持続的な林業経営の失敗を表すものであるが、同時に劣化した土地を造林することによって生産的な土地に改善しようというオーソドックスな林業政策の展開でもある。問題は、自然林の伐採局面ではあまり表出しなかった地域住民と森林政策との軋轢が、産業造林の進展とともに土地収容をめぐって顕在化しつつあることだ。オイルパームなどの農園開発も、産業造林と同様なインパクトを住民に与えている。

## 2　一九九七〜一九九八年の森林火災

一九九七から一九九八年にかけて、周辺諸国に深刻な煙害を及ぼした大火災がインドネシアで生じた。第一の原因として挙げられるのはオイルパームなどの農園開発で、第二が産業造林である。他には、地域住民による焼畑農業とそれによる飛び火、移住事業のための開拓、中カリマンタン州での一〇〇万ヘクタール水田開発事業のための開拓等が原因として挙げられている。

ところで、火災の原因を考えるに当たって注意すべき点がある。まずは、火災が生じている場所がどのような類型の土地に区分されているかである。森林なのか、農園用地なのか、あるいは移住事業用地なのか等によって考えられる原因が異なる。

次は、火の出所である。つまり、企業による火入れなのか、住民による火入れなのか、あるいは飛び火によるものなのかによって、火の性格が異なる。前二者が意図的なものであり開拓という目的があるのに対して、後者は図らずも火が燃え移る場合である。

しかし、現実はそう単純ではない。企業による火入れの場合でも、実際に火を付けるのは地域住民である場合が多い。企業がヘクタール当たり二〇〜二五万ルピア（一米ドルがおよそ一万〜一万三〇〇〇ルピア）を住民たちに支払って、産業造林（パルプ用材など産業用の大規模な一斉造林）用地、オイルパーム農園用地、および移住事業（トランスミグラシ）用地の火入れを請け負わせている。移住事業用地の開拓では火入れが禁止されており、また産業造林のために伐採した樹木はなるべく燃やさずにチップ用材として利用するなどの指導はあるのだが、結局のところ企業

写真３　造成されたばかりのオイルパーム農園．（1998年1月，著者撮影）

は低コストの火入れを選択してしまうのである。

もう一つ重要な点がある。森林分野の専門家のいう「森林火災」には、火入れは含まれない。専門用語としての「森林火災」は、森林に区分された土地上の植生が飛び火によって燃えることを指すのである。したがって、生産林における産業造林のための火入れも、オイルパーム農園用地のための火入れも「森林火災」ではないことになる。用語の使い方には要注意である。

## 3　マハカム川上流部の事例

一九九七年度に、「日本インドネシアＮＧＯネットワーク（ＪＡＮＮＩ）」が東カリマンタン州サマリンダ市に事務所を構えるＮＧＯ（ＬＢＢＰＪ）と協力して、マハカム川上流域にあるＭ村などで村人たちによるマッピング作業を支援した。Ｍ村はバハウ（Bahau）人（ケニァ人と同じ言語グループに含まれるダヤック人）によって今世紀初頭に作られた村である。私はアドバイザーとしてこのプロジェクトに関わった。今後の展開を考えると、ＮＧＯの協力による地図作り作業の過程で、慣習的な土地類型や森林管理制度が村人たち自身により再確認された意義は大きいと思う。

Ｍ村の領域は、Tana Uma《タナ・ウマ》（居住地）、Tana Lepuun《タナ・ルプウン》（焼畑や居住地の跡地で果樹園等になっている場所）、Tana Patai《タナ・パテイ》（墓地）、Tana Mawaq《タナ・マワッ》（慣習保全林）、Tana Berahan《タナ・ブラハン》（慣習利用林）などに類型化されている。また、生活の基盤である焼畑（Lumaq《ルマッ》）の用地は植生に応じて、Be'eq《ベエッ》（放棄直後）、Sepitang Uk《スピタン・ウッ》（下草が多い二～三年の小さな叢林）、Sepitan Ayaq《スピタン・アヤッ》（下草が少ない大きな叢林、山刀で伐採可能な太さ）、Kaharah Uk《カハラ・ウッ》（下草がない小さな二次林、斧で伐採可能な太股の太さ）、Kaharah Ayaq《カハラ・アヤッ》（大きな二次林）、Tu'an《トウアン》（原生林）と分けられている。通常は、Sepitang Ayaq か Kaharah Uk の伐採利用により焼畑用地の循環が成り立っている。

Tana Berahan《タナ・ブラハン》（慣習利用林）と Tana Mawaq《タナ・マワッ》（慣習保全林）の違いは興味深い。前者は、村人たちが木材および非木材森林産物を自由に採集利用するための森である。よそ者が利用する場合には、村から許可を得て対価を支払う必要がある。これに対して、後者は慣習法長の指揮の下で長老会議などによって必要と判断された場合を除いて利用できない森である。Tana Mawaq の禁制を解く（nasaq《ナサッ》）のは、慣習法長の葬儀の準備、集会所や教会の建設、家屋の建設などの場合である。一九七二年以来、nasaq はなされていない。

さて、Ｍ村の災難は一九九〇年代に入ってから開始された産業造林（ＨＩＴ）事業とともにやってきた。慣習保全林のおよそ半分が産業造林用地として伐採されてしまったのである。これまでは、旱魃などで焼畑の収穫が低下しても、森林産物の採集利用および販売によって生活を維持することができた。つまりＭ村の人々にとって慣習保全林や慣習利用林は生活を保障するものであり、最後の拠り所であった。その森が産業造林事業権という正式な権利を有する大企業によって略奪されたわけである。おまけに、産業造林地からの飛び火によって周囲の森林が燃えてしまい、生活は困窮している。私たちを泊めてくれたWさんのお母さんは、果樹園の消火作業中に命を落としてしまった。

私は悔しくてしかたがない。しかし、ここではその気持ちを抑え、産業造林や大規模農園開発、そして森林火災によって、カリマンタンの人々がライフスタイルの転換を余儀なくされていることを指摘するにとどめよう。

## 六　アポ・カヤン世界の消滅

一九九〇年以降、アポ・カヤン地域は大きく変化しつつある。ここでは、一九九五年に訪問したときに感じた変化を、拙稿（井上 1995, 159-171）に依拠しながら述べてみたい。

### 1　サラワクとのつながりの強化

現在のアポ・カヤン地域は、東カリマンタンの下流域とは飛行機によってどうにか関係を保っているのに対して、サラワクとは日常的な関係を持つようになっている。

その契機となったのは、一九九三年にサラワクとの境界線に至るルートが発見されたことである。ロング・ベタオ村から一日で稜線の国境に到達できるのである。それ以来、ロング・ナワンの商人たちはこの交易ルートを使って、国境からサラワク側へ一時間下ったところにある木材伐採のキャンプから商品を仕入れている。

小舟で使用されるエンジンの燃料であるガソリンは、アポ・カヤン地域で非常に貴重な商品である。商人たちは、このガソリンをこの交易ルートを使用して仕入れてくる。彼らは、ガソリン一ドラム（二〇〇リットル）をおよそ六五万ルピアで購入する。そして、アポ・カヤン地域の人々を運搬夫として雇い、一週間分の米、砂糖、塩、ラーメン等を支給する。運搬夫たちは、ガソリンをキャンプからロング・ナワンまで運ぶ報酬として二五万ルピアを受け取る。通常は、ガソリンをポリタンク（二〇リットル）に入れ、一度に二つのポリタンクを背負い、インドネシア側の中継地点でポリタンクをまとめる。これを五回繰り返し、さらに小舟を使用することができる場所までポリタンクを背負い、最後は船外モーター付の小舟で運ぶのである。この他、塩、砂糖、缶詰などもサラワクからのものが多いし、トタンもサラワクで購入される。

## 2　現金収入源の変化

一九八〇年代末におけるアポ・カヤン地域の人々の主な現金収入源は、森林産物（沈香、動物の肉、籐、籐の籠）と砂金であった。砂金はカヤン・ウルー郡南部地域に依然として多量に存在し、人々は徒歩で砂金集めに出かけている。変化がみられるのは森林産物である。

まず、高価で収益の上がる沈香がサマリンダ市の華人系商人たちの目を引き付けた。一九九四年より、彼らはアポ・カヤン地域北部の国境地帯に採取人夫を派遣して、集中豪雨的に沈香を採取し始めた。商人の立場からすると、採取場所までの送り迎えのためにヘリコプターやロングボートを使用する費用がかかるため、一回あたり数か月間は小規模なキャンプを作って森の中に滞在し、大量の沈香を採取する方法が有利である。一方で、ケニァ人たちは、これまで焼畑にあまり手がかからない時期を見計らい、短期間で沈香の採取を実施してきた。そのため、商人たちが採取人夫として雇ったのは、ケニァ人ではなくサマリンダのジャワ人等であった。

これまでケニァ人たちの現金収入源として細々と採取されてきたアポ・カヤン地域の沈香をめぐる状況は、新たな局面に突入したのである。アポ・カヤン地域の「外的フロンティア化」である。アポ・カヤンの人々の話では、沈香の枯渇は時間の問題であるらしい。沈香の枯渇は、アポ・カヤンの人々の収入の減少を意味する。

次に籐である。一九九〇年以降、籐の価格が下がったためロング・ナワンに居住している華人系商人が籐の取り扱いをやめた。マハカム川流域は籐の一大産地であり、アポ・カヤン地域は輸送コストからしてもともと不利なのである。

そのため、人々は今では販売を目的として籐を採取することはない。その影響は、籐がたくさん自生しているロング・ベタオ村にも及んでいた。一九八〇年代末の訪問時にはロングハウスの中に販売用の籐の籠(アンジャッ)がたくさん置いてあり、女性たちがせっせと籠の作成に励んでいたが、一九九五年の訪問時にはその光景を目にすることはなかった。

このように、現金収入源としての森林産物の重要性は低下した。そのかわりとして重要な位置を占めるようになったのが、すでに述べた運搬夫としての報酬である。しかし、これは郡都ロング・ナワン周辺の村の人々に限定される。また、サラワクへの出稼ぎの重要性は以前よりさらに増加していると思われる。このような人々の対応を「適応」として見るには、あまりにも人々の主体性が乏しいように思えてならない。私には、アポ・カヤンの人々が世界資本主義の最末端に組み込まれて溺れそうになっているように見えるのである。

## 3　急速に進む村落開発

一九九五年の訪問でまず驚いたのは、飛行場から村への道路や村の中の道路が拡張され、きれいに整備されていたことである。以前は人間一人が歩くだけの幅であったのが、すでに三〜四メートル幅のきれいな道になっている。他の村でも一様に道路は拡張・整備されていた。

しかし、もっと驚いたのは、ロング・ナワン、ロング・アンプンといった拠点となる村でパラボラアンテナを目にしたことである。村長などがパラボラアンテナとテレビを購入し、自家用の発電機を使用して、夜のひととき人々にテレビを開放している。

ちょうど、ロング・ナワンでパラボラアンテナのセールスマンに出会った。彼によると、サマリンダ市ではおよそ八〇万ルピアのアンテナを、アポカヤンでは一一〇万ルピアで販売しているという。さらに、こっそりとマレーシアへ持って行き、キャンプなどに販売する予定だという。それにしても、あの交易ルートをサラワクまで運ぶのは大変であろう。いずれにせよ、一部の人とはいえパラボラアンテナやテレビを購入できるだけの現金を持つに至ったことは重要な変化であるといえる。

また、以前は大部分の人々が裸足で狩りや焼畑作業をしていたが、今回は森や畑でゴム靴を履く若者が目についた。

狩猟の手段も変わりつつある。元来、彼らは、イノシシなどの大型動物の場合には犬を使って獲物を追い詰めて槍で突き、猿や鳥の場合は吹き矢を使用していた。ところが、今では散弾銃を使用する人が多くなっている。サラワクで購入した散弾銃を使用するのだが、郡都ロング・ナワンでは軍隊や警察に没収された人もいる。

次に、ロング・ベタオ村に目を転じよう。一九八〇年代末のロング・ベタオ村には診療所、小学校、小売店ともになかった。ところが現在、政府からの支援により若干の変化がみられる。まず、一九九三年五月より、ロング・ナワンの診療所から薬箱が支給されるようになった。この薬箱はPos Obat Desa《ポス・オバット・デサ》と呼ばれ、村長が管理している。避妊薬が二八粒（約一か月分）五〇ルピアで、マラリア、腹痛、風邪、寄生虫などの薬は全て一粒当り五〇ルピアで購入することになっている。なお、カヤン・ウルー郡の中で診療所があるのはロング・ナワンのみである。

また、ちょうど私が訪れたとき、小学校建設をめざして慣習的共有林などの大木から板を挽いて準備を進めていた。さらに、一九九五年一月には、後進村落のための大統領特別予算（Impres Desa Tertinggal: ＩＤＴ）を利用して小売店を作り、ガソリンや衣類などを販売している。この小売店はＩＤＴグループ（一九九四年九月に結成）のメンバー二〇人により運営されており、鍵はＩＤＴグループ長が管理している。開発促進のため予算が州政府を経由せずに国から村へ直接供与されるインプレス・プログラム（Impres Program）が、いよいよロング・ベタオ村にまで浸透したのであった。

## 4　増加に転じた人口

以上見てきたように、アポ・カヤン地域では、サラワクとのつながりによって経済水準が向上し、インドネシア政府による支援の効果として福祉水準が改善されつつある。また、人々は必要が生じれば、政府の補助のおかげで低価格（五万五二〇〇ルピア）に設定された定期飛行便を利用してサマリンダへ行くこともできるようになった。

そのため、下流域へ移住するインセンティブが弱まったのであろう。一九八八年に四四四九人にまで減少していたカヤン・ウルー郡の人口が、一九九〇年代に入って増加に転じた。郡役場のデータによると、一九九五年五月時点の人口は五〇六七人である。

ロング・ベタオ村の戸数は一九八〇年代末から一二戸のままであるが、一九九五年五月時点の人口は一一六人（一九世帯）と二六人増加した。同時点におけるロング・アンプン村の人口は五七〇人（九八世帯）で一四二人の増加、郡都ロング・ナワンは九八六人（一六四世帯）で何と三四八人の増加（一・五倍に増加）である。

## 5　ロングハウスの減少

ケニァ人の村の景観は、村の中心のロングハウス群と、村はずれの米倉群によって特徴付けられているといえる。ところが、ロング・アンプン村で残されていた最後のロングハウス（私も滞在した）が、一九九四年に取り壊されていた。このロングハウスは、床板は幅が広くて厚い板の再利用であったが、床下の柱（地面に埋める柱）が細かったので、建設後わずか八年で取り壊されたらしい。

他の村でも、以前の訪問時にはあったロングハウスのいくつかはなくなっていた。普通ロングハウスは、だいたい一五〜三〇年くらいで建て替えられる。しかし、単に建て替え時期が重なり、新しいロングハウスの建設前だからという理由で、ロングハウスの数が少なくなっているのではない。むしろ、ロングハウスの老朽化を契機として、個別家屋の建設が増えているのである。

ロング・ベタオ村のロング・ハウスは、一九九五年次点で築後一五年経っており、老朽化が激しくて二戸が抜けた。そのうちの一人である村長は、一九九五年六月から一戸建て新宅の建築を開始し、すぐにロングハウスをひきはらった。ロングハウスの床は一代前のロングハウス(三〇年間使用)で使用していたものの再利用であったが、まだ十分に使用に耐えるので新宅でも再度利用されている。したがって、この床板はすでに四五年間使用されていることになる。ロングハウスの壁板は、白蟻が入っていたため薪として利用された。

一方で、一九八〇年代末の時点で昔のロングハウスの台所を個別家屋として使用していた六戸のうち四戸が、新しいロングハウスを建設して生活している。アポ・カヤン全体ではロングハウスが減少する傾向にある中で、このような事例も実際に存在することは実に興味深い。

## 6　希薄になりつつある人間関係

一九八〇年代末に訪問したとき、ロング・ベタオ村では日常生活における相互扶助(註(1)を参照)がほぼ毎日行われており、村全体で一つの家計を形成している状況にあったといえる。しかし、一九九五年の訪問では人々の関係が変化しつつあることを感じ取った。

一九八〇年代末の調査時にロングハウスの現村長の家にお世話になっていたときは、村人たちが狩りで取れたイノシシやシカの肉、あるいは魚を頻繁に差入れしてくれた。そして、人々からの差入れを現村長の家族とともにみんなで分けて食べたのであった。廊下にはいつも人がいて、涼みながら談笑したものだ。

しかし、一九九五年の訪問時に用意された宿泊所は、IDTの小売店用に建てた建物であった。したがって、村長の個別家屋(建設中)で食事をとり、雑談してから宿泊所に戻って寝るというパターンの短期滞在であった。

村人たちは村長に気を使っているのか、我々の食事中に村長の家に入って来ることは少なかった。そればかりか、村の人がこっそりと（村長にわからないように）キャッサバを持ってきてくれたり、家に招いてご馳走してくれたりしたのであった。これは、村人間での相互扶助（特に「自発的贈与」）があまり行われなくなったことを反映していると考えられよう。

新たに形成されたロングハウスの人々の関係を把握するには至らなかったが、少なくとも村長のいたロングハウスに住んでいた人々の関係は、家屋の個別化と並行して希薄化していることは明らかだ。

ところで、村長とその兄（ＩＤＴグループ長で、小売店の鍵を管理している）が八月一七日のインドネシア独立記念式典に参加するため村を留守にしてロング・ナワンへ行っている間に、残念な事件が起こった。日曜日の礼拝時に私はそれを知ったのだが、小売店の中に保存しておいたガソリンが盗まれたのである。サラワクからガソリンが多量に入って来るようになった結果、お金さえあれば船外モーターを使用できるようになった。そのおかげで、船を漕ぎ、あるいは歩く苦労から逃れることが可能になった。楽をしたいと思うのが人情であろう。ガソリンは欲しいけどお金がない。で、ついつい出来心が生じたと思われる。

ここで留意すべき点がある。彼らの社会では、註（1）で説明してあるように「相対要請による贈与」、「自発的贈与」、「要請による贈与」、「不等価物々交換」、「持ち寄り」といった相互扶助が日常的に行われていた。そうであるならば、ガソリンのある人、あるいはお金のある人が、ガソリンを必要とする人に対してそれを贈与していたはずであり、窃盗事件は起こらなかったはずである。

しかし、彼らは現金やガソリンを食物のようにやり取りしないのである。これを、どのように解釈したらよいか。もともと、彼らの社会には現金やガソリンはなかった。そのため、これらは相互扶助の一環として贈与されるべき対象物から除外されていたからであると考えられる。一方で、すでに見たように、相互扶助自体が弱くなる傾向にあり、その流れの中でガソリン等の贈与もなされないのであると解釈することも可能であろう。

そもそも、村の一二戸の間で頻繁に贈与がなされている商品を、彼らが協同で運営する小売店で取り扱うことはあまり意味がない。しかし、逆に、村の中に小売店ができたことによって、店で扱うようになった商品が人々の間の贈与対象物から外されていく可能性も否定できない。鶏が先か卵が先かの議論のようである。いずれにせよ、今後どんどん相互扶助が希薄になっていくことは想像に難くない。

どうやら、アポ・カヤン地域は、独自の世界単位である「アポ・カヤン世界」としてではなくて、今やカリマンタンの低地と同様に「東南アジア海域世界」の最辺境として位置付けるのが適当なようである。

## 七　まとめ

カリマンタンでは、散在する小規模な生態適応型の世界単位から産出される森林産物を、小商人が河川と海路を通してアジアの交易ネットワークに組み込むという活動を通して市場経済化が進展してきた。まさに、港湾都市や河川沿いの町を拠点とするネットワーク型の世界単位すなわち「東南アジア海域世界」の特徴で彩られてきた。そこでは、狩猟採集民族のプナン、焼畑民族のケニァ人やバハウ人たち、他地域から入植してきた小農民たち、そしてさまざまなエスニシティーを有する小商人たちが交易を通して結び付き、海域世界の一員として世界経済の進展とともに生活を営んでいた。

しかし、一九七〇年になってから「不完全な産業化」が促進され、カリマンタンは外部フロンティア空間の性質が強まり、開発の無法地帯とでもいえる様相を呈するようになった。生態適応型の世界単位についていえば、相変わらず小人口社会としての性質は保ち続けてはいるものの、人々は不完全な産業化の中で次第に周辺化された。さらに一九九〇年以降は産業造林や大規模農園開発によって焼畑用地を狭められ、また人々の文化の基盤であった森林が大火災によって大きなダメージを被ることで、ライフスタイルの大転換を余儀なくされている。

この状況は、重層構造をもつと言われる市場取引のいわば最上層の「資本主義」の圧倒的な力によって引き起こされているのである。この最上層では、外資系企業とそれと連携したノンプリブミ系大企業が繰り広げる、国境を越えたモノ・カネの取引が見られる。その下にはバザール商人による狭い小世界でほぼ完結しているような交換経済型ネットワーク、すなわち「バザール・農民経済」(原 1996, 170–171) が見られるのは確かである。これは、多数のバザール型商人と多数の農民との間に形成された取引のネットワークであり、つまり伝統的な交易ネットワークである。

しかし、バザール・農民経済が存在する場自体が、資本主義の展開によってどんどん狭められているのが現状である。このままだと、重層構造というよりも、むしろ資本主義的経済活動オンリーになってしまいそうである。

このような傾向の中で、かつては独自の「アポ・カヤン世界」を形成していた奥地でさえも、今ではカリマンタン低地と同様に東南アジア海域世界の中の一辺境にある生態適応型の世界単位としての地位に甘んじなければならなくなった。

以上がこれまで述べてきたことのまとめであるが、ここまできてはたと不安に思うことがある。東南アジア海域世界の中に散在したはずの生態適応型の世界単位は近い将来消滅してしまうのではなかろうか。

生態力学がある場において、自然生態としての当然あるべき筋、道理として出てくる論理のことを「生態論理」という（立本 1996, 313）。生態適応型の世界単位は、このような生態論理を基礎にして成り立っているのである。にもかかわらず、あまりにも生態論理の存続がこころもとなく見えるのである。社会文化生態力学（立本 1996, 43）でいうところの、社会制度の中の遠隔操作制度（権力構造、軍事制度、経済制度など）の力が飛び抜けて強くなりすぎ、バランスを欠いている状態にある。ここは何とか、生態論理が一定程度通用するような力学を創出することが必要であろう。

そのためには、生態論理にしたがって生きる人々がもっと政治的・社会的なパワーを持つことが望ましい。問題なのは森の人々が貧困なことではなく、人々が政治的に弱いことなのである（Dove 1996, 53）。豊富な資源と権力のない人々の組み合わせが、カリマンタンを外部フロンティアに、そして無法地帯へと導いたと言える。

今後のカリマンタンの発展のあり方を考えるうえでの前提は、生態適応型の世界単位が自らの存在を主張することである。そのために必要なことは、そこに住む人々が自ら、あるいはよそ者の協力を得て、エンパワーされることである。そうすれば、「豊かな景観」、「生態論理」、「村住み文化」という三つの価値を固有の発展パラダイムとして展開する内発的発展（海田 1999, 67–72）が実現できるであろう。

もっとも、一つ一つの小さな世界単位が自らの存在を主張することが、偏狭な地域主義や民族主義と結び付いてしまうのは好ましくない。そうではなくて、「インター・リージョナリズム」（寺西 1992, 138）の考え方を基本に置くべてであろう。これは、地域の個性を保持したまま開かれた諸関係に基づいて、ある程度のまとまりのある範囲（例えばカリマンタン）での公共利益の保全と管理のための諸機構を発展させ、それを重層的に積み上げることによってはじめてグローバルレベルでの公共利益の保全・管理が可能になる、という考え方である。

それを実現させるのに有利な点がカリマンタンにはある。東南アジアは小さな単位（当体）からなっているが、さらにその小さな単位が一つ一つばらばらにあるのではなく、間柄としてつながっているところに特色がある（立本 1996, 312-313）のだ。「外に開かれたネットワーク型の海域世界」という姿は、グローバルな公共利益をも視野に入れた今後の地域のあり方のモデルたりうると私は考えている。

ここまで考えると、アポ・カヤン地域を、東カリマンタンを、カリマンタンを、そしてボルネオ島を、大きく「くくる」統合的論理が一次モデルとしてありえない（立本 1996, 313-316）のだから、たとえ第三者の（メタ）審級である二次モデルとしてはありうるとしても、私はあえて「くくる」ことはしないでおこうと思う。

「生態論理が生きる市場経済化」が進展し、同時に「つなぐ」論理が温存されるならば、自ずとカリマンタンは「地域の固有論理をグローバルな価値に接合することの可能な地域」としての手本となるであろう。よそ者としての私は、このような条件を整えるために何をすべきか考え、そして側面から支援するのみである。

註

（1）ケニァ人の社会における相互扶助の主なものは次のとおりである（井上 1991, 98-99）。（a）「緊急時の協力（Bikaq）」：火災時、人が川で溺れかけているとき、山や焼畑でけが人が出た時等の緊急時に際して、村人全員が力を合わせて対処すること。（b）「土産（Nyelampaq）」：村人が旅から帰ってきたとき、あるいは旅人が村に立ち寄ったときに塩や服などを分けてあげること。（c）「持ち寄り（Papit）」：米など欠乏している人がいる場合、多くの村人がその人に少しずつ贈与すること。および共同作業に際して食べ物を皆で持ち寄ること。（d）「要請による贈与（Naq Tengan）」：必需品の欠乏している人が何人かの村人たちに物を乞い、うち一人がそのものを贈与すること。（e）「自発的贈与（Naq　Tuaq）」：必需品の欠乏している人に対して自発的に物を贈与すること。（f）「相対要請による贈与（Ny'at　Tuaq）」：必需品の欠乏している人が他の一人に物を乞い、後者が前者にそのものを贈与すること。（g）「不等価物々交換（Ukan

Menyat)」：あるものを必要とする人が、その所有者と物々交換を行うこと。但し前者、つまりその物を必要とする人に有利な不等価交換である。（h）「前借り（Ngengut Ubut）」：米など欠乏している人が他人から借りて、収穫後に等量を返済すること。（i）「教会への米の寄進（Baa Sidang）」：これはキリスト教の布教後にできた新しい習慣である。教会運営のために村人たちが米を寄付すること。日曜日のミサ時に集める場合と、収穫高の一〇パーセントを集める場合とがある。

（2）この項は、拙稿（井上 1994, 113-117）を加筆修正したものである。

（3）この項は、拙稿（井上 1994, 117-119；井上 1995, 153-155）にもとづいている。

（4）この項は、拙稿（井上 1994, 119-123）を加筆修正したものである。

（5）この項は、拙稿（井上 1994, 125-129）を加筆修正したものである。

## 引用文献


井上真（1991）『熱帯雨林の生活―ボルネオの焼畑民とともに』築地書館。

――（1994）「インドネシアにける森林利用と経済発展」永田信・井上真・岡裕泰『森林資源の利用と再生―経済の論理と自然の論理』農山漁村文化協会、九二―一四五頁。

――（1995）『焼畑と熱帯林―カリマンタンの伝統的焼畑システムの変容』弘文堂。

――（1997）「コモンズとしての熱帯林：カリマンタンでの実証調査をもとにして」『環境社会学研究』第三号、新曜社、一五―三二頁。

――（1997）「コラム―森林消失のプロセス」日本環境会議編『アジア環境白書 1997／98』東洋経済新報社、二一一―二一二頁。

海田能宏（1999）「小農民の世界―東南アジア大陸世界論」坪内良博編『〈総合的地域研究〉を求めて―東南アジア像を手がかりに（地域研究叢書6）』京都大学学術出版会、四八―七三頁。

栗本慎一郎（1995）『経済人類学を学ぶ』有斐閣。

桜井由躬雄・石澤良昭・桐山昇（1993）『東南アジア（地域からの世界史4）』朝日新聞社。

高谷好一（1996）『「世界単位」から世界を見る―地域研究の視座（地域研究叢書2）』京都大学学術出版会。

――（1999）「地球規模の地域研究」坪内良博編『〈総合的地域研究〉を求めて―東南アジア像を手がかりに（地域研究叢書6）』京都大学学術出版会、四七四―五〇〇頁。

立本成文（1996）『地域研究の問題と方法―社会文化生態力学の試み（地域研究叢書3）』京都大学学術出版会。

田中耕司（1999）「東南アジアのフロンティア論にむけて―開拓論からのアプローチ」坪内良博編『〈総合的地域研究〉を求めて―東南アジア像を手がかりに（地域研究叢書6）』京都大学学術出版会、七六―一〇二頁。

坪内良博編（1999）『小人口世界の人口誌―東南アジアの風土と社会（地域研究叢書４）』京都大学学術出版会。

坪内良博（1999）『〈総合的地域研究〉を求めて―東南アジア像を手がかりに（地域研究叢書６）』京都大学学術出版会。

寺西俊一（1992）『地球環境問題の政治経済学』東洋経済新報社。

原洋之介（1994）『東南アジア諸国の経済発展―開発主義的政策体系と社会の反応』東京大学東洋文化研究所。

――（1996）『アジアダイナミズム―資本主義のネットワークと発展の地域性』ＮＴＴ出版。

――（1999）「経済発展の地域性の解明に向けて―タイ経済社会の強さと弱さの考察から」坪内良博『〈総合的地域研究〉を求めて―東南アジア像を手がかりに（地域研究叢書６）』京都大学学術出版会、一〇四―一三三頁。

古川久雄（1999）「生態論理の世界」坪内良博『〈総合的地域研究〉を求めて―東南アジア像を手がかりに（地域研究叢書６）』京都大学学術出版会、二二一―四六頁。

Dove, Michael R. (1996) So Far from Power, So Near to the Forest: A Structural Analysis of Gain and Blame in Tropical Forest Development, In Christine Padoch and Nancy Lee Peluso (ed.), *Borneo in Transition: People, Forests, Conservation, and Development*, Oxford University Press, pp. 41–58.

## 地　名　索　引

## 人 名 索 引

［マ　行］



［ヤ・ラ・ワ行］

［サ　行］

# 索　　引（事項索引／人名索引／地名索引）

1．すべて音による五十音順である．アルファベットは末尾に掲載した．
2．ただし一部の項目に関しては，それぞれの執筆者の属する研究領域等の慣例，あるいは執筆者自身の主張から幾つかの表記の幅がある．以下の索引では，多くの場合それらを最も一般的な表記で代表させている．また併記したものもある．したがって，本文中の表記とは若干のずれがあることをお許しいただきたい．
3．その他，適宜階層づけした項目や，他の項目を参照するよう→で示したものもある．ご留意いただきたい．

## 事　項　索　引

## 編著者・執筆者紹介


### 編著者

原　洋之介（はら　ようのすけ）

東京大学東洋文化研究所教授（所長）東京大学農学博士

1944年生まれ．東京大学大学院農学系研究科農業経済学専攻博士課程退学．

東京大学東洋文化研究所助手，助教授を経て

1988年　東京大学東洋文化研究所教授

1998年より同所長を兼務

主要著書『クリフォード・ギアツの経済学』リブロポート，1985年．

『アジア経済論の構図』リブロポート，1992年．

『東南アジア諸国の経済発展』東京大学東洋文化研究所，1994年．

『アジア・ダイナミズム』NTT出版，1996年．

『開発経済論』岩波書店，1996年．　等

### 執筆者（執筆順）

中村尚司　龍谷大学経済学部教授

足立　明　北海道大学文学部教授

海田能宏　京都大学東南アジア研究センター教授

福井清一　大阪学院大学経済学部教授

池本幸生　東京大学東洋文化研究所助教授

パスク・ポンパイチット　タイ国立チュラロンコン大学経済学部助教授

クリス・ベーカー　東南アジア経済史家

井上　真　東京大学大学院農学生命科学研究科助教授

地域発展の固有論理
(地域研究叢書 10)


平成 12 (2000) 年 3 月 20 日　初版第一刷発行

編著者　原　洋之介
発行人　佐藤文隆

発行所　京都大学学術出版会
京都市左京区吉田本町京都大学構内(606-8501)
電話(075)761-6182
振替01000-8-64677

ISBN 4-87698-098-5
Printed in Japan

印刷・製本 ㈱クイックス
定価はカバーに表示してあります